日本古代氏族研究叢書⑥

藤原氏の研究

倉本一宏　著

雄山閣

「日本古代氏族研究叢書」刊行にあたって

本シリーズは、日本古代に活躍した個々の氏（ウヂ）について、それぞれにふさわしい研究者が、その研究成果を一冊の書物にまとめて刊行するものである。近年、七世紀代に遡る出土文字史料の増加により、七世紀、さらにはそれ以前の時代に対する関心が、再び高まってきている。一方、稲荷山古墳出土の鉄剣銘文が発見されて以来、ウヂや系譜についての研究も大きく進展した。しかし、個々のウヂについて、それを全体的に取りあげた研究はそれほど多くはない。このような状況のなかでの本シリーズの刊行は、今後の氏族研究の発展に大きな意味を持つであろう。

目次

はじめに　藤原氏について

藤原氏は天皇家と並んで、日本の歴史のもう一つの主役であった。中臣鎌足がこの氏を賜わってから、国家が形成される七世紀後半、八世紀の古代国家の成熟過程、そして平安時代に新しい国家体制に転換する過程、もちろん摂関政治や院政、さらには中世の武家社会から近世、近代においてさえも、藤原氏は常にその中枢を占め続けた。

この本では、主に古代国家の成立過程から奈良時代の終わりまでにおける藤原氏の権力掌握過程と、奈良朝政治史におけるその展開過程を中心として、藤原氏の姿を描いていきたい。

また、政権中枢に位置した権力者以外の、様々な藤原氏官人の群像を追跡していきたい。

これらの過程において、日本古代国家、ひいては日本という国の権力のあり方の特質が浮かび上がるのではないかと考える。さらには、天皇という君主が後世にまで存続してきた背景について、何らかのヒントを得られるものと考えている。

まずは七世紀、北東アジアが激動の時代を迎えていた頃に遡ることにする。

第一章　中臣鎌足と藤原氏の成立

第一節　乙巳の変前後の鎌足

乙巳の変前夜の北東アジア世界では、六一八年に勃った唐が、翌年に隋を滅ぼし、六二八年に中国を統一して以来、周辺諸国を圧迫していた。唐は六三〇年に東突厥を支配下に置き、六四〇年に高昌を滅亡させ、次には隋がなし得なかった高句麗征討を目標に定めた。

朝鮮諸国では、この唐の圧迫に対処するための権力集中が政治の眼目とされた。百済では六四一年、義慈王がクーデターによって専制権力を掌握し、六四二年以降、新羅領に侵攻して旧加耶地域を奪回した。[1]高句麗では六四二年、宰相の泉蓋蘇文が国王と大臣以下の貴族を惨殺して独裁権力を握り、百済と結んで新羅領を窺った。[2]新羅は唐に救援を求めたが、唐による善徳女王交代の提案の採否をめぐって、六四七年に内乱状態となった。金春秋（後の武烈王）は六四八年に唐に赴き、協力を求めた。唐の太宗は、六四五年から高句麗征討に乗り出す。[3]

このような激動の北東アジア国際情勢は、皇極元年（六四二）正月に筑紫に到った百済からの弔使と、二月に難波津に到った高句麗の使人、そして三月に到った新羅の使節によって、いち早く倭国にもたらされた。[4]倭国からも早速に三国（『日本書紀』では「任那」にも）に使者が派遣され、情勢の把握に努めた。[5]

倭国においても、早急な権力集中の要に迫られた。当時、大臣の蘇我蝦夷の嫡男である入鹿が、父を凌ぐ勢威を振るっていたが、[6]入鹿は権臣個人が傀儡王を立てて独裁権力を振るうという、高句麗と同じ方式の権力集中を目指していた。すでに権力の座にあった入鹿としては、激動の北東アジア国際情勢に対処するには、一見するとこれがもっとも効率的な方式に見えたのであろう。

皇極二年十一月の上宮王家（蘇我系王統傍流）の討滅が、蝦夷から紫冠を授けられて大臣位を継承したばかりの入鹿による、近い将来の古人大兄王子（蘇我系王統嫡流）の擁立への階梯であることは明らかであった。そしてその次の段階で障碍となるのが非蘇我系王統嫡流の葛城王子（中大兄王子）であることも、誰の目にも明らかとなったのである。(7)

一方、唐から帰国した留学生や学問僧から最新の統治技術を学んだ者の中からは、国家体制を整備し、その中に諸豪族を編成することによって、官僚制的な中央集権国家を建設し、権力集中を図ろうとする動きが興った。その際、有力王族が権力を掌握し、それを権臣が補佐する、そして有力氏族の代表による合議体が存在するという方式も、新羅と共通するものであった。(8)

元々、中臣鎌子（後の鎌足）は、『日本書紀』によれば皇極三年、『藤氏家伝 上』によれば「及崗本（舒明）天皇御宇之初、以良家子、簡授錦冠、令嗣宗業」として、「神祇伯」（神祇を分掌するマヘツキミのことか）に拝されようとしたものの、これを固辞して摂津の三島に退去していた。『日本書紀』には、

以中臣鎌子連拝神祇伯。再三固辞不就。称疾退居三島。

とある。(9)この記事が皇極三年に架けられているのは、入鹿による上宮王家討滅の直後、そして葛城王子との接近の間に挟み込むことによって、「入鹿討滅物語」へと効果的に流れ込んでいくための作為であろう。鎌子が神祇の分掌を固辞して摂津の三島に退去したのは『藤氏家伝 上』が語るように舒明朝のことと考えた方がよかろう。

神祇の分掌などという「宗業」を分掌していたのでは、倭国全体を自分の思うように動かすことはできない。かといって、入鹿と協力するとなると、必然的にその下風に立たなければならない。鎌子の選んだ道は、必然的に入鹿と

はその方向を異にするものとなったのである。

その『藤氏家伝 上』では、

内大臣、諱鎌足、字仲郎、大倭国高市郡人也。其先出自天児屋根命。世掌天地之祭、相和人神之間。仍命其氏曰大中臣。美気祜卿之長子也。母曰大伴夫人。大臣以豊御炊天皇卅四年歳次甲戌、生於藤原之第。初大臣在孕、而哭声聞於外。十有二月乃誕。外祖母語夫人曰、汝児懐任之月、与常人異。非凡之子、必有神功。夫人心異之。将誕無苦。不覚安生。大臣性仁孝、聡明叡哲、玄鑑深遠。幼年好学、博渉書伝。毎読太公六韜、未嘗不反覆誦之。為人偉雅、風姿特秀。前看若偃、後見如伏。或語云、雄壮丈夫二人、恒従公行也。大臣聞此辞、而窃自負之。識者属心、名誉日弘。

という鎌足の諱と字、系譜（父は中臣美気祜、母は大伴夫人）と推古三十四年（六二六）の出生、それに仁孝にして聡明叡哲な人となりと風姿と偉容を語ったうえで、宗業の固辞へとつなげている。

なお、鎌足の没年は五十六歳とされており、[10]逆算すると生年は推古二十二年である。父の中臣美気祜は御食子とも記され、「中臣氏新撰氏族本系帳」に「小徳冠前事奏官兼祭官」とある人物であった。本来は中臣氏の傍流であったが、本流であった中臣勝海が物部守屋と共に滅亡したのを機に、蘇我氏と連携して台頭したと推測されている。[11]母の大伴夫人は『尊卑分脈』によれば大伴嚙（咋子）の女の智仙娘とされる。

鎌子の出生地の「藤原之第」は、『多武峯縁起』によれば大和国高市郡大原にあったとされる。蘇我氏の勢力圏内である飛鳥寺の至近に位置する。現在の奈良県高市郡明日香村小原（おおはら）に大原神社が鎮座し、鎌足出生の地と伝える。

先祖を天児屋根命とする氏族伝承がどの時点で形成されたのかは詳らかではないが、おそらくは記紀神話、特に天孫降臨神話の形成と軌を一にして成立したものと思われ、あまり古い時期ではなかったことが推定できる。

次いで鎌子の精神と見識が優れているという文脈の中で、『藤氏家伝 上』は「宗我太郎」入鹿（鞍作）の能力にも言及している。

寵幸近臣宗我桉作、威福自己、権勢傾朝。咄咤指麾、無不靡者。但、見大臣自粛如也。心常恠之。嘗群公子、咸集于旻法師之堂、読周易焉。大臣後至、桉作起立、杭礼倶坐。講訖将散、旻法師撃目留矣。因語大臣云、入吾堂者、無如宗我太郎。但、公神識奇相、実勝此人。願深自愛。

旻法師の学堂に出入りする者の中で入鹿がもっとも優れているが、鎌子はそれに勝っているという、鎌子を賞揚する文脈であるが、入鹿が単なる独裁者ではなく、旻から中国の政治制度を学んでいる優秀な人物であることを、はからずも語っているのである。

その鎌子は、『藤氏家伝 上』に、

及崗本天皇御宇之初、以良家子、簡授錦冠、令嗣宗業。固辞不受、帰去三島之別業、養素丘園。高尚其事。俄而崗本天皇崩、皇后即位。王室衰微、政不自君。大臣竊慷慨之。

とあるように、舒明朝の初年（おおむね六三〇年代か）、「良家の子」（マヘツキミ層のことか）に錦冠（令制の四、五位相応）を授け、宗業（鎌子の場合は神祇）を嗣げさせようとしたところ、これを固辞して受けず、摂津国三島郡の別業に帰去したことを語る。なお、三島別業は、阪急南茨木駅から東側一帯の東奈良遺跡が比定されている。佐和良義神社という式内社も鎮座する地である。

「皇后」（皇極）が即位すると、王室が衰微し、政事が「君」（皇極）から出なかったことに慷慨したというのは、蘇我氏の専横を憤ったという文脈なのであろう。

はじめ、鎌子は軽王（後の孝徳）に接近した。『日本書紀』には、

中臣鎌子連曾善於軽皇子。故詣彼宮而将侍宿。軽皇子深識中臣鎌子連之意気高逸、容止難犯、乃使寵妃阿倍氏、

浄掃別殿高鋪新蓐、靡不具給、敬重特異。中臣鎌子連便感所遇而語舎人曰、殊奉恩沢、過前所望。誰能不使王天下乎〈謂宛舎人為駈使也。〉。舎人便以所語陳於皇子。皇子大悦。

とあり、[12]軽王と鎌子との好誼を語るが、『藤氏家伝 上』には、

于時、軽皇子、患脚不朝。大臣、曾善於軽皇子。宿故、詣彼宮而侍宿。相与言談、終夜忘疲。軽皇子、即知雄略宏遠、智計過人。計特重礼遇、令得其交。専使寵妃、朝夕侍養。居処飲食、甚異常人。大臣既感恩待、潜告所親舎人曰、殊蒙厚恩、良過所望。豈無令汝君為帝皇耶。君子不食言、遂見其行。舎人伝語於軽皇子、皇子大悦。然、皇子器量、不足与謀大事。

とあって、最後に軽王の器量が共に大事を謀るに足らないことを語っている。もちろん、次に登場する乙巳の変の主役の葛城王子を引き出すための文脈であろう。

ここで『藤氏家伝 上』『日本書紀』共に、鎌子と葛城王子との出会いを語り、二人が胸襟を開いたことを続けるが、『藤氏家伝 上』では、

更欲択君。歴見王宗、唯中大兄、雄略英徹、可与撥乱。而無由参謁。儻遇于蹴鞠之庭。中大兄皮鞋随毬放落。大臣取捧、中大兄敬受之。自茲相善。俱為魚水。

と、蹴鞠の場で葛城王子の皮鞋が落ちたことを語るほか、簡略な記述であるのに対し、『日本書紀』は、

中臣鎌子連為人忠正有匡済心。乃憤蘇我臣入鹿失君臣長幼之序、挟闚闟社稷之権、歴試接於王宗之中、而求可立功名哲主。便附心於中大兄、疎然未獲展其幽抱。偶預中大兄於法興寺槻樹之下打毬之侶、而候皮鞋随毬脱落、取置掌中、前跪恭奉。中大兄対跪敬執。自茲相善俱述所懐、既無所匿。復恐他嫌頻接、而俱手把黄巻、自学周孔之教於南淵先生所。遂於路上、往還之間、並肩潜図、無不相協。

と、詳しい記述となっている。[13]二人が出会った場所も法興寺（飛鳥寺）の槻樹の下と明示しているし、葛城王子が興

じていたのは蹴鞠ではなく打毬（ポロ）と、異なる設定となっている。二人が相談したのも南淵請安の学堂への往還の途上としている。

『日本書紀』は上宮王家討滅の後にこれらの記事を架けているが、『藤氏家伝 上』ではこの後に上宮王家討滅の記事が続く。その内容も『日本書紀』とは異なるのであるが、ここでは省略する。

鎌子が葛城王子と策を謀った理由として、『日本書紀』は「憤蘇我臣入鹿失君臣長幼之序、挟闚闟社稷之権」つまり「蘇我臣入鹿が、君臣長幼の序を破り、国家を我がものにする野望を懐いていることを憤った」としているのに対し、『藤氏家伝 上』では「王室衰微、政不自君。大臣竊慷慨之」つまり「王室が衰微し、政が君によらなくなった。大臣は竊かに慷慨した」ということになっている。いずれにせよ、入鹿が専横であって、大王の権力を奪おうとしていることに帰している。クーデターを正当化するには、これがもっとも説得力を持ったのであろう。

なお、『藤氏家伝 上』では、

於是、中大兄謂大臣曰、王政出自大夫、周鼎将移季氏。公如之何。願陳奇策。大臣具述撥乱反正之謀。中大兄悦曰、誠吾之子房也。

と続け、葛城王子の方から鎌子に「奇策」の進言を持ちかけ、鎌子が「乱を収め反を正す謀」を述べると、葛城王子が喜んだという文脈となっている。鎌子主導の乙巳の変を強調するというのが、『藤氏家伝 上』のテーマなのであろう。

実際には、共に唐の最新統治技術を学んでいた入鹿と葛城王子、それに鎌子は、いずれが主導権を握って国際社会に乗り出すかで、抜き差しならない対立関係に踏み込んでしまったのである。そして鎌子が選んだのは、葛城王子および官僚制的中央集権国家のほうであったことになる。

そして二人は、蘇我倉氏の蘇我倉山田石川麻呂を仲間に引き入れた。『日本書紀』では、「謀大事者、不如有輔。請納蘇我倉山田麻呂長女為妃、而成婚姻之昵。然後陳説、欲与計事。成功之路、莫近於兹」と単純な理由になっている

が、[14]『藤氏家伝 上』では、

大臣欲求勢門之佐。陰探桉作之隙、乃知山田臣与桉作相忌。白中大兄曰、察山田臣之為人、剛毅果敢、威望亦高。若得其意、事必須成。請先作婚姻之昵、然後、布心腹之策。中大兄従之。

とあり、「勢門の佐け」を求めようとしたこと、石川麻呂が「桉作と相忌むことを知った」ということ、石川麻呂の人物が「剛毅にして果敢で、威望もまた高い」という記述を加えている。後に中大兄が石川麻呂を無実の罪で死なせてしまったこと、『日本書紀』が石川麻呂の孫にあたる持統（鸕野王女）や元明（阿陪王女）の主導で編纂されていることが影響しているのであろう。

それに対し、『藤氏家伝 上』は蘇我氏内部における本宗家と他の氏との対立につけ込んだという文脈となっており、こちらが実際の状況に近いのであろう。鎌子は、蘇我氏内部において、蝦夷から入鹿への大臣の直系継承を快く思っていない勢力が存在することを、鋭く見抜いていたのである。

鎌子は石川麻呂の長女を葛城王子の妃として、両者を結び付けようとし、葛城王子もこれに同意した。『日本書紀』によると、「即自往媒要訖」とあるように、[15]鎌子が自ら赴いて仲人となって婚約を取り決めたとある。

ところが、その長女は婚姻の日に「族」（石川麻呂の弟の日向〈身刺〉）に偸まれてしまった。この事件によって、各々の系統に分裂していた蘇我氏内部の抗争がますます露わになったことになるが、結局、次女の遠智娘が葛城王子の妃となり、後に大田王女・鸕野王女（後の持統天皇）・建王子の三人を産むことになる。

なお、この婚姻は『日本書紀』の語る皇極三年よりも数年前のことであったと推測する考えもあり、[16]そうすると鎌足の動きは、上宮王家討滅以前からすでに始まっていたことになる。

また、軽王の妃は筆頭マヘツキミである阿倍内麻呂の女の小足媛であった。軽王を味方に付けることによって、内麻呂を通して多くのマヘツキミ層を自己の陣営に引き込むことができたものと思われる。段々と政変の主役が揃ってきたのである。

ここで鎌子は入鹿暗殺の実行者として、佐伯連子麻呂と葛城稚犬養連網田を葛城王子に推挙した。『日本書紀』では、「中臣鎌子連、挙佐伯連子麻呂・葛城稚犬養連網田於中大兄曰、云々」として、推挙の言葉を省略しているが、[17]『藤氏家伝 上』は、

大臣、於是、薦佐伯連古麻呂・稚犬養網田曰、「武勇強断、膂力扛鼎。須予大事、但二人耳。」中大兄従之。

と、その言葉を伝えている。

刺客に選ばれた佐伯子麻呂と葛城稚犬養網田のうち、佐伯氏は大伴氏の同族で、軍事で王権に仕えた氏族、稚犬養氏は元々は犬の資養で王権に仕え、内蔵の管理にもあたった氏族である。[18]いずれの氏族も、後の宮城十二門の守衛にあたる門号氏族であり、『日本書紀』に「中大兄戒衛門府、一時倶鏁十二通門、勿使往来」とあるように宮城門を封鎖したというのも、これらの氏族の協力あってのことであろう。[19]

その後、『日本書紀』では数々の予兆記事と謡歌を記録している。[20]これは『藤氏家伝 上』にはまったく記述がなく、その原史料となった「入鹿討滅物語」とは別個の原史料に基づく記事なのであろう。

この後に、有名な皇極四年六月に起こった入鹿討滅のクーデターが続く。しかし、これらは『日本書紀』と『藤氏家伝 上』それぞれに、数々の漢籍による修飾が散りばめられた名場面が描かれている。もちろん、これらはとても史実とは思えない物語である。

以下、これらの文飾を取り除いたうえで、クーデターの経緯をたどってみよう。六月十二日、「三韓進調」(『藤氏家伝 上』では「三韓上表」)という儀が、『日本書紀』によると「大極殿」で行なわれた(『藤氏家伝 上』には場所の記載はない)。古人大兄王子も天豊財重日足姫(皇極)の傍らに伺候していたというが、むしろこちらが主要な標的として呼び寄せられたのかもしれない。

この儀は『藤氏家伝 上』によれば、葛城王子が「詐りて」皆に知らせたものとある。このクーデターの後の七月二日に高句麗・百済・新羅三国からの「進調」の記事が見えるので、実際に三国からの使者は倭国に到っていたのであろう。外交を担当していた大臣である入鹿は、まんまと乗せられてしまったことになる。

なお、「大極殿」というのは天渟中原瀛真人（天武）天皇の飛鳥浄御原宮（現奈良県高市郡明日香村大字岡の飛鳥宮跡内郭上層の第Ⅲ—B期遺構）のエビノコ郭正殿以降のものであり、[21]これは飛鳥宮跡内郭中層の第Ⅱ期遺構正殿（未検出）のことであろう。皇極がここに出御し、「進調」の儀が執り行なわれたのであろうが、入鹿が殺害されたのは、その前庭でのことであった。

石川麻呂が上表文を読み上げ終わりかけていた頃、長槍を持って隠れていた中大兄王子が入鹿に突進し、剣で頭と肩を斬り割いた。入鹿が立ち上がると、子麻呂が片脚を斬った。

『日本書紀』も『藤氏家伝 上』も、この後、入鹿が皇極の座に転がり就いて、自分が何の罪で誅されるのかを聞いたことになっている。『藤氏家伝 上』では、

臣不知罪、乞垂審察。

と、「自分に何の罪があるのか、審察してほしい」と請うているのに対し、『日本書紀』は、

当居嗣位、天之子也。臣不知罪。乞垂審察。

と、これに余計な作文を加えている。[22]「皇位に坐すべきは天の御子です」などといきなり訴えるというのは、およそあり得る話ではなく、『日本書紀』の作為が甚しいと称すべきであろう。

これに対し、皇極の下問を承けた葛城王子は、『日本書紀』では、

鞍作尽滅天宗、将傾日位。豈以天孫代鞍作乎。

と、[23]『藤氏家伝 上』では、

鞍作尽滅王宗、将傾天位。豈以帝子、代鞍作乎。

と、それぞれ答えたことになっている。「鞍作（入鹿）は皇族を滅ぼしつくし、皇位を絶とうとしております。鞍作のために天孫（皇族）が滅びるということがあってよいものでしょうか」というのも、両者共に作文の甚しいものである。

皇極が宮殿の中に入った後、子麻呂と網田が入鹿を斬り殺したと続く。入鹿の屍は雨で水浸しになった前庭に置かれ、席（敷物）や障子（屏風）で覆われたとある。

有名なこの場面は、『日本書紀』や『藤氏家伝 上』の原史料の段階で作られた創作であろう。「天宗を尽し滅す」というのは山背大兄王や上宮王家の討滅を指すのであろうが、それと自らが天孫（天照大神の子孫、すなわち大王家）と替わろうという野望を懐いていたと短絡させるのは、どう考えても論理的ではない。

『日本書紀』において、斬られた入鹿が開口一番、「当に嗣位に居すべきは、天子なり（皇位にあられるべきお方は、天の御子でございます）」などと訴えるのも変な話で、要するに「皇位簒奪を企てた逆臣蘇我氏」と、「それを誅殺した偉大な中大兄王子とそれを助けた忠臣中臣鎌足」という図式で、このクーデターを描こうとしているのである。

入鹿としてみれば、権力を自己に集中させ、飛鳥の防衛に腐心して激動の北東アジア国際情勢に乗り出そうとしていた矢先に、いきなり斬り殺されてしまったことになる。斬られた後に叫んだという、「私が何の罪を犯したというのでございましょう」という言葉も、本当に発したものとは思えないが、まさに入鹿の思いを象徴したものであろう。

それにしても、この時、鎌子はどこで何をしていたのであろうか。『日本書紀』も『藤氏家伝 上』も、弓矢を持って葛城王子を衛っていたとあるが、具体的な動きとして登場するのは、刺客の二人を、「努力努力、急須応斬」（『日本書紀』）、「努々力々、一箇打殺」（『藤氏家伝 上』）と激励していること、次いで二人が水で飯を流し込んでも緊張で嘔吐してしまった際に、責めて励ましたという場面である。

しかし、これからクーデターを起こそうという時に飯を食う人間がいるとは思えず、これらはすべて後世の作文であろう。

要するに、鎌子はこのクーデターの現場においては、何ら具体的な行動を起こしてはおらず、作戦の立案を行なった後は、その実行を見守っていたのであろう。それはまさに、策士としての面目躍如といったところである。もしもクーデターが失敗に終わっていたならば、鎌子はその後にどのような行動を取ったのであろうか。

さて、古人大兄王子はこの惨劇を見て現場を脱出し、私邸に走り帰ったことが、『日本書紀』のみに見える。[24] 葛城王子が入鹿の殺害にことのほか手間取ってしまったことで、取り逃がしてしまったものであろう。

いずれにしても、たとえ傀儡であるにせよ自分を大王位に即けてくれるはずの蘇我氏本宗家が滅びてしまった以上、古人大兄王子の命運は尽きてしまったと言わざるを得ない。自分がクーデターの標的であったことも、すぐに直感したことであろう。また、この現場で取り逃がしたとはいっても、古人大兄王子を放っておく葛城王子ではなかった。

葛城王子たちは蘇我氏の氏寺であった飛鳥寺に入り、砦として準備すると、『藤氏家伝 上』では「公卿大夫」、『日本書紀』では「諸皇子・諸王・諸卿大夫・臣・連・伴造・国造」がことごとく付き従ったとある。[25] 蝦夷も甘樫丘の「上の宮門」から、この様子を望見していたことであろう。

これはひとえに、入鹿の志向した権力集中が、支配者層内部において広範な支持を得られるような性格のものではなかったことによるものであろう。蘇我氏内部における本宗家と反本宗家の分裂も、その根底には伏在していたものと思われる。

葛城王子が入鹿の屍を蝦夷に引き渡すと、東漢氏が族党をみな集め、武装して陣を張ろうとした。葛城王子は将軍の巨勢徳陀（徳太）を蝦夷邸に遣わし、東漢氏を説得させた。『日本書紀』によると、[26]「天地開闢君臣始有」、『藤氏家伝 上』によると、「吾家国之事、不依汝等。何為違天抗捍、自取族滅哉」というものである。天地開闢以来の君臣秩序を説く『日本書紀』よりも、「国家の事は汝らに関わりない。どうして天に抵抗して族が滅びることを選ぶのか」という『藤氏家伝 上』の言葉のほうが現実的で、実際にこの時に語られたものに近いのであろう。

すると蝦夷の陣営の中にいた高向国押（河内に地盤を有する有力蘇我氏同族氏族）も、東漢氏を説諭した。『日本書紀』では、「吾等由君大郎（入鹿）、応当被戮。大臣（蝦夷）亦於今日明日立俟其誅決矣。然則為誰空戦、尽被刑乎」と、[27]『藤氏家伝 上』では、「吾君太郎、已被誅戮。大臣徒然待其誅決耳。為誰空戦、尽被刑乎」とある。国押が剣を解き弓を投げて去ると、東漢氏たちもこれに従って逃げ散った。

これで本宗家の命運は尽きた。蝦夷の最期は、『藤氏家伝 上』に十三日のこととして、「豊浦大臣蝦夷、自尽于其第」と見える。「氛沴滌除、犲狼竄伏。人々喜躍、皆称万歳」と続く。これによると蝦夷は自尽したことになるが、『日本書紀』にはこのことは見えず、「蘇我臣蝦夷等臨誅悉焼天皇記・国記・珍宝」という独自の記事が載せられている。[28]

この「天皇記・国記」は、推古二十八年（六二〇）に蘇我馬子と厩戸王子が録したとある国史のことであるとされている。実際に国史の撰修が進んでいたのならば、やはり蘇我氏主導で行なわれた事業だったのであろう。船恵尺が、焼かれている国記を取り出して葛城王子に献上したとある。これが史実であったとしても、後年に完成した『日本書紀』との関連は、明らかではない。

ただ、馬子や蘇我系の厩戸王子によって撰修されていた国史が、蘇我氏を中心としたものであったであろうことは言うまでもないし、それが廃棄されて、今度は藤原氏中心の国史が『日本書紀』として完成されたであろうことを考え併せると、まさに「歴史は勝者によって作られる」という金言を象徴する出来事であった。

この後、『日本書紀』では予兆としての謡歌三首の謎解きが記されているが、『藤氏家伝 上』では代わりに、葛城王子と鎌子の言葉が記されている。まず葛城王子が、「絶綱更振、頽運復興者、実公（鎌子）之力也」と、絶えようとしていた綱紀を振興し、衰頽していた国運を復興したのは、鎌子の力によるものであると、その功業を賞揚すると、鎌子が、「是依聖徳、非臣（鎌子）之功。衆咸服不其自伐焉」とそれに応えて、功が成ったのは葛城王子の高い徳のおかげであって、自分の功績ではないと、謙譲の美徳を示している。もちろんこれは、『史記』甘茂伝や『戦国策』秦策による作文であるが、『藤氏家伝』という書の主張を表わすものでもある。

ともあれこのクーデターの成功によって、神祇を管掌する中臣氏の鎌子は、単なる宗教官人から脱皮し、国家の中枢へと、その歩みを始めた。鎌足という名も、それと軌を一にして称し始めたのであろう（葛城王子もこの頃から、「中大兄王子」と称されたはずである）。

ただし、鎌子が藤原氏へと昇華するまでには、激動の北東アジア情勢をはじめとする幾多の困難が待ち受けていた。それらを一つ一つ切り拓いていって、はじめて「藤原鎌足」が誕生することになるのである。

註

（1）『三国史記』百済本紀。
（2）『三国史記』高句麗本紀。
（3）石母田正『石母田正著作集　第三巻　日本の古代国家』（岩波書店、一九八九年〈初版一九七一年〉）、吉川真司『シリーズ日本古代史①　飛鳥の都』（岩波書店、二〇一一年）。
（4）『日本書紀』皇極元年正月乙酉条、『日本書紀』皇極元年二月戊子条、『日本書紀』皇極元年三月辛酉条。
（5）『日本書紀』皇極元年二月戊申条。
（6）『日本書紀』皇極元年正月辛未条。
（7）倉本一宏『持統天皇と皇位継承』（吉川弘文館、二〇〇九年）。
（8）石母田正『日本の古代国家』（前掲）。

（9）『日本書紀』皇極三年正月乙亥朔条。
（10）『日本書紀』天智八年十月辛酉条所引『日本世記』。
（11）井上辰雄「大化前代の中臣氏」（『古代王権と宗教的部民』所収、柏書房、一九八〇年）、加藤謙吉「中臣氏の氏族系譜と常磐流中臣氏―中臣と卜部」（篠川賢・増尾伸一郎編『藤氏家伝を読む』所収、吉川弘文館、二〇一一年）。
（12）『日本書紀』皇極三年正月乙亥朔条。
（13）『日本書紀』皇極三年正月乙亥朔条。
（14）『日本書紀』皇極三年正月乙亥朔条。
（15）『日本書紀』皇極三年正月乙亥朔条。
（16）加藤謙吉『蘇我氏と大和王権』（吉川弘文館、一九八三年）。
（17）『日本書紀』皇極三年正月乙亥朔条。
（18）黛弘道「犬養氏および犬養部の研究」（『律令国家成立史の研究』所収、吉川弘文館、一九八二年、初出一九六五年）。
（19）加藤謙吉『蘇我氏と大和王権』（前掲）。
（20）『日本書紀』皇極三年三月条、『日本書紀』皇極三年六月癸卯朔条、『日本書紀』皇極三年六月乙巳条、『日本書紀』皇極三年六月戊申条、『日本書紀』皇極三年六月是月条、『日本書紀』皇極三年十一月条、『日本書紀』皇極四年正月条、『日本書紀』皇極四月戊戌朔条。
（21）林部均『飛鳥の宮と藤原京　よみがえる古代王宮』（吉川弘文館、二〇〇八年）。
（22）『日本書紀』皇極四年六月戊申条。
（23）『日本書紀』皇極四年六月戊申条。
（24）『日本書紀』皇極四年六月戊申条。
（25）『日本書紀』皇極四年六月戊申条。

(26)『日本書紀』皇極四年六月戊申条。
(27)『日本書紀』皇極四年六月戊申条。
(28)『日本書紀』皇極四年六月己酉条。

第二節　「大化改新」と鎌足の功業

クーデターの結果、史上初の「譲位」が行なわれ、その後に大王位に擁立されたのは、非蘇我系王統庶流の軽王であった（孝徳）。『日本書紀』も『藤氏家伝 上』も、皇極が中大兄王子（葛城王子）に大王位を伝えようと思ったものの、中大兄王子は鎌足（鎌子）に相談し、いずれもほぼ同文に、「古人大兄、殿下之兄也。軽皇子、殿下之舅也。方今、古人大兄在。而殿下陟天皇位、便違人弟恭遜之心。且立舅以答民望、不亦可乎」と、鎌足が軽王の即位を勧めたことを伝えている。

それを中大兄王子が皇極に奏言し、皇極が軽王を擁立したことにしている。『日本書紀』では皇極が「咨、爾軽皇子」と呼びかけたことになっているのに対し、[1]『藤氏家伝 上』にはこの言葉はなく、「実大臣之本意也。識者云、『君子不食言。見于今日矣。』」と、軽王の即位が鎌足の本意であったかの記述となっている。

軽王は『日本書紀』ではこれを固辞して古人大兄王子に譲ろうとしたが、古人大兄王子はこれを辞して出家し、吉野に入ったとある。[2]現奈良県吉野郡大淀町上比曽の比曽寺（世尊寺）を想定しているのであろうが、これが事実かどうかはわからない。それで仕方なく、軽王が即位したことになっている。

軽王がどれほどの主体性でもってこれらの政変に参画したかは不明であるが、軽王というのは、父も祖父も即位したわけではない三世王に過ぎない。この点、前大后として即位し得た皇極とは、同母弟とはいっても同列に論じるわけにはいかないのである。

やはりこれまでの大王位継承の流れから見ていく限りにおいては、主導権は中大兄王子と、その背後にある鎌足が握っていたと考えるべきであろう。当時の慣例として、いまだ二十歳に過ぎない中大兄王子が即位するわけにはいかず、また古人大兄王子が存在する中での世代交代を避けたものと考えられよう。こうしたさまざまな事情によって、孝徳の即位が実現したのである。

その後、『日本書紀』も『藤氏家伝 上』も、皇極を皇祖母尊と称し、中大兄王子を皇太子としたと語る。皇極の方は「ミオヤノミコト」の漢字表記であろうが、皇太子の地位がこの時期に成立していたとは考えられず、文飾であろう。

また、『日本書紀』では、

以阿倍内摩呂臣、為左大臣。蘇我倉山田石川麻呂臣、為右大臣。以大錦冠、授中臣鎌子連、為内臣。増封若干戸、云々。中臣鎌子連、懐至忠之誠。拠宰臣之勢、処官司之上。故進退廃置、計従事立、云々。以沙門旻法師・高向史玄理、為国博士。

とある政権を発足させたことが記されている。(3) このうち、左右大臣は前代の大臣(オホマヘツキミ)を左右に分けたもので、筆頭マヘツキミの阿倍内麻呂を左大臣に、乙巳の変に功績を挙げ、蘇我氏の氏上を継いだ蘇我倉山田石川麻呂を右大臣に、それぞれ拝したものである。

鎌足の拝された内臣は、左大臣・右大臣といった、畿内有力豪族層の代表とは異なる系列で中大兄王子と直接結び付くことによって、帷幄の臣としての実質的権力を掌握したという姿を窺うことができる。それはまさに「内ツ臣(ウチツマヘツキミ)」の職位名に相応しいものである。

『日本書紀』は鎌足の地位について、「懐至忠之誠。拠宰臣之勢、処官司之上。故進退廃置、計従事立」と、『魏志』武帝紀の文を引いて説明している。『藤氏家伝 上』では、

「社稷獲安、寔頼公力。車書同軌、抑又此挙。仍拝大錦冠、授内臣、封二千戸。軍国機要、任公処分。」大臣訪求林藪、捜揚仄陋。人得其官、野無遺材。所以九官克序、五品咸諧。

という孝徳の詔を載せている。「軍国機要、任公処分」というのは、激動の北東アジア情勢に対して、鎌足の輔政によって乗り出そうという意欲の表われであろう。ただ、これらの文章は、後世の藤原氏の主張に基づくものである可能性も高い。

井上光貞氏は、中国の古典で皇帝や后の近親・寵臣を内臣と称した例や、同時代の朝鮮三国の制に倣って、功績第一ながら家柄の低かった鎌足を遇するために設けた地位と考えられている。(4) 私は、同時に設けられた国博士が、六世紀に百済から「貢上」された五経博士の影響を受けていると考えられることから、内臣も百済の内臣佐平や新羅の典大等の影響を受けているものと考えたい。石母田正氏は、皇太子（中大兄王子）の一人格に代表され集中された「専制的権力核」が、内臣・国博士という独自の組織を公的に持つに至った点を重視されている。(5)

この後のいわゆる「大化改新」の諸政策、たとえば大化元年（六四五）八月の東国国司発遣、鍾匱の制、男女の法、僧尼の統制、九月の古人大兄王子「謀反」の討滅、十二月の難波遷都、大化二年正月の「改新詔」、三月の旧俗改正詔、八月の品部の廃止、大化三年の新冠位制の制定、大化五年正月の冠位制改正、三月の石川麻呂の「謀反」、白雉四年（六五三）五月の遣唐使発遣などに鎌足が関与したことは、『日本書紀』にも『藤氏家伝 上』にも見えない。もちろん、それぞれに鎌足は主体的に関与していたのかもしれないが、史料の前面に登場しないというのは、まさに「内ツ臣」に相応しいものと言えよう。

なお、「大化」「白雉」という年号は金石文など他の史料には見えず、木簡などには大宝元年（七〇一）に至るまで干支年号が用いられていることから、史実としてはこれらの建元が行なわれたとは考えられない。

鎌足が史料に姿を現わすのは、孝徳の最後の年である白雉五年のことである。『日本書紀』には白雉五年正月のこ

ととして、

以紫冠授中臣鎌足連、増封若干戸。

という記事が見える。(6)『藤氏家伝 上』では白鳳五年八月という年紀を用いて、

詔曰、「尚道任賢、先王彝則。褒功報徳、聖人格言。其大綿冠内臣中臣連、功侔建内宿禰。位未允民之望。超拝紫冠、増封八千戸。」

と記している。紫冠というのは前代の大臣位としての紫冠とは異なり、令制の三位に相応する冠位ではあったが、ここで鎌足は上級官人としての地位に上ったことになっている。なお、封戸がこの時期に成立していたとは思えないし、八千戸というのは文飾としても過大に過ぎよう。

また、鎌足の功績が建内宿禰に比肩するとの文章は、重要である。実際には建内宿禰の方が鎌足や蘇我馬子をモデルとして造作された伝説上の人物であると見られているが、(7)ここでも鎌足と建内宿禰との関連が語られているのである。

この後、孝徳が死去し、皇極が重祚するが(斉明)、その時のこととして、『藤氏家伝 上』には、次のような記事が載せられている。

俄而天万豊日天皇、已厭万機、登遐白雲。皇祖母尊、俯従物願、再応宝暦。悉以庶務、委皇太子。皇太子毎事諮決、然後施行。於是、杭海梯山、朝貢不絶。撃壌鼓腹、郷里稍多。非君聖臣賢、而何致茲美。故遷大紫冠、進爵為公、増封五千戸。前後并凡一万五千戸。

斉明が中大兄王子に庶務を委ねたこと、朝鮮諸国から「朝貢」が絶えなかったこと、百姓が太平を謳歌したことによって、鎌足を大紫冠に遷し、公の爵位に進め、封五千戸を増したというのである。

これらは『日本書紀』には見えないどころか、斉明の失政三箇条が挙げられたり、怪異の予兆記事が続いたりして

いる。平穏な斉明の治世や、鎌足が合わせて一万五千戸もの封戸を得たというのは、仲麻呂、ひいては藤原氏のどのような主張に基づく記述なのであろうか。

『日本書紀』では斉明六年（六六〇）、『藤氏家伝 上』では（白鳳）十二年、百済が滅亡したとある。百済遺臣の鬼室福信の要請に応えて「海表之政」つまり百済復興軍の派遣へとつながるのであるが、ここでも『日本書紀』『藤氏家伝 上』共に、鎌足の関与は語られていない。

『藤氏家伝 上』では、斉明の不予に際して、鎌足がこれを危惧し、神祇や三宝に祈祷して、長寿を祈ったので、奇瑞が現われたという記事を載せる。君主の病を心配する忠臣鎌足という文脈なのであろう。

斉明は斉明七年に死去し、中大兄王子が素服称制を行なうが、それに続けて『藤氏家伝 上』に、中大兄王子が鎌足について、次のように侍臣に語ったという記事がある。

伝聞、大唐有魏徴、高麗有蓋金、百済有善仲、新羅有庾淳。各守一方、名振万里。此皆当土俊傑、智略過人。以此数子、比朕内臣、当出胯下、何得抗衡。

唐には魏徴、高句麗には蓋金（泉蓋蘇文）、百済には善仲（鬼室福信）、新羅には庾淳（金庾信）という名臣がいるが、それらも鎌足には遠く及ばないというのである。こうなると父祖の賞揚を越えて、どうしても夜郎自大に見えてしまう。

さて、中大兄王子の治世では、『藤氏家伝 上』に鎌足との関係が語られている。

契闊早年、情好惟篤。義雖君臣、礼但師友。出則同車並騎、入則接茵促膝。政尚簡寛、化存仁恵。遂使徳被寰中、威懐海外。是以、三韓服事、万姓安寧。

というもので、二人は仲がよく、義においては君臣であるが、礼においては師友つまり互いに先生のように尊敬し合う友人であり、出ては同車し入っては敷物を接し膝を付き合わせる。政事は寛大で慈しみ恵み、徳を天下に拡げ、海外を手懐ける。朝鮮諸国は懐き、百姓は安寧である、というものである。実際には天智二年（六六三）に白村江で大敗を喫していたのであるが、(8)ここではそれにはまったく触れていない。

また、高句麗王（宝蔵王か）から鎌足に宛てて書状が贈られたことを語る。

惟大臣、仁風遠扇、威徳遐覃。宣王化於千年、揚芳風於万里。為国棟梁、作民船橋。一国之所瞻仰、百姓之所企望。遥聞喜抃、馳慶良深。

というものである。ここでは鎌足を「内公」と称しているのであるが、内容は、鎌足の仁による徳化が遠方まで及んでおり、国の棟梁としての鎌足の存在を遥かに聞いて、喜んでいるというもので、とても本当にあった話とは思えない。ただ、「東大寺献物帳」に見える「赤漆槻木厨子一口」は百済の義慈王が鎌足に進上したものと見えており、これも鎌足の全方位外交を反映した記事なのであろう。

『日本書紀』では天智三年十月のこととして、百済鎮将の劉仁願が筑紫に遣わし、文書をもたらした郭務悰に対して、鎌足が沙門智祥を遣わして物を賜わったという記事がある。(9)対新羅戦争への協力を迫る唐に対して、曖昧な返答を行なったものの、新羅寄りの外交姿勢を明確にすることを恐れた鎌足が、両面外交を模索している姿が読み取れよう。(10)

この年から、防人と烽の設置、水城や古代山城の構築と、中大兄王子と鎌足は、倭国防衛体制を強化しながら、甲子の宣に代表される国制改革を断行していた。

そして天智七年正月、中大兄王子は近江大津宮で即位した（天智）。『藤氏家伝 上』では、

朝廷無事、遊覧是好。人無菜色、家有余蓄。民咸称太平之代。

と、その即位を寿いでいる。この「遊覧」は、『日本書紀』に、

天皇縦猟於蒲生野。于時大皇弟・諸王・内臣及群臣、皆悉従焉。

とある、鎌足も参加した薬猟の記事に引かれたものかもしれないが、(11)当時の情勢はそれほど平穏なものではなかっ

た。気になるのは、その年の『日本書紀』七月条に、

又饗蝦夷。又命舎人等、為宴於所々。時人曰、天皇、天命将及乎。

とある記事である。「天命将及」とは王朝交代を意味する言葉であり、[12]天智は即位の直後に、もはや天命が尽きていたと認識されていたということになる。これに関連して、『藤氏家伝 上』は、天智即位直後のこととして、次のような有名なエピソードを語っている。

帝召群臣、置酒浜楼、酒酣極歓。於是、大皇弟以長槍、刺貫敷板。帝驚大怒、以将執害。大臣固諌、帝即止之。

この「浜楼」の「置酒」が、『日本書紀』に見える「浜台」の「宴」を指しているとすると、「時の人」は大海人王子と天智のやりとり（実際にあったことかどうかはわからないが）を見て、王朝交代を囁いたことになる。

この記事は、後年の壬申の乱を引き出す記事として、ここに置かれたものであろうが、それをさて措いても、この時期の国際情勢は、高句麗滅亡後の唐と新羅の対立をめぐって、またもや風雲急を告げていた。

この同じ天智七年九月に、十二年ぶりに新羅から倭国へ使節がやってきた。[13]新羅としては、唐と険悪な関係となっているこの時期、背後の倭国と友好関係を結ぶことは、国際戦略上、不可欠であったにちがいない。倭国としても、唐の脅威を少しでも和らげるため、新羅との提携は願ってもないことであったであろう。鎌足から新羅の功臣金庾信へ、[14]天智から文武王へ、[15]それぞれ船が贈られていることは、中大兄王子と鎌足が新羅との友好関係も築こうとしていたことを示している。鎌足から庾信への船の「下賜」は、『藤氏家伝 上』にも、次のように記されている。

新羅進調。大臣、即付使金東厳、賜新羅上卿庾信船一隻。或人諌之。大臣対曰、「普天之下、莫非王土、率土之浜、莫非王臣也。」

これを諌めた人に対し、鎌足が「天下に王土や王臣でないものはない」と答えたというのであるが、これは『詩経』『春秋左氏伝』や『漢書』を引いた文飾である。

『藤氏家伝 上』では、それに続けて、鎌足が律令を刊定したことを語っている。

先此、帝令大臣撰述礼儀、刊定律令。通天人之性、作朝廷之訓。大臣与時賢人、損益旧章、略為条例。一崇敬愛之道、同止奸邪之路。理慎折獄、徳洽好生。至於周之三典、漢之九篇、無以加焉。

これをいわゆる「近江令」の制定と解釈する説も、かつては存在したが、現在では体系的な法令としての近江令の存在を否定する説が有力である。(16) 律令という法典が、「旧章を損益」しただけで編纂できるものではないことを、この文章は無視している。いかにも中国かぶれの仲麻呂らしい作文である。

天智八年五月、この年も鎌足も参加して、薬猟が行なわれた。『日本書紀』には、

天皇縦猟於山科野。大皇弟・藤原内大臣及群臣、皆悉従焉。

と記されている。(17) 鎌足はこの時には病が重くはなかったようであるが、その年の秋のこととして、

霹靂於藤原内大臣家。

という記事が見える。(18) やがて鎌足が病悩し、薨去することの前兆記事であろう。

鎌足がいつ、病に倒れたかは史料に見えない。『藤氏家伝 上』は冬十月とだけ記して、

稍纒沈痾。遂至大漸。

と、鎌足が危篤になったことを伝える。そして、

帝臨私第、親問所患。請命上帝求効。

と、天智が私第に見舞いに訪れ、天帝に命乞いを行なったことを記している。『日本書紀』では、

天皇幸藤原内大臣家、親問所患。

とあるように、十月十日に訪れたことになっている。(19) 続けて『日本書紀』は、

而憂悴極甚。乃詔曰、天道輔仁、何乃虚説。積善余慶、猶是无徴。若有所須、便可以聞。

と、憔悴した鎌足に、天智が望みを申すよう、命じている。[20] ここに語られている「積善余慶」というのは『文選』に見える句であるが、これがはるか後年まで藤原氏が使用する句となるのである。一方、『藤氏家伝 上』では、

翌日而誓願無徴。病患弥重。即詔曰、「若有所思、便可以聞。」

とあるように、天智が下問したのは翌日のこととなっている。これでは、天智は二日続けて鎌足邸を訪れたことになっている。

鎌足の報答は、『日本書紀』『藤氏家伝 上』とも、ほぼ同文に薄葬を求めている。『日本書紀』では、

臣既不敏。当復何言。但其葬事、宜用軽易。生則無務於軍国。死則何敢重難。

とあり、続けて、

時賢聞而歎曰、此之一言、竊比於往哲之善言矣。大樹将軍之辞賞、詎可同年而語哉。

という「世評」を載せている。[21]『藤氏家伝 上』は、

臣既不敏、敢当何言。但其葬事、願用軽易。生則無益於軍国。死何有労於百姓。

とあり、続けて天智が咽び泣いて悲しみに耐えず、宮に還御したことを語っている。

いずれにも「軍国」という語が用いられている。これは『文選』に見える語であるが、百済救援以来の国際情勢を踏まえた表現であろうことは、容易に想像できる。

さて、『日本書紀』では五日後の十月十五日、天智は大海人王子を鎌足の許に遣わした。『藤氏家伝 上』では、その際、次のような恩詔を伝えさせたことになっている。

邈思前代、執政之臣、時々世々、非一二耳。而計労校能、不足比公。非但朕寵汝身而已。後嗣帝王、実恵子孫。不忘不遺、広厚酬答。頃聞病重、朕意弥軫。作汝可得之任。

前代以来の執政の臣で、功労・才能の点で鎌足に比肩する者はいない。自分（天智）だけではなく、未来の天皇も

鎌足の子孫を恵もう、鎌足を本来就くべき官職に任じよう、というものである。

もちろん、これは、後世の藤原氏の特権的な地位を、その成立にまで遡らせて天智に語らせた、仲麻呂の主張である。ただ、不比等以降の藤原氏も、実際にはそのようになっていたのであるから、あながち荒唐無稽な主張でもなかったことになる。

『藤氏家伝 上』ではこれに続けて、

仍授織冠。以任太政大臣。改姓為藤原朝臣。

とある。これだと、鎌足が就いたのは太政大臣ということになる。

この『藤氏家伝 上』が編まれた天平宝字四年（七六〇）の正月に、仲麻呂が大師（太政大臣）に任じられていることを勘案すると、仲麻呂が自己の大師任命の根拠として、この文章を造作したと考えられよう。それは同じ天平宝字四年八月に、すでに太政大臣が贈られていた不比等に、太政大臣では不足だというので淡海公とし、武智麻呂・房前にも太政大臣を贈っていることと軌を一にしたものであろう。

『日本書紀』の方は、

天皇遣東宮大皇弟於藤原内大臣家、授大織冠與大臣位。仍賜姓、為藤原氏。自此以後、通曰藤原内大臣。

とあるように、(22) 鎌足家に遣わされた大海人王子が、最高位である大織冠と「大臣位」を授け、藤原姓を賜わったとある。ここにおいて、内大臣という職位名がはじめて登場したのである。その成立は、「内臣（ウチツマヘツキミ）」に「大臣（オホマヘツキミ）位」を授けたことによって、自動的に「内大臣（ウチツオホマヘツキミ）」という職位名で通称されたというものであり、口頭によって行なわれた当時の官職任命の未熟さを示している。

豪族層の代表という地位と伝統を有していなかった鎌足が、大王との個人的結び付きによって大臣に上ったとされること、藤原氏という、天皇家とのミウチ的結合を基本戦略に置いた氏族が成立したとされることの意義は大きい。

その意味では、「内大臣」という、天皇権力と密接に結合した地位と、王権と密着した「藤原氏」とが同時に成立したとされることは、その後の日本古代政治史を考えると、まことに象徴的である。(23)

ただ、本当にこの時、氏族としての藤原氏が成立したのか、それとも鎌足に対する褒賞的な称号が贈られたのか、はたまたすべてが後世の藤原氏の主張に基づく文飾なのか、慎重に考えなければならない問題である。史実として本当に鎌足が「大臣」に上ったのか、また大織冠が令制の正一位に相応するものなのかも、疑問の余地なしとしない。大織冠は当時の冠位制の最高位であるが、令制の最高位である正一位と同じであるかどうかはわからないのである。ここには、鎌足の地位を、現実的に自らの地位の上昇に最大限に利用しようとした藤原氏の後世の主張が反映されているようにも思えるのである。

「藤原」というウヂ名は飛鳥北方の地名に基づくものと考える説が有力であるが、後に触れるように、他の木にまとわりついてその養分を吸い取り、自らを繁茂させていく「藤」をその名とするというのは、後世の藤原氏の存在形態を考えると、まことに象徴的な名であった。

翌十六日、鎌足は自邸で薨去した。『日本書紀』は、

藤原内大臣薨。

と簡略に記したうえで、高句麗僧道顕の『日本世記』を次のように引いた注を付している。(24)

内大臣、春秋五十薨于私第。遷殯於山南。天何不淑、不憖遺耆。嗚呼哀哉。碑曰、春秋五十有六而薨。

これによると、墓に碑が建てられたことがわかる。そして十九日、天智が鎌足邸に行幸し、蘇我赤兄に恩詔を宣させて、金の香鑪を下賜したとある。(25)

『藤氏家伝 上』の方は、

薨于淡海之第。時年五十有六。上哭之甚慟。廃朝九日。

と、薨年と天智の慟哭、そして廃朝を語り、同じく十九日に天智が宗我舎人を鎌足邸に遣わして恩詔を宣させているが、その詔を長々と載せている。これが実際にこの時に宣せられた詔かは定かではないが、以下に引いておく。

詔曰、「内大臣某朝臣（鎌足）、不期之間、忽然薨謝。如何蒼天、殲我良人。痛哉悲哉、棄朕遠逝。恠矣惜矣、乖朕永離。何為送別之言、何為不送之語。非諺実是。日夜相携、作伴任使。朕心安定。云為無疑。国家之事、小大倶決。八方寧静、万民無愁。将茲辞為贈語、語鄙陋而不足。嗚々呼々、奈々何々。公（鎌足）献説廟堂、於民自利。論治帷幄、与朕（天智）必合。斯誠千載之一遇也。文王任尚父、漢祖得張良。豈如朕二人哉。是以、晨昏握手、愛而不飽。出入同車、遊而有礼。巨川未済、舟楫已沈。大廈始基、棟梁斯折。与誰御国、与誰治民。毎至此念、酸切弥深。但聞、无上大聖、猶不得避。故、慰痛悼、小得安穏。若死者有霊、信得奉見先帝及皇后者、奏曰、『我先帝陛下、平生之日、遊覧淡海及平浦宮処、猶如昔日焉』。朕毎見此物、未嘗不極目傷心也。一歩不忘、片言不遺。仰望聖徳、伏深係恋。加以、出家帰仏、必有法具。故、賜純金香炉。持此香炉、如汝誓願、従観音菩薩之後、到兜率陀天之上、日々夜々、聴弥勒之妙説、朝々暮々、転真如之法輪。」

鎌足を中国古代の権臣になぞらえ、天智との友好的な関係を懐かしんだうえで、仏典で悟りを開いた聖人ですら死を避け得ないとして、この香炉を持って観音菩薩の後に従い、兜率陀天（欲界の第四天で、弥勒菩薩がいるとされた）の上に到らんことを願うという内容である。

ついで『藤氏家伝 上』では、公卿百官の嘆く様子と、葬送の有様、薄葬の遺言を、次のように語る。

既而公卿大夫、百官人等、皆赴喪庭挙哀。仍給司南方相羽葆鼓吹。送葬之日、路経闕下、親御素服歩臨、勅令輟挽、対輀号泣感噎。自古帝王之隆恩、宰輔之極寵、未有若今日之盛也。送葬之具、因其遺言、務従節倹、以申宿志。

そして閏九月六日に行なわれた鎌足の火葬の様子と、その際の奇瑞が、次のように語られる。

粵以、庚午年閏九月六日、火葬於山階之舎。勅王公卿士、悉会葬所。使大錦下紀大人臣告送終之辞、致贈賻之礼。于時、空中有雲、形如紫蓋。糸竹之音、聴於其上。大衆聞見、歎未曽有也。

しかし、道昭や持統の火葬よりも三十年以上も前のこの年に、本当に火葬が行なわれたのであろうか。鎌足を熱心な仏教信者であったと主張するための作文であった可能性もあるのではなかろうか。

『藤氏家伝 上』は最後に、鎌足が仏教を崇んでいたこと、維摩会を創始したこと、元興寺に寄進を行なったこと、百済の沙宅紹明が碑文を作ったこと、を語って終わる。

なお、天智が即位した際の「浜楼の置酒」の後に、後日譚が語られている。

大皇弟初忌大臣所遇之高。自茲以後、殊親重之。後値壬申之乱、従芳野向東土、歎曰、「若使大臣生存、吾豈至於此困哉。」人之所思、略此類也。

大海人王子が、始め鎌足の処遇が高いことを以て親しく思っていなかったものの、これ以降は親しんだ。そして壬申の乱の勃発に際して、鎌足の不在を嘆いたというのである。これも実際にあったことかどうかはともかく、鎌足が生きていれば壬申の乱は起こらずにすんだというのは、当時の支配者層に共通する想いだったのであろう。

ちなみに、天平勝宝三年（七五一）に大友王子の曾孫である淡海三船によって編纂されたと言われる漢詩集である『懐風藻』には、最初に収められた詩の作者である大友王子に関して、これとは逆の説話が載せられている。

嘗夜夢、「天中洞啓、朱衣老翁、捧日而至、擎授皇子。忽有人、従腋底出来、便奪将去。」覚而驚異、具語藤原内大臣。歎曰、「恐聖朝万歳之後、有巨猾間釁。然臣平生曰、豈有如此事乎。臣聞、天道無親、惟善是輔。願大王勤修徳。災異不足憂也。臣有息女。願納後庭、以充箕帚之妾。」遂結姻戚、以親愛之。

もちろん、後の壬申の乱勃発を踏まえて創作された説話であろうが、鎌足が登場する点が興味深い。また、皇位の象徴である日を大友に捧げたという老翁が「朱衣」を身にまとっていたというのも、大海人軍が赤い布を衣服の上につけさせたことを想起させる。

付け加えておくと、鎌足が蘇我氏討滅にあたって発願した釈迦三尊像・四天王像を、夫人である鏡女王が鎌足の「山階陶原家」に持仏堂を建てて山階精舎としたと伝えられている。[26] 王族の女性を室としていたことも、采女を天智から賜わったと伝えられることと併せ、[27] 天智からの信任ぶりが窺える。その山階精舎の場所に関連して、吉川真司氏によると、『安祥寺伽藍縁起資財帳』に見える「興福寺地」を興福寺領宇治荘に比定することができ、それは大槻里のことであったとされる。[28] 現在のJR山科駅西南西、近世の東海道に沿った地ということになる。京都市山科区御陵天徳町から御陵大津畑町にあたる。

なお、後に述べるが、都が飛鳥に戻った後、山階精舎は厩坂寺として移築され、平城遷都後は興福寺となった。それでもなお、中世以降に至っても、興福寺のことを「山階寺」と記録する例が多いことは、いかに山科の地と山階精舎が藤原氏にとって記憶すべき歴史と認識されていたかを示すものである。

さて、鎌足の墓は、阿武山古墳と考える説が有力である。現在、大阪府高槻市奈佐原・茨木市安威にある七世紀の古墳である。岩盤を掘削した三メートルの墓壙を設けて横口式石槨の埋葬施設を構築し、その中に漆で布を何層にも固めて作られ外を黒漆・内部を赤漆で塗られた夾紵棺を安置している。埋葬施設の完成後、円丘状に盛土を施して表面に長方形の塼を葺いているという、きわめて珍しい墳丘のない「地下式」の古墳である。尾根の頂全体を墳丘に見立てているのだという。[29]

この古墳は一九三四年（昭和九）、京都帝国大学の地震観測施設の建設中、偶然に発見された。棺の中には六十歳前後の男性の、肉や毛髪、衣装も残存した状態のミイラ化した遺骨がほぼ完全に残っており、ガラス玉を編んで作った玉枕や、胸から顔面、頭にかけて金糸がたくさん散らばっていたことから、「鎌足の墓」として世間の関心を集めた。X線写真撮影を行なった後、本格的な調査を行なわないまま、再び埋め戻された。一九八二年（昭和五十七）、X線写真の原板が地震観測所から見つかり、一九八七年に分析が行なわれた。[30]

その結果、被葬者は腰椎などを骨折する大けがをし、治療されてしばらくは生きていたものの、寝たきり状態のまま二次的な合併症で死亡したこと、金糸の分布状態からこれが冠の刺繍糸だったことが判明し、この冠が当時の最高冠位である織冠であることから、被葬者は藤原鎌足に違いないという論調が大勢となったのである。[31]

しかし、被葬者がかなりの有力者であることは確実ながら、それが鎌足であると断定することは、はたして万全なのであろうか。だいたい、この冠が織冠であると、どうして言えるのであろう。鎌足が落馬して骨折したという史料は、どこに存在するのであろう。大海人王子と額田女王の逢瀬を目撃した鎌足がそれを諫めようと急いで馬を走らせたら落馬した、などという「学説」を拝読すると、以て瞑すべしと称する他はない。

また、阿武山古墳の石室の大きさは長さ九尺、幅四尺、高さ四尺で、墳丘はない。これは両者とも、大化の「薄葬令」の大仁から小智（令制の五位から八位に相応）の規定と一致する。鎌足の紫冠や大織冠が後世の造作と考えるのでなければ（その可能性もあるのだが）、この古墳は中下級官人の墓と考える可能性もあると思われる。[32]

なお、『延喜式』諸陵寮には、鎌足の墓に関する記載がない。

多武岑墓　贈太政大臣正一位淡海公藤原朝臣、在大和国十市郡、兆域東西十二町、南北十二町、無守戸。

というのが、淡海公に追封された不比等のことを指すのか、鎌足の誤記なのか、不明である。内閣本『延喜式』諸陵寮の傍注には、

国史並貞観式云大織冠墓云々。今文已違式誤也。

とあって、これは鎌足の墓の記載であるとする。たしかに、鎌足を贈太政大臣とする史料もあり、大織冠を正一位と解すると、辻褄は合うのであるが、今度は不比等の墓の記載がなくなってしまう。

また、荷前を奉献する陵墓を定めた際、天安二年（八五八）に十陵四墓の中に、「贈太政大臣正一位藤原朝臣鎌足

多武峯墓在大和国十市郡」とある。[33] 元慶元年（八七七）には「贈太政大臣藤原氏多武岑墓在大和国」と、[34] 元慶八年の十陵五墓にも、「贈太政大臣正一位藤原朝臣多武岑墓在大和国十市郡」と、[35] それぞれ見える。いずれかの時期に、鎌足の墓は多武峰に改葬されたことを示しているが、それでも不比等の墓についての言及はないし、そもそも阿武山古墳の「木乃伊」は、誰のものだったのであろうか。

ここでは、いま一つ釈然としないのではあるが、阿武山古墳が鎌足の墓の有力な候補であると述べるに留めておきたい。以上の鎌足の「功業」は、その実体としては不明な箇所が多い。多分に子孫によって架上された功績も存在すると思われるのである。それはあたかも、天智（中大兄王子）の影の存在としての鎌足の存在感ということになろう。「軍国に益無し」という自己認識を越えて、まさに「内ツ臣」に相応しい活躍であった。

ただし、律令制下の藤原氏が自己の栄達の根拠として、鎌足の「功業」を利用したことは確かなところである。鎌足が死の直前に賜わったとする大織冠を正一位と解釈し、その蔭位を最大限に利用するような蔭位制を創出して、その後の藤原氏の高位につなげたことも、確実なところである。いつの間にか、鎌足を贈太政大臣とすり替えてしまったことも推測できる。

逆に言えば、律令制下の不比等以下の藤原氏の側から、自己の政治的地位の根拠として、「大化改新」前後の鎌足の「功業」が創作され、偉大な藤原氏創始者として鎌足像が形成されたとも考えられる。言うなれば、藤原鎌足像というのは藤原氏の偉大な祖先伝承というわけである。

註

（1）『日本書紀』孝徳天皇即位前紀。

（2）『日本書紀』孝徳天皇即位前紀。

（3）『日本書紀』孝徳天皇即位前紀。
（4）井上光貞「太政官成立過程における唐制と固有法との交渉」（『井上光貞著作集　第二巻　日本古代思想史の研究』所収、岩波書店、一九八六年、初出一九六七年）。
（5）石母田正『石母田正著作集　第三巻　日本の古代国家』（岩波書店、一九八九年、初版一九七一年）・第一部第二章第五節「権力構造について」。
（6）『日本書紀』白雉五年正月壬子条。
（7）岸俊男「たまきはる内の朝臣―建内宿禰伝承成立試論」（『日本古代政治史研究』所収、塙書房、一九六六年、初出一九六四年）。
（8）倉本一宏『戦争の日本古代史』（講談社、二〇一七年）。
（9）『日本書紀』天智三年十月乙亥朔条。
（10）倉本一宏「天智朝末年の国際関係と壬申の乱」（『日本古代国家成立期の政権構造』所収、吉川弘文館、一九九七年、初出一九九五年）。
（11）『日本書紀』天智七年五月五日条。
（12）坂本太郎・家永三郎・井上光貞・大野晋校注『日本古典文学大系　日本書紀　下』（岩波書店、一九六五年）頭注。
（13）『日本書紀』天智七年九月癸巳条。
（14）『日本書紀』天智七年九月丁未条。
（15）『日本書紀』天智七年九月庚戌条。
（16）青木和夫「浄御原令と古代官僚制」（『日本律令国家論攷』所収、岩波書店、一九九二年、初出一九五四年）。
（17）『日本書紀』天智八年五月壬午条。
（18）『日本書紀』天智八年是秋条。

(19)『日本書紀』天智八年十月乙卯条。
(20)『日本書紀』天智八年十月乙卯条。
(21)『日本書紀』天智八年十月乙卯条。
(22)『日本書紀』天智八年十月庚申条。
(23)倉本一宏「内大臣沿革考」(『摂関政治と王朝貴族』所収、吉川弘文館、二〇〇〇年、初出一九九一年)。
(24)『日本書紀』天智八年十月辛酉条。
(25)『日本書紀』天智八年十月甲子条。
(26)『興福寺縁起流記資財帳』「宝寺記」、『三宝絵詞』巻下、『扶桑略記』。
(27)『万葉集』巻第二—九五。
(28)吉川真司「安祥寺以前—山階寺に関する試論—」(第一四研究会「王権とモニュメント」編『安祥寺の研究Ⅰ—京都市山科区所在の平安時代初期の山林寺院—』所収、京都大学大学院文学研究科二一世紀COEプログラム『グローバル化時代の多元的人文学の拠点形成』成果報告書、二〇〇四年)。
(29)今西康宏「実録・阿武山古墳」(高槻市教育委員会編『藤原鎌足と阿武山古墳』所収、吉川弘文館、二〇一五年)。
(30)牟田口章人「阿武山古墳の発見」(高槻市教育委員会編『藤原鎌足と阿武山古墳』所収、吉川弘文館、二〇一五年)。
(31)猪熊兼勝「阿武山古墳は鎌足墓」(高槻市教育委員会編『藤原鎌足と阿武山古墳』所収、吉川弘文館、二〇一五年)。
(32)白石太一郎「阿武山古墳の石槨の構造と年代」(高槻市教育委員会編『藤原鎌足と阿武山古墳』所収、吉川弘文館、二〇一五年)。
(33)『日本三代実録』天安二年十二月九日丙申条。
(34)『日本三代実録』元慶元年十二月十三日癸卯条。
(35)『日本三代実録』元慶八年十二月廿日丙午条。

第三節　『鎌足伝』と『多武峯縁起』

ここで鎌足の事績を考察するための基礎史料として、『藤氏家伝』の異本と、『多武峯縁起』を紹介することとする。まず、これまで引用してきた『藤氏家伝 上』（鎌足伝）は、旧伏見宮家蔵『大織冠鎌足公家伝 上』を底本として、沖森卓也・佐藤信・矢嶋泉氏による共同研究の成果である。[1]この本には、『藤氏家伝 上』と『日本書紀』の対照表も載せられているので、ここではそれは省略し、この『藤氏家伝 上』、柳原本『大織冠伝』、そして『多武峯縁起』を並べて掲示することとしたい。

1.『藤氏家伝 上』

いうまでもなく、『藤氏家伝 上』は天平宝字四年（七六〇）前後に鎌足の曾孫である藤原仲麻呂自身によって編纂されたものである。中国正史の功臣列伝に倣ってはいながらも、藤原氏全体の系譜を重んじたものではなく、鎌足・不比等から武智麻呂に至る「南家」、さらには仲麻呂の「恵美家」につながる系譜を重視して構成されたものである。鎌足が太政大臣に任じられたとすることと、この天平宝字四年に仲麻呂が大師（太政大臣）に任じられたこととの関連が、その最たるものである。

『藤氏家伝』には、藤原氏（南家、恵美家）の重視、天皇と藤原氏の関係の重視、近江国・近江朝廷の重視、外交の重視、漢籍の重視、仏教の重視といった特徴が見られるという。『日本書紀』には見られない『藤氏家伝』独自の記載も多くみられる。[2]

以下にまず、『藤氏家伝 上』を掲げる。適宜、段落を分けることとする。後に掲げる柳原本『大織冠伝』や『多武峯縁起』と関連する箇所には、両書に付すものと同じ段落番号を付した。また、柳原本『大織冠伝』や『多武峯縁起』と同じ文言を使っている箇所には傍線を付すこととする。

家伝巻上　大師

1内大臣、諱鎌足、字仲郎、大倭国高市郡人也。其先出自天児屋根命。世掌天地之祭、相和人神之間。仍命其氏曰大中臣。美気祜卿之長子也。母曰大伴夫人。

2大臣以豊御炊姫天皇卅四年歳次甲戌、生於藤原之第。初大臣在孕、而哭声聞於外。十有二月乃誕。外祖母語夫人曰、汝児懐任之月、与常人異。非凡之子、必有神功。夫人心異之。将誕無苦。不覚安生。

大臣性仁孝、聡明叡哲、玄鑑深遠。幼年好学、博渉書伝。毎読太公六韜、未嘗不反覆誦之。為人偉雅、風姿特秀。前看若偃、後見如伏。或語云、雄壮丈夫二人、恒従公行也。大臣聞此辞、而窃自負之。識者属心、名誉日弘。

寵幸近臣宗我桉作、威福自己、権勢傾朝・咄咤指麾、無不靡者。但、見大臣自粛如也。心常恠之。嘗群公子、咸集于旻法師之堂、講周易焉。大臣後至、桉作起立、抗礼倶坐。講訖将散、是法師撃目留矣。因語大臣云、入吾堂者、無如宗我大郎。但、公神識奇相、実勝此人。願深自愛。

及崗本天皇御宇之初、以良家子、簡授錦冠、令嗣宗業。固辞不受、帰去三島之別業。養素丘園、高尚其事。

俄而崗本天皇崩。皇后即位。王室衰微、政不自君。大臣窃慷慨之。

5于時、軽皇子、患脚不朝。大臣、曾善於軽皇子。宿故、詣彼宮而侍宿。相与言談、終夜忘疲。軽皇子、即知雄略宏遠、智計過人、計特重礼遇、令得其交。専使寵妃、朝夕侍養。居処飲食、甚異常人。大臣既感恩待、潜告所親舎人曰、殊蒙厚恩、良過所望。豈無令汝君為帝皇耶。君子不食言、遂見其行。舎人伝語於軽皇子、皇子大悦。然、皇子器量、不足与謀大事。

更欲択君、歴見王宗、唯中大兄雄略英徹、可与撥乱。而無由参謁。儻過于蹴鞠之庭、中大兄皮鞋随毬放落。大臣取捧、中大兄敬受之。自茲相善、倶為為水。

4後崗本天皇二年歳次癸卯冬十月、宗我入鹿与諸王子共謀、欲害上宮太子之男山背大兄等曰、山背大兄吾家所生。明徳惟馨、望化猶余。崗本天皇嗣位之時、諸臣云々、舅甥有隙。亦依誅坂合部臣摩理勢、怨望已深。方今、天子崩殂、皇后臨朝。心必不安。焉無乱乎。不忍外甥之親、以成国家之計。諸王然諾。但恐不従、害及於身。所以共計也。以某月日、遂誅山背大兄於斑鳩之寺。識者傷之。父豊浦大臣慍曰、桉作如爾癡人、何処有哉。吾宗将滅。憂不自勝。桉作以為、已除骨鯁、方無後悔。安漢詭譎、徐顕於朝、董卓暴慢、既行於国。

7於是、中大兄謂大臣曰、王政出自大夫、周鼎将移李氏。公如之何。願陳奇策。大臣具述撥乱反正之謀。中大兄悦曰、誠吾之子房也。

8大臣欲求勢門之佐。陰探桉作之隙、乃知山田臣与桉作相忌。白中大兄曰、察山田臣之為人、剛毅果敢、威望亦高。若得其意、事必須成。請先作婚姻之昵、然後、布心腹之策。中大兄従之。遂聘女于山田臣之家。山田臣許之。及于三春忽至、百両新迎、其弟武蔵、挑女将去。山田臣憂惶、不知所為。少女在傍。見父愁色、問曰、何悔之甚。父陳其由。少女曰、妾雖無西施之貌、当有嫫母之情。願以妾納之。其父大悦、終進少女。

中大兄怒武蔵之無礼、将行刑戮。大臣諫曰、既定天下之大事。何忿家中之小過。中大兄、即止矣。

10然後、大臣、徐説山田臣曰、太郎暴逆、人神咸怨。若同悪相済者、必有夷宗之禍。公慎察之。山田臣曰、吾亦思之。敬従命焉。遂共定策。即欲挙兵。中大兄曰、欲以情告、恐計不成。不告将黙、又慮驚帝。臣子之理、何合於義。群公等、為吾陳説。大臣対曰、臣子之行、惟忠与孝。忠孝之道、全国興宗。縦使皇綱紊絶、洪基頽壊。不孝不忠、莫過於此。中大兄曰、吾成敗在汝。々宜努力。大臣、於是、薦佐伯連古麻呂・稚犬養連網田曰、武勇強断、膂力扛鼎。須予大事、但二人耳。中大兄従之。

11後崗本天皇四年歳次乙巳夏六月、中大兄詐唱三韓上表。時人以為、信然。於是、謂山田臣曰、三韓表文、使公読白。

乗其之怠、擬殺入鹿。山田臣許之。策既定矣。

12戊申、帝臨軒。古人大兄侍焉。使舎人急喚入々鹿々、起立著履、々三廻不著。入鹿心忌之。将還彷徨。舎人頻喚。不得已而馳参。

13大臣嘗知入鹿多疑、昼夜持剣。預教俳優、方便令解。入鹿咲而解剣、参入侍座。

山田臣進読三韓表文。於是、中大兄命衛門府、一時倶閉十二通門。時中大兄、自執長槍、隠於殿側。大臣持弓矢、為翼衛。賜箱中両剣於佐伯連古麻呂・稚犬養連網田曰、努々力々、一箇打殺。以水送飯、咽而反吐。大臣嘖使勤励。

14山田臣、恐表文将尽、古麻呂等、猶未来而、流汗浹身、乱声動手。桉作恠問曰、何故慄戦。山田臣曰、近侍御前、不覚流汗。

15中大兄、見古麻呂等、畏入鹿威、便旋不進、咄嗟之。即与古麻呂、出其不意、以剣打傷入鹿頭肩。

入鹿驚起。古麻呂運手揮剣、斬其一脚。入鹿起就御座、叩頭曰、臣不知罪。乞垂審察。天皇大驚、詔中大兄曰、不知所作、有何事耶。中大兄伏地奏曰、鞍作尽滅王宗、将傾天位。豈以帝子、代鞍作乎。

天皇起入於殿中。古麻呂等、遂誅鞍作焉。

17是日雨下、潦水溢庭。以席障子、掩鞍作屍也。

時論以為、応天誅逆。而豊浦大臣猶在。狡賊未平。即入法興寺、為城以備非常。公卿大夫、悉皆随焉。使人賜鞍作屍於豊浦大臣。

於是、漢直等、摠聚族党、擐甲持兵、将助大臣、分設軍陳。中大兄、使巨勢臣徳陀告曰、吾家国之事、不依汝等。何為違天抗捍、自取族滅哉。賊党高向国押、謂漢直等曰、吾君太郎、已被誅戮。大臣徒然待其誅決耳。為誰空戦、尽被刑乎。言畢奔走。賊徒亦散。

18己酉、豊浦大臣蝦夷、自尽于其第。

19気沴滌除、犲狼鼠伏。人々喜躍、皆称万歳。

20中大兄歎曰、絶綱更振、頽運復興者、実公之力也。大臣曰、是依聖徳、非臣之功。衆咸服不其自伐焉。

21庚戌、天豊財重日足姫天皇、欲伝位於中大兄。中大兄諮於大臣、対曰、古人大兄、殿下之兄也。軽万徳王、殿下之舅也。方今、越古人大兄而、殿下陟天皇位、便違人弟恭遜之心。且立舅以答民望、不亦可乎。中大兄徒之。密以白帝。

22帝以策書禅位于軽皇子。是為天万豊日天皇。実大臣之本意也。識者云、君子不食言。見于今日矣。奉号於天豊財重日天皇、曰皇祖母尊。以中大兄、為皇太子。改元為大化。

23詔曰、社稷獲安、寔頼公力。車書同軌、抑又此挙。

26仍拝大錦冠、授内臣、封二千戸。軍国機要、任公処分。大臣訪求林藪、捜揚仄陋。人得其官、野無遺材。所以、九官克序、五品咸諧。

白鳳五年秋八月、詔曰、尚道任賢、先王彝則。褒功報徳、聖人格言。其大錦冠内臣中臣連、功侔建内宿禰、位未允民之望。超拝紫冠、増封八千戸。

27俄而天万豊日天皇、已厭万機、登遐白雲。皇祖母尊、俯従物願、再応宝暦、悉以庶務、委皇太子。皇太子、毎事諮決、然後施行。於是、杭海梯山、朝貢不絶。撃壌鼓腹郷里稍多。非君聖臣賢、而何致茲美。故、遷大紫冠、進爵為公、増封五千戸。前後并凡一万五千戸。

十二年冬十月、天皇幸于難波宮。即随福信所乞之意、思幸筑紫、将遣救軍、初備軍器。

十三年春正月、御船西征、始就海路。

三月、御船泊于娜太津、居于磐瀬行宮。天皇改此名曰長津。

夏五月、遷居于朝倉橘広庭宮、以聴海表之政。

至秋七月、天皇御体不悆。於是、大臣中心危懼、祈祷神祇、亦依三宝、敦求眉寿。璧像申臂而摩頂、観音寄夢以現空。聖応有所、煥然明矣。故、僧道顕云、昔者侍衛之士、轂鳴而請死、節義之子、穿地而自殉。雲鳥掩日、令尹以身祷之、河神為祟、大夫求以牲焉。雖復美名勿朽、忠貞弥芳、而与今行懸殊。豈可同日而語哉。
既而命遂有限、天皇崩于朝倉行宮。皇太子、素服称制。
是月、蘇将軍与突厥王子契苾加力等、水陸二路、至于高麗城下。皇太子、遷居于長津宮、猶聴水表之軍政。
時謂侍臣曰、伝聞、大唐有魏徴、高麗有蓋金、百済有善仲、新羅有庾淳。各守一方、名振万里。此皆当土俊傑、智略過人。以此数子、比朕内臣、当出胯下。何得抗衡。
冬十一月、天皇喪至自朝倉宮、殯于飛鳥川原。
十四年、皇太子摂政。契闊早年、情好惟篤。義雖君臣、礼但師友。出則同車並騎、入則接茵促膝。政尚簡寛、化存仁恵。遂使徳被寰中、威懐海外。是以、三韓服事、万姓安寧。
故高麗王、贈内公書云、惟大臣、仁風遠扇、盛徳遐覃。宣王化於千年、揚芳風於万里。為国棟梁、作民船橋。一国之所瞻仰、百姓之所企望。遥聞喜抃、馳慶良深。
摂政六年春三月、遷都于近江国。
七年正月、即天皇位。是為天命開別天皇。朝廷無事、遊覧是好。人無菜色、家有余蓄。民咸称太平之代。
帝召群臣、置酒浜楼。酒酣極歓。於是、大皇弟以長槍、刺貫敷板。帝驚大怒、以将執害。大臣固諫、帝即止之。大皇弟初忌大臣所遇之高、自茲以後、殊親重之。
後値壬申之乱、従芳野向東土、歎曰、若使大臣生存、吾豈至於此困哉。人之所思、略此類也。
七年秋九月、新羅進調。大臣、即付使金東厳、賜新羅上卿庾信船一隻。或人諫之。大臣対曰、普天之下、莫非王土、率土之賓、莫非王臣也。
先此、帝令大臣撰述礼儀、刊定律令。通天人之性、作朝廷之訓。大臣与時賢人、損益旧章、略為条例。一崇敬愛之道、同止奸邪之路。理慎折獄、徳洽好生。至於周之三典、漢之九篇、無以加焉。

34 即位二年冬十月、稍纏沈痾、遂至大漸。帝臨私第、親問所患。請命上帝求効。翌日而誓願無徴、病患弥重。即詔曰、若有所思、便可以聞。大臣対曰、臣既不敏。敢当何言。但其葬事、願用軽易。生則無益於軍国、死何有労於百姓。即臥復無言矣。帝哽咽、悲不自勝。即時還宮。遣東宮大皇弟、就於其家、詔曰、邈思前代、執政之臣、時々世々、非一二耳。而計労校能、不足比公。非但朕寵汝身而已。後嗣帝王、実恵汝子孫。不忘不遺、広厚酬答。頃聞病重、朕意弥軫。作汝可得之任。仍授織冠、以任太政大臣、改姓為藤原朝臣。

36 十六日辛酉、薨于淡海之第。時年五十有六。上哭之甚慟。廃朝九日。

甲子、遣宗我舎人臣詔曰、内大臣某朝臣、不期之間、忽然薨謝。如何蒼天、殲我良人。痛哉悲哉、棄朕遠逝。恠矣惜矣、乖朕永離。何為送別之言、何為不送之語。非諺実是。日夜相携、作伴任使。朕心安定。云為無疑。国家之事、小大倶決。八方寧静、万民無愁。将茲辞為贈語、語鄙陋而不足。嗚々呼々、奈々何々。

公献説廟堂、於民自利。論治帷幄、与朕必合。斯誠千載之一遇也。文王任尚父、漢祖得張良。豈如朕二人哉。是以、晨昏握手、愛而不飽。出入同車、遊而有礼。巨川未済、舟楫已沈。大厦始基、棟梁斯折。与誰御国、与誰治民。毎至此念、酸切弥深。但聞、無上大聖、猶不得避。故、慰痛悼、小得安穏。

若死者有霊、信得奉見先帝及皇后者、奏曰、我先帝陛下、平生之日、遊覧淡海及平浦宮処、猶如昔日焉。朕毎見此物、未嘗不極目傷心也。一歩不忘、片言不遺。仰望聖徳、伏深係恋。加以、出家帰仏、必有法具。故、賜純金香炉。持此香炉、如汝誓願、従観音菩薩之後、到兜率陀天之上、日々夜々、聴弥勒之妙説、朝々暮々、転真如之法輪。

既而公卿大夫、百官人等、皆起喪庭挙哀。仍給司南方相羽葆鼓吹。送葬之日、路経闕下、親御素服歩臨。勅令輟挽、対轜号泣感噎。自古帝王之隆恩、宰輔之極寵、未有若今日之盛也。送終之具、因其遺言、務従節倹、以申宿志。

粤以、庚午閏九月六日、火葬於山階之舎。勅王公卿士、悉会葬所。使大錦下紀大人臣告送終之辞、致贈賻之礼。于時、空中有雲、形如紫蓋。糸竹之音、聴於其上。大衆聞見、歎未曾有也。大臣性崇三宝。欽尚四弘。毎年十月、荘厳法筵、仰維摩之景行、説不二之妙理。亦割取家財、入元興寺、儲置五宗学問之分。由是、賢僧不絶、聖道稍隆。蓋斯之徴哉。百斉人、小紫沙吒昭明、才思頴抜、文章冠世。傷令名不伝、賢徳空没、仍製碑文。今在別巻。有二子貞恵・史。々別有伝。

2. 柳原本『大織冠伝』

この『藤氏家伝』の異本として、柳原本『大織冠伝』と称される史料が存在する。外題には「〈真名〉大織冠公御伝」とある。鎌倉時代の弘安年間（一二七八—八八）某年十二月十三日に南都元興寺極楽堂東房に於いて書写されたもので、元は柳原家に伝わっており、一九五九年に重要文化財に指定され、現在は国立歴史民俗博物館に所蔵されている。

私がこの史料の存在を知ったのは一九九三年のことで、歴博で閲覧したところ、どうもこの『大織冠伝』には「不比等伝」が含まれているように見えることから、『藤氏家伝』の鎌足伝の末尾に別に単行されたと見える「不比等伝」ではないかと色めきだち、さっそく歴博の古瀬奈津子氏に依頼して写真版を入手し、解読してみた。その結果は二〇〇九年に成城大学の篠川賢氏が主宰する「藤氏家伝研究会」において発表したのであるが、残念ながら成稿することができなかったので、ここにその一端を披瀝することにしたい。古瀬奈津子氏、篠川賢氏および研究会において貴重なご意見を賜わった増尾伸一郎氏に、この場を借りてお礼申しあげる。

さて、不比等についての言及もある柳原本『大織冠伝』であるが、実際には『多武峯縁起』の最古の写本である。

本文は伏見宮本『藤氏家伝』よりも内容が詳密で、書写年代の古いことと併せて、貴重な善本である。なお、本文には墨書の仮名・返り点が加えられており、鎌倉時代中期の片仮名資料としても貴重なものである。
以下、この柳原本『大織冠伝』を掲げる。各段落には段落番号を付し、群書類従本『多武峯縁起』とは異なる独自の記載には傍線を付すこととする。

藤氏始祖

1藤氏始祖大織冠内大臣〈諱鎌足。〉者、天児屋根命廿一世孫、小徳冠中臣御食子卿長子也。母大徳冠大伴久比古卿女、大伴夫人是也。初懐妊之時、母夢、見従身藤花出生、偏満日域矣、在孕与十有二月、哭声聞於外〈或説云、言声聞于隣里云々。〉。
推古天皇廿二年〈甲戌。〉八月十五日、生於大和国高市郡大原村藤原第矣〈或説云、於常陸国鹿島郡、仍鹿島明神是藤氏々神也。〉。

2有記云、誕生之処、野獣献鎌云々。又外祖母語夫人曰、汝児懐妊之月、与常人異、非凡子必有神功、夫人異□、将誕無苦不覚安生也。
大臣性仁孝、聡明叡哲、玄鑒深遠。幼年好学、博渉書伝、毎読大公六韜未嘗不反覆誦之。為人偉雅、風姿特秀、前看若偃、後見如伏。或人語云、雄壮丈夫二人、恆従公行也、大臣聞此辞而竊自負之云々。

3岡本天皇〈舒明。〉御宇九年〈丁酉。〉之比、大臣蘇我蝦夷、号豊浦大臣企叛。至皇極天皇元年〈壬寅。〉、子息蘇我入鹿自執国政、威勝於父〈太子伝。〉。

4皇極天皇二年〈癸卯。〉冬十一月十一日〈丙戌。〉亥時、入鹿臣欲殺聖徳太子御子山背大兄王等、襲斑鳩宮。大兄王奴三成、数十人与拒戦。然而大兄王獣骨置内御寝、率子弟等従間道出隠胆駒山。軍焼斑鳩宮、見骨灰中、軍衆皆謂王已死、解囲退去。大兄王謂左右曰、我以一身、豈煩万民乎。不欲使言後世之人由吾故而喪父子兄弟。即還斑鳩宮、遂与子弟等自絞而死。一説曰、癸卯年十一月入鹿臣等発悪逆、討太子之孫男女廿余人。王無罪被害、所謂山背太兄王殖栗王等也。于時王子等、皆入山中経六箇日。辛卯日、山背大兄王率諸子弟、出自山中入斑鳩宮塔内。立大誓願曰、吾暗三明之智未識因果之理、然以仏言推之、我等宿業于今可賽、吾捨五濁之身施八逆之臣。魂遊蒼旻之上、陰入浄土之蓮、擎香大誓、香気郁烈上通烟雲天上三道。現種種仙人伎楽天女禽獣等形、向西飛去。光明炫燿、天華零散、音楽妙響。時人仰看、遙加敬礼。当于此時、諸王共絶、諸人皆欲未曾有。□□霊魂天人迎去。而賊臣等目唯看黒雲、耳復聞微雷覆于寺上〈在太子伝。〉。

5軽皇子曾雖大臣相善、其器量不足謀大事、更欲択君。大臣歴見王室、唯中大兄雄略英徹、可与撥乱。而無由参謁。然間、甲辰年三月、中大兄於法興寺槻樹下蹴鞠之間、王子皮鞋随毬脱落入鹿臣咲之。鎌子連取置掌、以献中大兄、敬受之。自茲相善、為魚水。互述素懐、敢無所匿〈伝桑。〉。

6蝦夷大臣〈并〉男入鹿臣、積悪年深、濫吹日増。失於君臣之序、執於社稷之権。岡本天皇三年□辰十一月、蝦夷起二家於甘橿岡。以大臣家、称曰上宮門、以入鹿家号曰春宮門。呼男女家名曰王子居。外構城槨、傍起武庫。畝火山東掘池為城。

7中大兄皇子謂中臣鎌子連曰、鞍作〈入鹿□名也。〉暴逆為之如何、願陳奇策。中大皇子登于城東倉橋山岸、於藤花下談撥乱反正之謀。皇子大悦曰、誠吾子房也。若至天位改臣姓為藤原矣。仍其談処号曰談峯、後用多武二字耳。

8春之比、中臣鎌子連白中大兄曰、蘇我倉山田石川麻呂為人剛毅〈魚既反。〉、威望亦高、為得其意、事必須成。請先作婚姻之昵、然後布心腸之策。皇子従之。遂聘女於山田臣之家、婚姻事訖。中臣連徐語山田臣曰、太郎暴逆天下咸怨、公意如何。山田臣曰、吾亦思之敬従命矣。

9鎌子連□大□前願、奉造丈六釈迦御像、并脇侍両菩薩像〈今興福寺金堂仏像是也。〉。

10中大兄告中臣連云、臣子之道志宜相通。欲以情示群公等、請為吾陳説。中臣連対曰、臣子之行惟忠与孝、忠孝之道全国興家。縦使皇綱祭絶諸基頽壊、不孝不忠莫過於此。中大兄曰、吾成敗在汝矣。□中臣連云、佐伯連古麻呂・葛木稚犬養連網田、武勇強断、膂〈同峯反。〉力扛犯。成斯大事、但二人耳。中大兄従之。

11四年〈乙巳。〉夏六月〈三日戊申。〉、中大兄詐唱三韓進調之表。時人為信。然謂山田臣云、三韓表文、使公読白秉其之怠擬殺入鹿。山田臣許之。策既定矣。

12遂而六月三日中帝出大極殿臨軒、古人大兄侍焉。使舎人急召入鹿。入鹿起立著履、々三廻不著。入鹿心忌之、欲辞彷徨。舎人頻喚、不得已而馳参。

13中臣連嘗知入鹿多疑、昼夜持劒。戯而解之、以与従矣。入鹿参入侍座。於是中大兄命衛門府、一時閉十二通門。時中大兄自執長槍隠於殿側、中臣連帯弓矢為羽翼。廼以網田・子麻呂二人、差充斬首之役。然子麻呂等、畏入鹿之威、流汗不進。以水送飯、咽而反吐。中臣連責之励之。

14山田臣進読表文、表文将尽。身揺声振、不能読表。入鹿恠問云、何以慄戦。対曰、近侍御座不覚失度。

15中大兄見見古麻呂等恐入鹿威流汗不進。咄嗟即率彼等、以劒打傷入鹿□肩。入鹿驚起、古麻呂運手揮劒斬其一脚。入鹿転就御座叩頭奏云、臣不知罪、乞垂審察。天皇大驚、詔云、何事如此耶。中大兄伏地奏云、鞍作尽滅天宗、将傾皇位。豈以帝子代鞍作乎。意指殺山背大兄王等也。天皇起入大殿、手閉殿戸。遂以古麻呂等誅入鹿訖〈太□伝。〉。

16一説云、鎌子連以太刀打落入鹿肩、次中大兄□以劒打落其首。々飛于高御倉戸〈云々。〉。一説云、首飛咋付御簾〈云々。〉。一説云、首飛嚙石柱、躍揚四十遍。一説云、入鹿起走。中大兄与鎌子連日合共立、遂斬入鹿。流血数升。入鹿被斬臥之剋、怒目動身。鎌子連斬放入鹿首。□其首躍騰数度矣〈于時鎌子年卅一。〉。此時宮中震動皆歌万歳。

17是日雨降、潦水溢庭。以席障子掩入鹿屍。時人以為応天誅逆。

豊浦大臣蝦夷□賊未平、入法興寺構城。公卿悉皆随焉。于時使人賜入鹿屍於父大臣。於是賊党皆云、吾君太郎已被誅戮、大臣徒然待其誅□耳、為誰空戦、尽被刑乎。言畢□走賊徒悉散。

18翌日己酉、蝦夷臣知将及誅、縦火自第、焼天皇記・国記・珍宝等。船史走入取焼残国記等、献天皇。蝦夷遂投火自殺〈年六十。〉。墜大鬼道。

19蘇我氏族一旦殄滅。人々喜躍悉称万歳。

20中大兄歎鎌子連云、絶綱更振、頽運復興者、実公之力也。鎌子連云、是依聖徳、非臣之功也。

21庚戌、天皇欲伝位於中大兄、有譲位之詔。中大兄固辞、語鎌子連。連議曰、古人大兄是殿下兄也、軽皇子亦殿下之舅也。起兄先舅便遞民望、且立舅、以合人望、不亦可乎。中大兄深以耳心□、以白帝。以策書、禅位於軽皇子。軽皇子固辞、転譲古人大兄。古人固辞、於法興寺出家入吉野山。

22庚戌、軽皇子即位。号大化元年。孝徳天皇、諱天万豊日天皇是也。敏達天皇曾孫、茅渟王男、皇極天皇弟。母欽明天皇孫女、吉備姫也。同日、以中大兄立為皇太子。

23同日、以中臣鎌子連授大錦冠并授内臣〈年三十一。〉。内臣者准大臣位也。又封二千戸、軍国機要任公処分〈伝。〉。又賜懐妊御息所、号車持夫人。然其懐妊六箇月也。

24詔曰、生子若男者臣子、若女者為朕子。鎌子連堅守而送四ケ月。生子男也□〈定恵和尚是也。〉。

25中臣連為果前願、奉丈六尺迦像。今興福寺金堂釈迦是也。

26白鳳〈甲寅。〉秋八月、以大錦冠内臣中臣連、超拝紫冠、増封若千戸〈年四十二。〉。内臣功侔武内宿禰。恩賞未充民之望故也。

27斉明天皇元年〈乙卯。〉、内臣遷大紫冠、増封五千戸。前後并一万五千戸也。

28同二年〈丙辰。〉、内臣有病、蟄居山城国宇治郡小野郷山階村陶原家、救療無験。天皇憂之矣。於是高麗国禅尼名法明、修行之次到来内臣亭。内臣相謁、語及雑事。内臣問曰、汝国有如予病痾人哉。答曰、有之。重問曰、何除之。

尼曰、読誦維摩経自除愈。内臣感喜使尼転読。句偈未終、応声迺瘥。或云、至問疾品痾疾忽除。

29三年〈丁巳。〉、内臣中臣連、於山階陶原家、始立精舎、乃設斎会。維摩会之濫觴也〈□□□□□。〉。

30四年〈戊午。〉、内臣於山階陶原家、請呉僧元興寺福領法師〈後任僧正。〉為講師、甫演維摩経奥旨。其後天下高才、海内碩学、相撰請用如此。周覆十有二年矣。

31定恵和尚者、中臣鎌子連一男、実天万豊日天皇孝徳王子也〈□□。〉。孝徳天皇元年〈乙巳。〉誕生。請沙門慧隠為出家師。斉明天皇被修仁王会之日、賜和尚号〈□。〉。

32父中臣連告□定恵和尚□□□談岑勝絶之地。東伊勢高山、天照大神□護和国。西金剛山、法起菩薩説法利生。南金峯山大権薩埵、待慈尊出世。北大神山、如来垂迹抜済黎民。中談岑者神仙之霊崛、豈異五岳。若点墓所於此地。子孫上大位〈□□。〉。

33和尚聞斯言、為拝五台、天智天皇治天下〈丁卯。〉、入唐〈□年廿三。□説□処御家伝。且依西記□□□□□。〉。

34天智天皇□年〈己巳。〉冬十月十四日〈□。〉、内臣病急、帝臨私亭親問所患。詔曰、若有所思便可以聞。内臣奏曰、臣既不敏、敢当何言。但其葬事願用軽易。生則無益於軍国、死何有労於百姓。即臥無復言矣。帝哽咽、悲不自勝、流涙還宮。

35同十五日〈□。〉、帝遣皇大弟於内臣家。詔曰、貇思前代、執政之臣、時々世々非一二耳。而計労校能不足比公。非但朕寵汝身、而己後嗣帝王実恵子孫、不忘不遺、広厚酬答。仍授大織冠任以内大臣〈桑。〉〈内大臣此時始。〉、改中臣姓賜藤原朝臣。

36同十六日〈辛酉。〉、薨于淡海之第〈年五十六。〉。詔曰、内大臣某朝臣不期之間、忽然薨謝。如何蒼天殲我良人。痛哉悲哉、棄朕遠逝、恠矣惜哉、乖朕永離。加以、出家帰仏、必有法具。故賜純金香爐、持此香爐如汝誓願。従観音菩薩之後、到兜率陀天之上、日々夜々聴弥勒之妙説、朝々暮々転真如之法輪〈伝已上。〉。凡厥衆庶挙哀如喪父母。

37定恵和尚在唐時、夢云、和尚身忽居談岑。父大臣告言、吾今上天、汝此地建寺塔修浄業。吾降神当嶺、擁護後葉□布釈教。定恵和尚為起塔婆於先公墳墓之上、攀登清涼山、移取宝池院十三重塔。以霊木一株〈或云、栗木云々。〉、為其材木〈□。〉。

38定恵和尚調儲十三重塔材木瓦等、欲帰朝処、乗船狭、一重之具留棄渡海。

39定恵和尚帰朝、謁弟右大臣不比等、問言、大織冠聖霊御墓所何地哉。答曰、摂津国島下郡阿威山也。和尚言、平生有約契。即具陳大織冠御約言并在唐夢状。大臣聞之信状稽首、涕泣不已。

40和尚引率廿五人参阿威山墓所、堀取遺骸。手自懸頸、即落涙言、吾天万豊日天皇太子。宿世之契為陶原子。役人荷土、共登談峯〈□。〉。

41和尚攀登談峯、□御骨、其上起塔。歎言、材瓦不備、所願何遂、漸及十二重。歎息無措、夜半雷電霹靂、大雨大風、忽然天晴。明朝見之、材瓦積重、形色無異。知飛来也。和尚感然伏地、見聞奇異〈□。〉。

42経年之後、塔南建三間四面堂、号妙楽寺〈□。〉。此乃定恵和尚之所建也。今大講堂是也。以之為多武峯寺之草創耳。堂東大樹辺、異光時々現。和尚点此処造方三丈御殿〈今聖霊院之草創也。〉。大臣安置霊像。造師近江国高男丸也。

43大織冠聖霊降神当嶺以来、氏長者并一門重臣、若本所恠所、当有凶事之時、陵山鳴動、異光顕現。或時其光遠至三笠山、或時彼山同発光〈云々。〉。

44元明天皇御宇和銅三年〈庚戌。〉三月、右大臣藤原不比等〈大織冠二男。〉、於大和国平城、始建興福寺金堂。先是大織冠内大臣、為遂入鹿誅害事、□願奉造金色釈迦丈六像并脇侍二菩薩。其後天智天皇八年〈己巳。〉冬十月、大織冠枕席不安之比、忽構伽藍、安置件像。内大臣□逝之後、右大臣不比等為叶先志、簡春日之勝地。□□福寺之伽藍也〈□。〉。是則為安於先公所造之尺迦□□。

45興福寺維摩会者、大織冠内大臣之御遠□□、大臣性崇三宝、欽尚四弘、毎年十月、荘厳□□仰維摩景行、説不二之妙理〈見上。〉。薨逝以来間断年久。爰淡海公以慶雲二年〈丙午。〉冬十月、於城東第、初開維摩法会、屈入唐智宝、以為其講匠。同四年〈丁未。〉十月、在厩坂寺、請新羅遊学僧観智、講両本維摩経。和銅二年〈己酉。〉、就植槻寺、延浄達法師為講師、至□□年〈□□。〉。始□修于興福寺矣〈□。〉。

46実性僧都者、紀伊国那賀郡人、俗姓紀氏。生年十三、始登談岑。以玄念大法師為本師、習黒白也。□延暦寺第十二座主法橋贈大僧都玄鑑和尚、□□僧之時、修行名山之次、当寺一夏留住、修行法華三昧。帰山之時、玄念法師以此小童付属玄鑑曰、得脱修学之後、令還住談峯〈□□。〉。修学之後漸被知朝家。□延喜十九年蒙検校官符。而為邑上帝師、鎮護宝祚。天暦元年転談岑座主、任権律師。同九年任小僧都、同十年正月十七日卒□。勅賜諡号為法眼和尚。以談岑門人永為検校、以叡山門人永為座主。両処門于今猶盛也〈□□。〉。以談岑弟子千□為検校、以叡山弟子春暹律師為座主也。

47増賀上人者、参議正四位下橘恆平□。□年十歳、登叡山楞厳院、入慈慧大師室。年至卌二、天暦二年戊申八月二日夜、夢曰、逐川流入幽谷、有一伽藍。□□年尚、僧徒屡住、当堂坤□、有一平地、縦横丈余。視老翁立、首載青冠、身被赤裘、左手持経巻、右手携仙杖、天女天童仕立前後。上人問曰、仁誰乎。答曰、毗邪離城居士也。住千余年、化縁未尽。住此処者多悟仏智、汝志浄刹居遂素懐。語畢隠也、夢覚之後不知。漸過十有五年、至応和三年〈癸亥〉七月、依入道君〈如覚。〉御勧、始入談岑。川流谷路、堂宇僧房、一如昔夢、即卜居士立地、忽結草庵三間一面。検校千満寺主平仙専営土木〈□□。〉、大織冠聖霊為浄名□迹之旨、現證在斯耳。

48御面破裂者末代之奇特也。永承元年〈丙戌〉正月廿四日酉時、宮仕法師又聖告云、聖霊右御面四寸余令破裂給〈云々。〉。次日献於寺解、同廿八日□三□中□□。仍二月一日寺主頼春参洛。二日参着、以近江守藤原隆佐言上子細。仰云、住持近参京申上子細。即委細申上之処。重仰云、始自明日六十ケ日、仁王講□大般若御読経可勤行也。今夜之中可還帰寺家者。即賜御馬一匹仕丁三人并兵士三人可送□者。戌時出京、次日午剋帰山、即始御祷。十五日周防前司頼祐為御使、御幣告文礼奠相具下向、拝謝事訖。十六日帰洛。十七日米二十斛、御油三斗下了。其時長者〈宇治殿〉、検校〈春禅〉。自今以来、毎有御□破裂、必被下告文使焉。

有人云、山田大臣昇下向語入病大臣□子〈祐□□。〉。
卑官禿質、無才独言。侍御御前、読慈国書。□□、此時入□□伏〈□□。〉。

1から30まで、34から36までが鎌足の伝記、31から33まで、37から42までが多武峯寺の草創を中心とした定慧の伝記、43から45までが興福寺維摩会の創始に関わる不比等の事績、46以降が多武峯寺諸僧の伝記、という構成になっている。

なお、この後に別筆で天児屋根尊から方子卿に至る二十一代の名を挙げ、奥に別紙を継いで柳原紀光の修理記がある。

これらのうち、鎌足伝に関しては、『藤氏家伝』や『日本書紀』、種々の聖徳太子伝などを参照しながら、独自の記述も含まれている点が貴重である。入鹿殺害の場面において、「一説云」として種々の状況を併記している点など、それぞれの原史料は何だったのかなど、さらなる比較研究が必要となってくるのであるが、本書においてはこの辺で留めておきたい。

3.『多武峯縁起』

柳原本『大織冠伝』と比較するため、通常使われている『多武峯縁起』も掲げておこう。順序が後先になったが、『多武峯縁起』は巻末の奥書に、「古徳言伝、此縁起者、一条良公述作」とあることによって、一条兼良（一四〇二―一四八一）が作者であると考えられていたこともあった。(3) しかし、鎌倉時代書写の柳原本『大織冠伝』が実は『多武峯縁起』の写本であると判明した以上、その成立はさらに遡ると考えなければならない。

正確には『多武峯寺縁起』と称すべきもので、内容は四つの部分からなる。第一に鎌足の伝記、第二に多武峯寺の草創、以下は付録で、第一に興福寺と維摩会の期限、第二に実性（八九二―九五六）と増賀（九一七―一〇〇三）の略歴である。その後に、永承元年（一〇四六）の神像破裂の際の告文使発遣に至る経緯を述べている。なお、実性は紀氏、増賀は橘氏で、共に藤原氏の出身ではない。

また、鎌足の伝記では、中大兄王子と入鹿討滅の秘策を練ったのが「城東之東倉橋山峯」の「藤花下」で、その処を「談峯」といい、後に「多武」の字を用いることとなったと、多武峯の地名の由来を述べ、多武峯が伊勢高山・金剛山・金峯山・大神山の中央に位置しているので、鎌足が墓所を点地したということを多武峯寺の草創としている。また、中大兄王子が、自分が天位に上ったならば姓を藤原と改めると語っている点も、興味深い。

では、以下に『多武峯縁起』を掲げる。柳原本『大織冠伝』と同じ場面には同じ段落番号を付すこととする。柳原本『大織冠伝』とは異なる独自の記載には、傍線を付すこととする。

1藤氏ノ始祖大織冠内大臣〈諱鎌足。〉者、天ノ児屋根命廿一世孫、小徳冠中臣御食子卿長子也。母大徳冠大伴久比古卿女、大伴夫人是也。初メ懐妊之時、母夢、従身藤花出生、遍満日域矣。在孕而十有二月、哭声聞於外。或云、言声聞于隣里。

推古天皇廿二年〈甲戌。〉八月十五日、生於大和国高市郡大原藤原第。或説云、生於常陸ノ国鹿島ノ郡。仍テ鹿島ノ神是藤氏ノ氏神ナリト也。

2或記ニ云、誕生ノ処、野獣献ス鎌。又外祖母語テ夫人ニ曰、汝ノ児懐妊ノ之月、與常ノ人異ナリ、非シ凡子ニ必ス有ン神功。夫人心ニ異之。将ニ誕セント無ク苦ミ不覚ヘ安ク生。

大臣、性仁孝《アリ》。聴明叡哲、玄鑒深《ク》遠。幼年《ニシテ》好学、博《ク》渉《ル》書伝。毎《ニ》読太公《カ》六韜未《ダ》嘗《テ》不反覆《シテ》誦《マ》之。為《リ》人《ト》偉雅、風姿特秀。前《ヘヨリ》看《レハ》若《ク》偃、後《ロヨリ》見《レハ》如《シ》伏。或《カ》語《テ》云、雄壮《ノ》丈夫二人、恆《ニ》従《ク》公《ニ》行《ト》也。大臣聞《テ》此《ノ》辞《ヲ》而竊《ノ》自《ラ》負之《ヲ》矣。

3 岡本天皇〈舒明。〉御宇九年《ノ》〈丁酉。〉之比、大臣蘇我《ノ》蝦夷、号《ス》豊浦《ノ》大臣《ト》企《ッ》叛。至皇極天皇元年《ニ》〈壬寅。〉子息蘇我《ノ》入鹿自《ラ》執《リ》国政《ヲ》、威勝《ル》於父《ニ》。

4 皇極天皇二年〈癸卯。〉冬十一月〈丙戌。〉、入鹿《ノ》臣欲《シテ》弑《ト》聖徳太子男、山背大兄王、襲《フ》斑鳩宮《ヲ》。於《テ》是奴三成、與数十《ノ》舎人出而拒《キ》戦《フ》。大兄《ノ》王即取《テ》獣骨《ヲ》置内寝、率《ヒテ》子弟等《ヲ》従《リ》間道出《テ》隠《ル》胆駒山《ニ》。軍焼《キ》斑鳩《ノ》宮《ヲ》、見《テ》骨《ヲ》灰中《ニ》、軍衆皆謂《テ》王已《ニ》死《セリト》、解《テ》囲《ミヲ》退《キ》去《ル》。大兄《ノ》王謂《テ》左右《ニ》曰、我《レ》以《テ》一身《ヲ》、豈《ニ》煩《サンヤ》万民《ヲ》乎。不欲《セ》使《メンコトヲ》言《ハ》後世《ノ》人《ヲシテ》由《テ》吾《カ》故《ヘニ》而喪《セリト》父子兄弟《ヲ》。即還《テ》於斑鳩《ノ》宮《ニ》、遂《ニ》與子弟等自《ラ》絞而死。一説《ニ》曰、蘇我《ノ》入鹿等発《シテ》悪逆《ヲ》、討《ッ》太子《ノ》子孫男女廿余人《ヲ》。王無《シテ》罪被《ル》害。所謂《ル》山背《ノ》大兄殖栗等《ナリ》也。于時《ニ》王子等、皆入《リ》山中《ニ》経《テ》六箇日《ヲ》、大兄《ノ》王率《ヒテ》諸子弟《ヲ》、出《テ》自山中入斑鳩《ノ》宮《ノ》塔中《ニ》、立《テ》大誓願《ヲ》曰、吾暗《シテ》三明《ノ》之智《ニ》未《タ》識《ラ》因果《ノ》之理《ヲ》。然《ルニ》以《テ》仏《ノ》言推《スニ》之《ヲ》、我《レ》等宿業《ニシテカ》于今可《シ》賽。吾《レ》捨五濁《ノ》之身《ヲ》施《シ》八逆《ノ》之臣《ニ》、魂《ヲ》遊《バシ》蒼旻之上《ニ》、陰入《ン》浄土《ノ》之蓮《ニ》。擎《テ》香《ヲ》大誓《フ》。香気郁烈《シテ》上《ミ》通《シ》煙雲天上《ノ》三道《ニ》、現《シ》種種《ノ》仙人伎楽天女禽獣等《ノ》形《ヲ》、向《テ》西《ニ》飛《ヒ》去《ル》。光明炫燿《シ》、天華零散《シテ》、音楽妙《ヘナル》響《キアリ》。時《ノ》人仰《キ》看《テ》、遙《ニ》加《フ》敬礼《ヲ》矣。当《テ》于此《ノ》時《ニ》、諸王共《ニ》絶《ス》。諸人皆欲未曾有《ナリト》。而王等《ノ》霊魂天人迎《ヘ》去《ル》。而賊臣等《カ》目《ニハ》唯看黒雲《ヲ》。耳復《タ》聞《ク》微雷《ノ》覆《フヲ》于寺上《ニ》。

5 軽皇子〈孝徳。〉、曾雖與大臣相善、其器量不足謀大事。更欲択君、大臣歴見王室、唯中大兄〈天智。〉、雄略英徹、可與撥乱。而無由参謁。然間、甲辰年三月、中大兄於法興寺槻樹下蹴鞠。王子皮鞋随毬脱落入鹿臣咲之。鎌足連取鞋置掌、以献中大兄。中大兄敬受之。自茲相善、倶為魚水。互述素懐、敢無所匿。

6 蝦夷大臣〈并。〉男入鹿、積悪年深、濫吹日増。失君臣之序、執社稷之権。岡本天皇三年〈辛卯。〉十一月、蝦夷起二家於甘橿岡、以大臣家曰上宮門、以入鹿家曰春宮門。呼男女宅曰王子家。外構城槨、門傍起武庫。畝火東掘池為城。

7 中大兄皇子謂中臣鎌足連曰、鞍作〈鞍作者入鹿也。〉暴逆為之如何、願陳奇策。中臣連将皇子登于城東倉橋山峰、於藤花下談揆乱反正之謀。皇子大悦曰、吾子房也、若至天位改臣姓為藤原矣。仍其談処号曰談峯、後用多武二字耳。

8 中臣連白中大兄曰、蘇我山田石川麻呂為人剛毅〈魚既反。〉、威望亦高。為得其意、事必須成。請先作婚姻之昵、然後布心腸之策。皇子従之。遂聘女於山田臣之家。婚姻事訖、中臣連徐語山田臣曰、太郎暴逆天下咸怨。公如何。山田臣曰、吾亦思之敬従命矣。

10 中大兄告中臣連云、臣之道志宜相通、欲以情示群公等、請為吾陳説。中臣連対曰、臣子之行惟忠與孝、忠孝之道全国興家。縦使皇綱祭絶諸基頽壊、不孝不忠莫過於此。中大兄曰、吾成敗在汝矣。中臣連云、佐伯連古麻呂・葛城稚犬養連網田、武勇強断、膂力扛鼎。成斯大事、但二人耳。中大兄従之。

11 四年六月三日戊申、中大兄詐唱三韓進調之表。時人以為信。然謂山田臣云、三韓表文使公読唱乗其怠擬殺入鹿。山田臣許焉、策既定矣。

12 遂而帝出大極殿臨軒。古人大兄侍焉。使舎人急召入鹿。入鹿起立著履、履三廻不著。入鹿心忌之、欲辞彷徨。舎人頻喚、不得已而馳参。

13 中臣連嘗知入鹿為人多疑、昼夜持劒。戯而解之、以與従矣。入鹿参入侍座。於是中大兄命衛門府、一時倶閉十二通門。時中大兄自執長槍隠於殿側、中臣連帯弓矢為羽翼。廼以網田・子麻呂二人、差充斬首之役。然畏入鹿威、流汗不進。以水送飯、咽而反吐。中臣連責之励之。

14 山田臣進読表文。表文将尽、身揺声振、不能読表文。入鹿怪問云、何以慄戦。対曰、近侍御座不覚失度。

15中大兄〈并。〉中臣連、見古麻呂等恐入鹿威流汗不進、咄嗟即率彼等、倶抜劒傷割入鹿肩。入鹿驚起、古麻呂運手揮劒斬其一脚。入鹿転就御座叩頭奏云、臣不知罪。乞垂審察。天皇大驚、詔云、何事如此耶。中大兄伏地奏云、鞍作尽滅天宗、将傾皇位。豈以天孫代鞍作乎。意指弑山背大兄王等也。天皇起入大殿。手閉殿戸。遂以古麻呂等令誅入鹿。

16一説云、中臣連以太刀打落入鹿肩、次中大兄以劒打落其首。首飛高御座戸〈云々。〉。一説云、入鹿首飛咋付御簾〈云々。〉。一説云、首飛嚙石柱、躍揚四十遍。一説云、入鹿起走、中大兄與鎌足連目合共立、遂斬入鹿。流血数升、彼斬臥之剋、怒目動身。鎌足連斬放入鹿首。其首躍騰数度矣。于時中臣連年卅一。斯時宮中震動皆歌万歳。

17是日雨降、潦水溢庭。以席障子掩入鹿屍。時人以為応天誅逆。

豊浦大臣蝦夷凶賊未平、中大兄即入法興寺構城。公卿大夫悉皆随焉。于時使人賜入鹿屍於父大臣蝦夷。於是賊党皆云、吾君太郎已被誅戮、大臣亦立俟其誅、決矣。然則為誰空戦、直被刑乎。言畢解劒投弓、賊悉散。

18翌日己酉、蝦夷臣知将及誅、縦火自第、焼天皇記・国記・珍宝等。船史走入取焼残国記等、献中大兄。蝦夷遂投火自殺〈年六十。〉、墜大鬼道。

19蘇我氏族一旦殄滅。人人喜踊悉称万歳。

20中大兄歎中臣連云、絶綱更振、頽運復興者、実公之力也。中臣連云、是依聖徳、非臣之功也。

21庚戌、天皇欲伝位於中大兄、有譲位之詔。中大兄拒辞、語中臣連。連議曰、古人大兄是殿下兄也、軽皇子亦殿下之舅、立舅以合人望、不亦可乎。中大兄深嘉厥議、以白帝。以策云、禅位軽皇子。軽皇子拒辞、転譲古人大兄。古人拒辞、於法興寺出家入吉野山。

22皇極天皇四年六月〈庚戌。〉、軽皇子即位、曰孝徳天皇、諱天万豊日天皇。皇極天皇弟、母欽明天皇孫女、吉備姫是也。同日以中大兄為皇太子。改天皇四年為大化元年。

23同日、以中臣連授大錦冠〈并。〉授内臣〈年三十一。〉。内臣者準大臣位也。又封二千戸。軍国機要任公処分。又賜懐妊寵妃〈号車持夫人。〉。然其孕已六箇月。
24詔曰、生子若男為臣子、若女為朕子。堅守而送四箇月、生子男也〈定慧和尚是也。私案、定慧降誕若在孝徳儲位時歟。白雉四年癸巳入唐之由見日本書紀之故也。〉。
25中臣連為果前願、奉造丈六釈迦像。今興福寺金堂釈迦是也。
26白雉三年〈甲寅。〉秋八月、以大錦冠内臣中臣連、超拝紫冠、増封若千戸〈年四十二。〉。内臣功侔武内宿禰、恩賞未充民之望故也。
27斉明天皇元年〈乙卯。〉、内臣遷大紫冠、増封五千戸。前後并一万五千戸也。
28同二年〈丙辰。〉、内臣有病、蟄居山城国宇治郡小野郷山階村陶原家、救療無験。天皇憂之矣。於是百済国禅尼、名法名、修行之次到来内臣亭。内臣相謁、語及雑事。内臣問曰、汝国有如予病痾人哉。答曰、有之。重問曰、何除之。尼曰、読誦維摩詰経自除愈。内臣感喜使尼転読。句偈未終、応声廼痊〈或云、至問疾品痾疾忽除。〉。
29三年〈丁巳。〉、内臣中臣連、於山科陶原家、始立精舎、乃設斎会、維摩会之濫觴也、
30四年〈戊午。〉、内臣於山階陶原家、請呉僧元興寺福亮法師〈後任僧正。〉為講師、甫演維摩経奥旨。其後天下高才、海内碩学、相選請用如此。周覆十有二年矣。
31定慧和尚者、中臣連一男、実天万豊日天皇皇子也。大化元年〈乙巳。〉、誕生。請沙門慧隠為出家師。斉明天皇被修仁王会之日、賜和尚号。
32父中臣連潜告云、和州談岑勝絶之地也。東伊勢高山、天照太神防護倭国。西金剛山、法喜菩薩説法利生。南金峰山大権薩埵、待慈尊出世。北大神山、如来垂跡抜済黎民。中談岑神仙霊崛。豈異五岳、点墓所於此地、子孫昇大位。
33和尚聞斯言、為拝五台、天智六年〈丁卯。〉、入唐〈私案、入唐年紀日本紀所載異今説。以白雉四年癸丑入唐、以天智四年乙丑帰朝云云。〉。

34天智天皇八年〈己巳。〉冬十月十日〈乙卯。〉、内臣病急。帝臨私亭親問所患。詔曰、若有所思便可以聞。内臣奏曰、臣既不敏、当復何言。但其葬事願用軽易。生則無益於軍国、死則何有労於百姓。即臥無復言矣。帝哽咽、悲不自勝、流涙還宮。

35同十五日〈庚申。〉、帝遣皇太弟。就於内臣家詔曰、邈思前代、執政之臣、時時世世非一二耳。而計労挍能不足比公。非但朕寵汝身、後嗣帝皇実恵子孫。不忘広厚酬答。仍授大織冠任内大臣。此時始改中臣姓賜藤原朝臣。

36同十六日〈辛酉。〉、薨于淡海之第〈年五十有六。〉。詔曰、内大臣某朝臣不期之間、忽然而薨謝。如何蒼天殲我良人。痛哉悲哉、弃朕遠行。怪矣惜矣、乖朕永離。加以、出家帰仏、必有法具。故賜純金香爐。持此香爐如汝誓願、従観音菩薩之後、到兜率陀天之上。日日夜夜聴弥勒之妙説、朝朝暮暮転真如之法輪。凡厥衆庶挙哀如喪父母。

37定慧和尚在唐時、夢云、吾身忽居談岑。父大臣告言、吾今上天、汝此地建寺塔修浄業。吾降神当嶺、擁護後葉流布釈教。定慧和尚為起塔婆先公墳墓之上、攀登清涼山、移取宝池院十三重塔。以霊木一株〈或云、栗木云云。〉、為其材木。

38定慧和尚、調儲十三重塔材木瓦等、欲帰朝処、依乗船狭、一重之具留棄渡海。

39定慧和尚帰朝、謁弟右大臣不比等。問言、大織冠聖霊御墓所何地哉。答、摂津国島下郡阿威山也。和尚言、平生有約契。即具大織冠御約言〈并。〉在在唐間夢状。大臣聞之信状稽首、涕泣不已。

40和尚引率廿五人参阿威山墓所。掘取遺骸、手自懸頸。即落涙言、吾天万豊日天皇太子。宿世之契為陶原子、役人荷土、共攀登談峰。

41和尚攀躋談峰、奉瘞御骨、其上起塔。歎言、材瓦不備、所願何遂。漸及十二重、歎息無措。夜半雷電霹靂、大雨大風、忽然天晴。明朝見之、材瓦積重、形色無異、知飛来也。和尚感然伏地、見聞奇異。

42経年之後、塔南建三間四面堂、号妙楽寺。此乃定慧和尚之所建也。今講堂是也。以之為多武峰寺之草創耳。堂東大樹辺、異光時時現。和尚点此処造方三丈御殿〈今聖霊院之草創也。〉。安置大臣霊像。造師近江国高男丸也。

43大織冠聖霊降神当嶺以来、氏長者〈并。〉一門重臣、若本所怪所、当有凶事之時、陵山鳴動、異光顕現。或時其光遠至三笠山、或時彼山同発光〈云云。〉。

44元明天皇御宇和銅三年〈庚戌。〉三月、右大臣藤原不比等〈大織冠一男。〉、大和国平城、始建興福寺金堂。先是大織冠為遂入鹿誅害事、発願奉造金色釈迦丈六像〈并。〉脇侍二菩薩。其後天智天皇八年〈己巳。〉冬十月、大織冠枕席不安之比、忽構伽藍、安置件像。薨逝之後、右大臣不比等為叶先志、簡春日之勝地、立興福之伽藍也。是則為安於先公所造之釈迦像耳。

45興福寺維摩会者、大織冠内大臣遠忌也。大臣性崇三宝、欽尚四弘。毎年十月、荘厳法筵、仰維摩之景行、説不二之妙理。薨逝以来間断年久。爰淡海公以慶雲二年〈丙午。〉冬十月、於城東第、初開維摩法会。屈入唐智鳳、以為其講匠。同四年〈丁未。〉十月、在厩坂寺、請新羅遊学僧観智、講両本維摩経。和銅二年〈己酉。〉、就植槻寺〈更名元興寺。〉延浄達法師為講師。至于同七年〈甲寅。〉、始移修于興福寺矣。

46実性僧都者、紀伊国那賀郡人、俗姓紀氏。生年十三、始登談岑。以玄念大法師習黒白也。爰延暦寺第十二座主法橋贈大僧都玄鑑和尚、為凡僧之時、修行名山次、当寺一夏留住、修行法華三昧。帰山之時、玄念法師以此小童付属玄鑑曰、得脱修学之後、令還住当山。修学之後漸被知朝家。延喜十九年蒙検校官符。然為村上帝師、鎮護宝祚。天暦元年転談岑座主、任権律師。同九年任少僧都。同十年正月十七日卒。勅賜諡号為法眼和尚。以談岑門人永為検校。以叡山門人永為座主。両処門人于今猶盛也。以談岑弟子千満為検校、以叡山弟子春暹律師為座主也。

47増賀上人者、参議正四位下橘恆平男。生年十歳、登叡山楞厳院。入慈慧大師室。年至卅二、天暦二年〈戊申。〉

八月二日夜、夢曰、逐川流入幽谷、有一伽藍。基趾年尚。僧徒屡住、当堂坤隅、有一平地。縦横丈余。視老翁
立、首載青冠、身被赤袈、左手持経巻、右手携仙杖。天女天童侍立前後。上人問曰、仁詎乎。答曰、毗耶離城
居士也。住千余年、化縁未尽。住此処者多悟仏智。汝志浄刹居遂素懐。語畢隠也。夢覚後不知奈何。漸過十有
五年、至応和三年〈癸亥。〉七月、依入道君〈如覚。〉勧、始入談岑。川流谷路、堂宇僧房、一一如昔夢。即卜
居士住立地、忽結草庵三間一面。検校千満寺主平仙専営土木。大織冠聖霊為浄名垂迹之旨、現證有斯矣。
48尊影破裂者末代奇特也。後冷泉院御宇、永承元年〈丙戌。〉正月廿四日酉時、宮仕法師告云、聖霊右御面四寸
余令破裂給〈云云。〉。次日献寺拝、二月一日寺主頼春参洛。以近江守藤原隆佐言上子細。仰云、住持近参委述
子細。即委細申之。重仰云、始自明日六十箇日、仁王講筵大般若御読経可勤行也。今夜之中可還著寺家者。即
賜御馬一匹仕丁三人〈并。〉兵士三人。戌時出京、次日午剋帰山。即始御祈。十五日周防前司頼祐為幣使、告
文礼奠相具下向。拝謝事終。十六日帰洛、十七日米二十斛、燈油三斗被下之。于時長者宇治関白太政大臣頼通
公、検校春禅、自爾以来、毎有御体破裂、必被発遣告文使焉耳。
古徳言伝、此縁起者、一条良公述作。御自筆之本、寺家于現存焉。于時延宝五歳次丁巳六月既望王于需書之。

基本的な構成は、当然のことながら柳原本『大織冠伝』と同じとはいえ、細かい箇所で、あれこれ異なった記述となっている。特に、鎌足を看病して維摩経の読誦を勧めた尼が、柳原本『大織冠伝』では「高麗国禅尼」であったのに対し、『多武峯縁起』では「百済国禅尼」とされているなど、何故にこのような書き換えが行なわれたのか、興味深いところである。

また、鎌足が丈六釈迦御像と脇侍両菩薩像を造顕し、それが興福寺金堂の仏像となっているという記述は、柳

原本『大織冠伝』にしか見えない。

書写の順だと柳原本『大織冠伝』の方が古いのではあるが、基となった多武峯寺の縁起では、いったいどちらであったのだろうかなど、興味は尽きない。

いずれにせよ、鎌足の功業を最大限に利用しようとした藤原氏の、始祖伝説として、様々な原史料を組み合わせることによって、これらの伝記が編纂されたのであろう。それは『日本書紀』も軌を一にするものであったに相違ない。

そしてその過程において、始祖としての鎌足像が巨大化し、それが確固たる史実として、古代国家の支配者の中に定着していくこととなったのである。

註

（1）沖森卓也・佐藤信・矢嶋泉『藤氏家伝　鎌足・貞慧・武智麻呂伝　注釈と研究』（吉川弘文館、一九九九年）。
（2）佐藤信「『家伝』と藤原仲麻呂」（沖森卓也・佐藤信・矢嶋泉『藤氏家伝　鎌足・貞慧・武智麻呂伝　注釈と研究』所収、吉川弘文館、一九九九年）。
（3）続群書類従完成会編『群書解題　第7巻　釈家部』（続群書類従完成会、一九六二年）。

第二章　不比等の覇権と律令体制

第一節　藤原氏の確立

鎌足が死去した後、藤原氏を継いだ官人は、しばらく現われることはなかった。鎌足長子の真人は出家して定慧（貞恵）となり、白雉四年（六五三）に入唐し、帰国直後の天智四年（六六五）にすでに死去していたし、次子の不比等は鎌足が死去した時点で未だ十一歳に過ぎず、官人として活躍するのはまだまだ先の話であった。したがって、このままでは鎌足の賜わった「藤原氏」も、一代限りの名誉称号として消えていく可能性も十分にあったのである。

中臣氏の官人としては、中臣金がその氏上を継いだが、彼は天智十年に、

大錦上中臣金連、命宣神事。

と見えることから、[1]中臣氏の伝統的な宗業である神祇にも従事していたとみられ、その日、発足した、大友王子を首班とする「天智十年体制」で右大臣に拝されたとはいえ、政事と神事を兼ねる立場で王権に仕奉していたものと考えられる。

この時の政権は、

是日、以大友皇子、拝太政大臣。以蘇我赤兄臣、為左大臣。以中臣金連、為右大臣。以蘇我果安臣・巨勢人臣・紀大人臣、為御史大夫。〈御史蓋今之大納言乎。〉

というもので、(2)蘇我氏二人と中臣・巨勢・紀氏の五人で大友王子を補佐するものであった。もちろん、これは政権の話であって、大友王子が王位継承者になったわけではない。(3)天智としては、これまで数々の陰謀で手足となって働いてきた蘇我氏と、鎌足以来の忠誠心を発揮してくれそうな中臣氏を中心として、大友王子を囲繞させるつもりだったのであろう。

ただ、この「五大官」も、天智に仕える気持はあったであろうが、地方出身の卑母を持つ大友王子にどれだけの忠誠心を持っていたかは、きわめて疑問である。十月十九日に大海人王子と鸕野王女が吉野に退去した際にも、『日本書紀』に、

入吉野宮。時左大臣蘇賀赤兄臣・右大臣中臣金連、及大納言蘇賀果安臣等送之。自菟道返焉。或曰、虎着翼放之。

と記されているように、三人が宇治まで付いて行っているのである。(4)

結束の脆弱さの裏返しであろうか、その後、「五大官」は頻りに誓盟を行なった。十一月二十三日には、

大友皇子、在於内裏西殿織仏像前。左大臣蘇我赤兄臣・右大臣中臣金連・蘇我果安臣・巨勢人臣・紀大人臣侍焉。大友皇子、手執香鑪、先起誓盟曰、六人同心、奉天皇詔。若有違者、必被天罰、云々。於是、左大臣蘇我赤兄臣等、手執香鑪、随次而起。泣血誓盟曰、臣等五人、随於殿下、奉天皇詔。若有違者、四天王打。天神地祇、亦復誅罰。卅三天、證知此事。子孫当絶、家門必亡、云々。

とあるように、(5)仏像の前で手に香鑪を執って誓盟している。天智の命に違うことがあれば、子孫は絶え、家門は滅びると言っているが、結束の脆さ故の言明だったのであろう。二十九日にも、

五臣奉大友皇子、盟天皇前。

と、(6)瀕死の天智の前で誓盟を行なっている。そして十二月三日、天智は近江宮で死去した。

半年後の天武元年（六七二）六月二十四日、大海人王子と鸕野王女、そして草壁王は吉野を進発した。壬申の乱の

勃発である。二十五日には高市王、二十六日には大津王が、それぞれ大津宮を脱出して合流した。

大海人王子たちは、各国の拠点に集結していた、対新羅戦用に大友王子が徴発した農民兵を接収し、鈴鹿山道・不破道を閉塞することによって近江朝廷と東国を遮断し、三方面軍を大津宮に進撃させた。七月七日の息長横河の戦、十三日の安河浜の戦、そして二十二日の瀬田橋の戦によって、近江朝廷は壊滅した。

大友王子は二十三日に山前で自経したが、すでに左右大臣は逃亡していた。二十四日から、左右大臣と群臣の探索が始まったが、彼らはすぐに捕捉されたようである。

八月二十五日に至り、大海人王子は高市王に命じて、「近江の群臣の犯状」を宣告させた。

命高市皇子、宣近江群臣犯状。則重罪八人坐極刑。仍斬右大臣中臣連金於浅井田根。是日、左大臣蘇我臣赤兄・大納言巨勢臣比等、及子孫、并中臣連金之子、蘇我臣果安之子、悉配流。以余悉赦之。

とあるように、[7] 近江朝廷の五大官では右大臣中臣金のみが、浅井田根で斬刑に処されている（他に極刑となった重罪八人は、実戦の将軍だったものと思われる）。左大臣蘇我赤兄が斬刑を免れたのは女の大蕤娘が大海人王子の夫人となっていたためとも言われるが、やはり中臣金に対する処置は峻厳であったとの感は拭えない。あるいは大海人王子と鸕野王女の吉野進発を知った際に、大友王子に追撃を進言したことによるものであろうか。

この間、鎌足嫡男の史（後の不比等）は、田辺史大隅の家に身を寄せていたとされる。『尊卑分脈』摂家相続孫所引「不比等伝」には、

内大臣鎌足第二子也。一名史。斉明天皇五年生。公有所避、便養於山科田辺史大隅等家。其以名史也。母車持国子君之女、与志古娘也。

とある。この伝のとおり、史（不比等）が斉明五年（六五九）の生まれであるとすると、鎌足が死去した年には十一歳、壬申の乱の際には十四歳であったことになる。なお、天平勝宝三年（七五一）に編纂されたとされる『懐風藻』

には、不比等の薨年は六十三歳と記されており、そうすると斉明四年の生まれということになる。ここでは、『尊卑分脈』や『公卿補任』に従って史の薨年を六十二歳とし、斉明五年生まれと考えておく。[9]

史がこのまま、天武朝を不遇のうちに過ごしたという考えには賛同できないが、少なくとも、鎌足が死去した直後に出仕できるような年齢ではなく、しばらくは田辺氏の庇護下にあったのであろう。

史が百済系渡来人のフミヒトである田辺史の許で幼少期を送ったということは、後に律令や国史に深く関わる機縁となったものと思われる。

なお、壬申の乱において近江朝廷側の別将として倉歴と莿萩野で戦った田辺史小隅という人物がいる。[8] おそらく彼は田辺史大隅の近親、たぶん弟であろうと思われるが、乱の終結後、実戦部隊指導者として処刑されたものと思われる。史にもすぐには出仕できない事情があったのであろう。

『興福寺縁起流記資財帳』に見える「田辺村地（北）」には田辺史氏が集住していたとされ、史が養育された「山科田辺史大隅家」も田辺村あたりに想定する考えもある。ＪＲ山科駅の北あたりに相当しようか。なお、史の母家である車持君氏も、田辺史氏の同族であったとされる。[10]

天武即位後、『日本書紀』は天武の后妃を列挙している。[11]

又夫人藤原大臣女氷上娘、生但馬皇女。次夫人氷上娘弟五百重娘、生新田部皇子。

鎌足女の氷上娘と五百重娘の姉妹が、いつ頃、天武の夫人となったかは明らかではないが、新田部皇子が生まれたのが天武初年であると推測されることから、天智朝の末年から天武初年の間のことであろう。壬申の乱を経てもなお、藤原氏の地位が揺らぐことはなかったのである。

結婚といえばもう一つ、画期的な婚姻が成立した。史がその嫡妻として、蘇我連子の女である娼子（媼子）を迎えたのである。娼子は天武九年に武智麻呂、同十年に房前、持統八年（六九四）に宇合を、それぞれ産んでいるから

（宇合の生母については不審な点も残る）、二人の結婚は天武七、八年（六七八〜六七九）のことと思われる。ちなみに史は、天武七年には二十歳であった。

この婚姻によって、史が大臣家としての蘇我氏の尊貴性を自己の子孫の中に取り入れることができたことになる。藤原氏は実質上は鎌足（むしろ史）を始祖として氏として成立したばかりであるにもかかわらず、蘇我氏の高い地位を受け継ぐ氏であることを支配者層に示すことができたのである。

付け加えるならば、渡来人を配下に置くことによって手に入れた最新統治技術の独占もまた、藤原氏の時代には、律令という法体系となったという違いはあるものの、蘇我氏と藤原氏に共通するものである。

その意味では、史がその嫡妻として、蘇我連子の女である娼子を迎えたことは、大きな意味を持つものであった。また、官人としての実績がまったくない史が、大臣連子の女を娶ることができたということは、壬申の乱の最中はさておき、天武朝においては、すでに若年時から史が次代のホープと見做されていたことを示している。

史は蘇我氏の尊貴性を自己の中に取り入れたのみならず、蘇我氏が六世紀以来行なってきた天皇家との姻戚関係の構築によるミウチ氏族化という政略も同時に取り入れることができ、それは七世紀末以降、藤原氏の基本的政略として受け継がれることとなった。天皇家の側としても、単なる権臣の女というだけでは、藤原氏出身の后妃を受け入れることはできなかったはずであるが、彼らが鎌足以来、王族や采女や天武の夫人、それに蘇我氏と姻戚関係を重ねている家の女となれば、藤原氏が新興氏族であるという不満も軽減され、支配者層全体に対しても説得力を持ち得たはずである。

また、八世紀の天皇家が藤原氏と幾重もの姻戚関係を持ったことは後に述べるが、史の男である武智麻呂と房前、宇合が蘇我氏の血を濃く持っていたということは、八世紀の藤原氏と天皇家とは、蘇我氏を通してもミウチ関係にあったことになる（たとえば武智麻呂・房前・宇合と持統・元明とは再従姉弟にあたる）。これによって、八世紀前半の

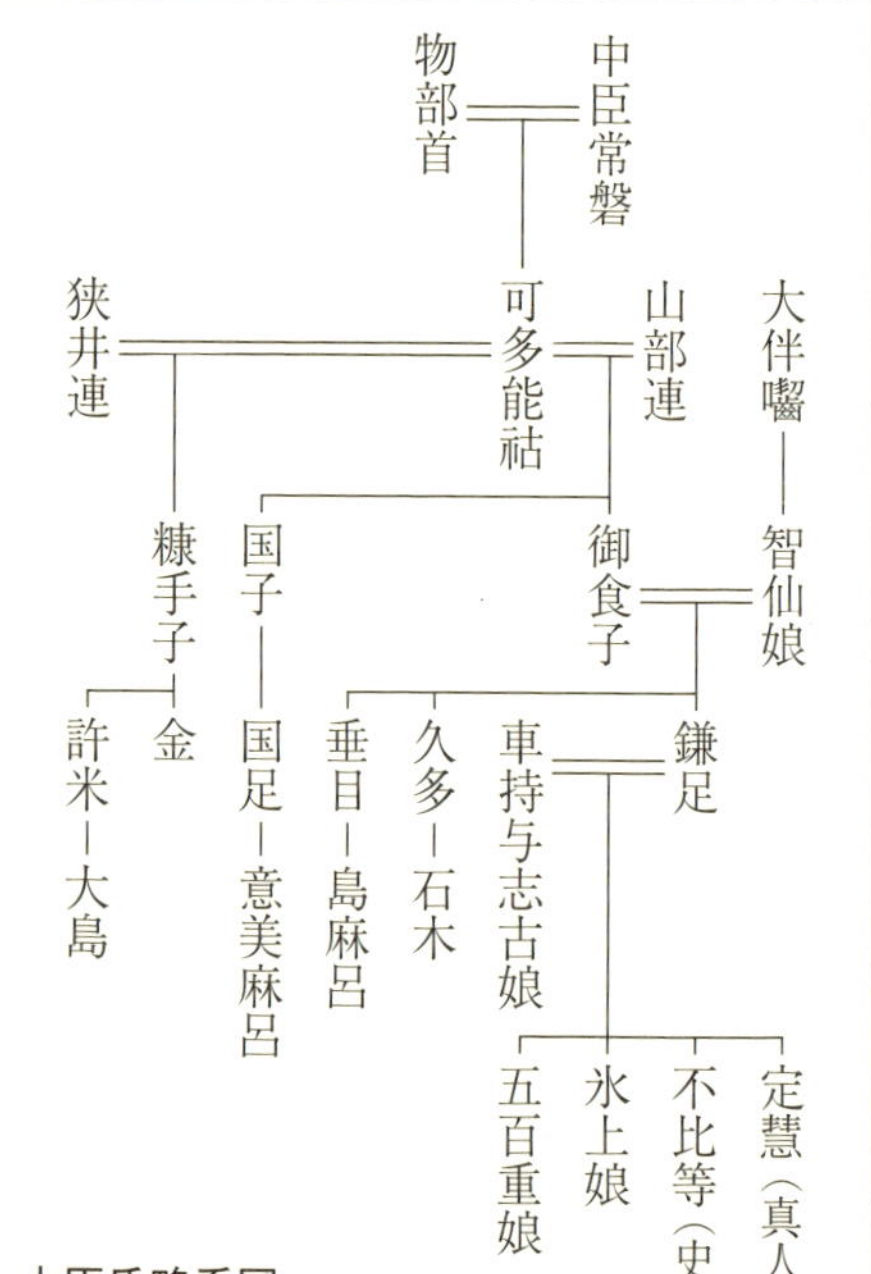

中臣氏略系図

律令国家の中枢部分は、あたかも天智・天武兄弟と、蘇我氏と、藤原不比等の三者の血によって構成されていたかの観を呈することになったのである。

なお、史はその後、賀茂（鴨）比売との間に一女の宮子、二女の長娥子を儲けている。賀茂朝臣は壬申の乱の功臣である鴨蝦夷を出した氏で、大神氏の同族とされるが、『新撰姓氏録』に「奉斎賀茂神社」とあり、これは『延喜式』に見える「葛木鴨社二座」のことであるから（現奈良県御所市御所宮前町）、不比等は五世紀に大王家に后妃を出したという伝承を持つ葛城集団の地盤である葛城地域とも縁を結んだことになる。

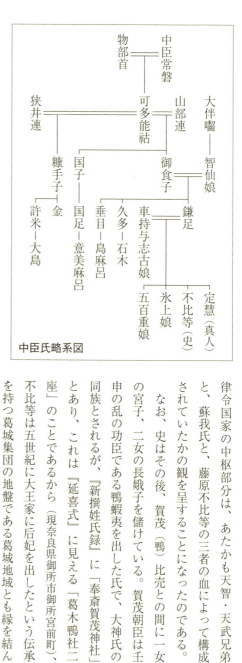

さて、史が藤原氏の中心に立つ以前、中臣氏の官人には、大島、次いで意美麻呂がいる。いずれも常盤系の中臣氏であったが、大島は糠手子の孫で金の甥、意美麻呂は国子の孫であり、鎌足―史の御食子系とは少し離れた系統である。まず天武十年三月、「帝紀及上古諸事」を記定させる、いわゆる国史の編纂が開始された(12)。そのメンバーに、大山上（令制の正六位上あたりに相応）中臣連大島が加えられている。大島は大山下平群臣子首と共に「親ら筆を執て録す」とされており、編纂の実務を担う中心メンバーであった。この国史編纂が後に『日本書紀』につながるとされているが、不比等以前に大島によって、中臣（藤原）氏の国史への関与があったのである。

ただ、壬申の乱の後、天武十年にいたるまで、中臣氏の官人の活動が史料に見えないということは、多少なりとも壬申の乱の後遺症があったのかとも思えてしまう。

大島はその年の十二月、小錦下（令制の従五位下あたりに相応）に昇叙され、上級官人への歩みを始めた。鎌足の死去後、十二年振りのことであった。

天武十二年十二月には、伊勢王と羽田公八国を統括者とする使節の次官的職階の者として、中臣連大島は多臣品治と共に判官・録史・工匠者を率いて、天下を巡行し、諸国の境界を限分するために派遣されている。[13]

この使節は諸国の境界を画定し、畿内・七道制を創設するための準備作業を行なうために派遣されたもので、この年には限分することができなかったとはいえ、律令制的な領域支配への志向という意味において、画期的な意義を持つものであった。

「血の紐帯によって形づくられ結合された古い氏族共同体から脱却した、地域による国民の区分」の出現が、国家形成における特徴であるとするならば、[14] 国造制的な地域区分から脱却した地方支配制度の完成を目指したこの使節の意味は大きい。その使節に、皇親の伊勢王や壬申年功臣の羽田八国・多品治と共に中臣大島が拝されていることは、中臣氏に対する天武（や鸕野皇后）の信任は、前代の天智の時代と変わるところはなかったと解するべきであろう。

そして天武十三年十一月、いわゆる「八色の姓」の制定に際して、中臣連は、大三輪君・大春日臣・阿倍臣・巨勢臣・膳臣・紀臣・波多臣・物部連・平群臣など五十二氏の一つとして、朝臣姓を賜わった。[15] 朝臣姓はほとんどの場合、臣姓氏族が賜わるのが通例であり、連姓氏族が賜わったのは、物部連と中臣連の二氏のみであった。ここに中臣氏は、祭祀を宗業とする伴造氏族から、政事に関わる氏族へと、一歩を踏み出したことになる。

なお、それと関連するのであろう。これ以降、中臣氏の官人は、中臣の名を避け、藤原氏を称することが多くなった。近江朝廷の最高首脳であったという記憶の残る中臣というウヂ名よりも、鎌足の功業を継承している氏族としての性格を前面に押し出してきたのであろう。

天武十四年九月には、天武が王卿を殿前に召して博戯を行なわせ、衣袴を下賜している。(16)

天皇御大安殿、喚王卿等於殿前、以令博戯。是日、宮処王・難波王・竹田王・三国真人友足・県犬養宿禰大侶・大伴宿禰御行・境部宿禰石積・多朝臣品治・采女朝臣竹羅・藤原朝臣大島、凡十人、賜御衣袴。

と列挙されている十人は天武の側近層とも言われ、宮廷で重要な位置を占めていたことが想定できるが、「藤原朝臣大島」もその中に含まれている。

朱鳥元年（六八六）正月には新羅使の金智祥を饗するため、浄御原令制の新冠位直大肆（従五位上に相応）を冠した藤原朝臣大島が筑紫に遣わされている。(17)

この年の九月に天武は死去したが、その殯宮において奉献された誄では、藤原朝臣大島は兵政官事の誄を奉っている。(18)兵政官は令制の兵部省の前身になる官司であろうが、大島がこの官司に日常的に所属していたかどうかは、明らかではない。少なくとも、大島が天武朝の宮廷において、後に大臣となる布勢朝臣御主人や石上朝臣麻呂、納言となる大三輪朝臣高市麻呂・大伴宿禰安麻呂と同格の高い地位にあったことは確実であろう。そしてそれは、大化前代の中臣氏の伝統に基づくものではなく、鎌足の功業を継ぐことによるものだったのであろうと思われる。

ところが、その藤原（中臣）氏の地位に水を差す事件が出来した。天武殯宮において大津皇子の「謀反」が発覚し、大津に欺かれた者として、大舎人中臣朝臣臣麻呂（意美麻呂）ら三十余人が逮捕されたのである。(19)ここで臣麻呂が藤原ではなく中臣と記されていることは興味深いが、臣麻呂は史の再従兄弟にあたる人物である。

ただ、臣麻呂は三年後の持統三年（六八九）二月に史と共に判事に拝されているから、大津に死を賜わった直後に赦されているのであろう。(20)かえって持統にとっては、大津を罪に陥れるために、その側近に侍していたことは功績となったのかもしれない。

大島の方は、大津の事件はその地位に影響を与えるものではなかったようで、持統元年八月に三百人の高僧を飛鳥寺に請集して袈裟を施す使者の筆頭となったり、(21)持統二年三月に天武殯宮に花縵を進上して誄を奉ったりしている。(22)この持統朝になってから誄奉献を行なった人物は、いずれも太政官首脳の納言であったことが推定され、誄の順番や後の地位を勘案すると、大島は多治比真人麻呂、布勢朝臣御主人・大伴宿禰御行、多治比真人島・大伴宿禰安麻呂に次ぐ地位の納言であったと推測できる。(23)

そして天武の葬礼も終わり、浄御原令の施行も迫った持統三年二月、「藤原朝臣史」と「中臣朝臣臣麻呂」が判事に拝された。(24)この判事が大宝令制の刑部省所属の判事（「掌。案覆鞫状。断定刑名。判諸争訟」）と同じ性格の官であったのかどうかは定かではなく、さらに広範な、法令全般に関わる職掌を持つ官であった可能性も考えられる。

この時に任命されたのは、浄広肆（令制の正四位下に相応）竹田王が長官的職階、直広肆（令制の従五位下に相応）の土師宿禰根麻呂・大宅朝臣麻呂・藤原朝臣史が次官的職階、務大肆（令制の従七位下に相応）の当麻真人桜井・穂積朝臣山守・中臣朝臣臣麻呂・巨勢朝臣多益須・大三輪朝臣安麻呂が判官的職階（政人）に相当するものと思われるが、ここに史は、三十一歳で正式な官に就いたということになる。

なお、史がそれまで、「皇太子」草壁皇子の舎人であったという論考は多い。草壁が死去時に「黒作懸佩刀一口」を史に下賜したという「東大寺献物帳」（国家珍宝帳）の記載が根拠となっているようであるが、そもそもその話が事実であったという確証はなく（後の附会であった可能性も高い）、しかもそれが舎人であることの徴証とはみなしがたい。おそらく史は、大舎人として他の若年官人と共に官途に就く機会を待っていたのであろう。この佩刀については、後に触れることにしよう。

さて、せっかく官に就いた史であったが、二箇月後の四月、草壁が死去してしまった。(25)せっかく大津を葬ってまで実現しようとした鸕野の皇位継承構想は、完全に破綻してしまったのである。

この時点で成人していた天武の皇子は、高市皇子・忍壁皇子・磯城皇子となるが、共に卑母の所生であって、即位の説得力を持たない。また、未成人の皇子のうちで即位の資格を有しているのは、天智皇女から生まれた舎人皇子・長皇子・弓削皇子、蘇我氏から生まれた穂積皇子、藤原氏から生まれた新田部皇子の五人であった。とりわけ鸕野のように蘇我系ではない阿倍氏の血を引いた舎人皇子の存在が、鸕野の脳裡に大きくなっていったものと思われる。

この三人は、あと数年で成人し、さらに数年後には即位を主張できる立場に立つ。その際には、草壁が死去した時点で七歳に過ぎなかった、しかも天武二世王に過ぎない草壁の子である珂瑠（軽）王よりも、血縁的には優位に立つことになる。

ということで、残された天武の皇子たちを飛び越えて次の世代に草壁皇子の後継者を降ろすことに決めた鸕野皇后は、自分の血が入っており、母の安陪皇女（後の元明天皇）も石川麻呂系であった珂瑠王を後継者と定め、珂瑠王が成人するまで、舎人皇子を掣肘するために、自身が即位することとした。(26) 持統女帝の誕生である。

その持統の即位式では、

物部麻呂朝臣樹大盾。神祇伯中臣大島朝臣読天神寿詞。畢忌部宿禰色夫知奉上神璽劒鏡於皇后。皇后即天皇位。公卿百寮、羅列匝拝、而拍手焉。

とあるように、(27) 天神寿詞を読んだ大島は、「中臣大島朝臣」と、旧来のウヂ名で記載されている。「神祇伯（神官頭か）」としての宗業に基づく、名負氏としてのものであろう。これは大盾を樹てた石上麻呂が「物部麻呂朝臣」と記載されているのと軌を一にするものである。翌持統五年十一月に行なわれた大嘗会で大島が天神寿詞を読んだ際も同様である。(28)

持統四年七月、高市皇子を太政大臣、丹比真人島を右大臣とする、浄御原令制太政官が発足した。「八省百寮、皆遷任焉」とあるから、(29) 他の官司でも遷任が行なわれたはずである。あるいはこの時、史は判事から中納言に上った可能性も考えられる。『日本書紀』は語っていないが、後年の序列からすると、大納言に阿倍朝臣御主人・大伴宿禰御行、中納言に大神朝臣高市麻呂・石上朝臣麻呂・藤原朝臣史あたりを拝したのであろうと思われる（高市麻呂は持統六年に失脚している）。

さて、天武朝末年から造営が進められていた藤原宮の地を、この年の十月に至って、高市皇子が「公卿百寮」を従えて観察している。やがて遷都する宮であるが、この宮が「藤原宮」と称されたことの意味は、どのあたりにあるのであろう。この点については、『扶桑略記』の所伝で、持統が即位して「大和国高市郡明日香浄御原宮より藤原宮に都す」とあることに注目し、「藤原宮の宮名は、持統天皇が即位した時の飛鳥の『藤原宅』に基づくものである」と考えた土橋寛氏の考え[30]や、藤原宮の宮名は、「藤原氏とのつながりにおいて命名されたもの」とされた上田正昭氏の考え[31]が注目される。

この時期の史、ひいては藤原氏が、それほどの影響力を持っていたのかは、また別個に考えなければならない問題であるが、いつも気になる説である。

なお、藤原宮には持統八年十二月に遷御している。[32] 山階精舎も厩坂寺として移築された。近鉄橿原神宮前駅の東にある「丈六」交差点北東の巨大な土盛り（現奈良県橿原市石川町）が金堂跡と見られている。

翌持統五年八月、大三輪・雀部・石上・藤原・石川・巨勢・膳部・春日・上毛野・大伴・紀伊・平群・羽田・阿倍・佐伯・采女・穂積・阿曇といった十八氏に詔して、「其祖等墓記」の上進が命じられた。[33] この命によって上進された氏族伝承が、『日本書紀』の主要な原史料となったことは、言うまでもない。

藤原氏は、中臣氏に関わる祭祀関係の祖先伝承に加えて、始祖である鎌足の功業を語る「乙巳の変物語」も創作して、上進したことであろう。この「其祖等墓記」が何年頃に上進されたのかは不明であるが、中臣氏が蘇我氏に対抗して仏教受容に反対したとされていることから、後に藤原氏と中臣氏が分離して以降に上進されたと考えるべきであろう。

持統七年三月、大島が死去した。『日本書紀』には「葛原朝臣大島」と呼称されている。[34] すでに藤原氏の氏上は史に移動していたものと思われるが、年長の大島が死去したことによって、藤原氏は史と臣麻呂が存在することとなった。ただ、臣麻呂はこの年の六月に直広肆（令制の従五位下に相応）に授されているくらいであるから、史よりは下位にあったものと考えられる。[35]

なお、先の大島もこの臣麻呂も、この時期、『日本書紀』には「葛原朝臣」と記載されている点が気にかかる。あるいはすでに、史系と他の系統との間に差異を設けようという意図があったものとも考えられよう。

持統八年、三男の宇合が、持統九年には四男の麻呂が生まれている。宇合の生母が武智麻呂・房前と同じ石川娼子なのか、はたまた別の女性なのかは、不明というほかはないが、麻呂の生母は天武の夫人として新田部皇子を産んだ史異母妹の五百重娘である。[36]

当時、天皇のキサキであった女性の再婚がどれくらい許容されていたかは不明であるが、このような結婚（もしくは密通）が許されたのも、背後に持統の認可、もしかすると後押しがあったのではないかとさえ思えてくるのである。

持統十年七月、太政大臣の高市皇子が死去した。それを承けて、十月に残った太政官首脳部に資人が下賜された。[37]

仮賜正広参位右大臣丹比真人、資人百廾人。正広肆大納言阿倍朝臣御主人・大伴宿禰御行、並八十人。直広壱石上朝臣麻呂・直広弐藤原朝臣不比等、並五十人。

明記されてはいないが、石上朝臣麻呂と藤原朝臣不比等（史）が中納言の地位にあったものと思われる。直広弐というのは令制の従四位下に相応するが、七世紀は諸臣の位階が一般に低く抑えられており、中納言の位階としてもこのあたりが相応しかったのであろう。

そしてこの後、『懐風藻』葛野王伝に記述されている有名な皇嗣決定会議が開かれた。

王子（葛野王）者。淡海帝（天智）之孫。大友太子之長子也。母浄御原帝（天武）之長女十市内親王。器範宏。風鑑秀遠。材称棟幹。地兼帝戚。少而好学。博渉経史。頗愛属文。兼能書画。浄御原帝嫡孫。授浄太肆。拝治部卿。

高市皇子薨後。皇太后（持統）引王公卿士於禁中。謀立日嗣。時群臣各挟私好。衆議紛紜。王子進奏曰。我国家為法也。神代以来。子孫相承。以襲天位。若兄弟相及。則乱従此興。仰論天心。誰能敢測。然以人事推之。聖嗣自然定矣。此外誰敢間然乎。弓削皇子在座。欲有言。王子叱之。乃止。皇太后嘉其一言定国。特閲授正四位。

天武皇子がいまだ六人も存命しているという情況であったにもかかわらず、持統は、史と葛野王を協力者として、珂瑠王の立太子を強行した。自身の寿命も考えると、珂瑠王を残して死去してしまうという事態だけは、どうしても避けたかったのであろう。

持統は「王公卿士」、つまり皇子・諸王・公卿（マヘツキミ〈大夫〉層）を宮中に招いて、皇嗣決定会議を開催した。この会議において、兄弟相承を斥け、嫡系相承を主張して珂瑠王の立太子を正当化した葛野王の行為に対して、持統は「国を定めた」と認識したことは重要である。皇統が自己の子孫である珂瑠王によって継承されることが決定したということは、持統にとってはまさに国が定まったと感じられたのであろう。

ここに持統と史、およびそれぞれの子孫が皇統と輔政を継承することが決定した時点で、律令国家の政権構造は確定したのである（ついでに言えば、親権行使者が現役の天皇よりも強い権力を持つという日本的な権力構造も、ここに確定したことになる）。

こうして持統十一年八月、執政経験のない十五歳の少年として、珂瑠王が即位し（文武天皇）、持統は唐制に前例のない太上天皇の地位に上ったのである。その背後に史（不比等）の協力が存在したという推定は、おそらくは正鵠を射ているものと思われる。

即位の直後、

以藤原朝臣宮子娘為夫人、紀朝臣竈門娘・石川朝臣刀子娘為妃。

と見え、(38) 藤原宮子を夫人、紀竈門娘と石川刀子娘を嬪（「妃」は「嬪」の誤りか）とすると定められたとあるが、当時はまだ律令制成立以前なので、三人は同格のキサキであった可能性が高い。

　これらのうち、宮子は当時中納言であったと思われる紀麻呂の近親の者であろう。刀子娘は名門蘇我氏（当時は石川氏）の一員で、天智朝の大臣蘇我連子の末裔と思われる。また彼女は、石川娼子を通じて不比等や武智麻呂・房前・宇合ともミウチ関係にあった。

　この三人のなかで、本来もっとも格の高かったのは、六世紀以来七世紀末まで引き続いて大王家の姻戚氏族であった蘇我氏の末裔である石川刀子娘であったはずである。にもかかわらず、藤原宮子がもっとも高い地位であるかのように『続日本紀』の記事に記されたのは（養老後宮職員令によると、夫人は三位以上、嬪は五位以上）、持統太上天皇と結んだ史の勢威と、その室で後宮に大きな勢力を持っていた県犬養三千代の発言力によるものであろう。

　その史は、大宝令による蔭位制が成立する三年前の文武二年（六九八）八月に、
　　詔曰、藤原朝臣所賜之姓、宜令其子不比等承之。但意美麻呂等者、縁供神事、宜復旧姓焉。

という詔を得た。[39]これ以降、史の家のみが「藤原朝臣」、意美麻呂たち他の家は神事に関わるというので、旧姓の「中臣朝臣」に戻せというのである。

　これは藤原氏が政事、中臣氏が神事という分離を意味しており、大宝令官制で太政官と神祇官が二官として並び立つことになったことに照応するものである。両官は官制の上では並列されているものの、現実的な権力を行使するのが太政官であったことは言うまでもなく、ここに史とその子孫のみが王権の補政にあたることを宣言したものである。なお、この頃から、「史」（書記に関わる名）から「不比等」（等しく比べるもののないという最高の名）という表記に変えられたのではないであろうか。

　後に触れるが、大宝元年（七〇一）にスタートする蔭位制は、鎌足の大織冠を正一位と解釈し、その蔭は孫に至るまで、高い蔭階を約束するものであった。ここに鎌足の蔭の及ぶ範囲が不比等の家のみに限定されたこと、蔭位制が

成立した大宝元年が嫡子である武智麻呂の出身すべき年にあたっていたことにも注目すべきであろう。

本来、律令氏族というものは、自己の氏から数多くの高位者を出した方が有利なわけであり、このように高位が及ぶ範囲がきわめて狭い範囲に限定される（この時点では藤原氏の官人は不比等のみとなり、三年後に武智麻呂、四年後に房前が出身して三人となるに過ぎない）ということは、通常では不比等にとってはきわめて不利な条件であったはずである。にもかかわらず、不比等がこの決定を承認（もしくは主導）したということは、やがて始動する蔭位制の運用に関し、自己の家のみが有利になることについて、よほどの自信を持っており、この有利な条件を中臣氏の他の官人たちからは切り離したいという欲望の現われと見るべきであろう。[40]

大宝律令体制完成の前夜、「皇親政治」の雄として筑紫大宰に下っていた栗隈王の男・美努王を捨てた県犬養三千代と、大臣蘇我連子の女・娼子をすでに喪っていた不比等とが結ばれた。常に新しい権力の中枢を指向するこの二人が、皇親と蘇我氏という、古い権力の象徴であった以前の配偶者を克服して結合したということは、律令制成立後の権力の様相を考えるうえで象徴的である。この結婚の背後に持統がいたと想定するのは、自然なことであろう。

やがて美努王と三千代との間に生まれていた葛城王は高級官人を目指すために王名を捨てて臣籍に降下し（橘諸兄）、不比等と三千代との間に奇しくも大宝元年に生まれた安宿媛（光明子）は、同じく大宝元年に生まれた皇太子首皇子（後の聖武天皇）の妃に入ることになる。

註

（1）『日本書紀』天智十年正月癸卯条。
（2）『日本書紀』天智十年正月癸卯条。
（3）倉本一宏『壬申の乱』（吉川弘文館、二〇〇四年）。

(4)『日本書紀』天武天皇即位前紀・天智即位四年十月壬午条。
(5)『日本書紀』天智十年十一月丙辰条。
(6)『日本書紀』天智十年十一月壬戌条。
(7)『日本書紀』天武元年八月甲申条。
(8)『日本書紀』天武元年七月癸巳条、『日本書紀』天武元年七月乙未条。
(9)上田正昭『藤原不比等』(朝日新聞社、一九八六年)。
(10)吉川真司「安祥寺以前—山階寺に関する試論—」(前掲)。
(11)『日本書紀』天武二年二月癸未条。
(12)『日本書紀』天武十年三月丙戌条。
(13)『日本書紀』天武十二年十二月丙寅条。
(14)F・エンゲルス『家族、私有財産および国家の起源』(初版は一八八四年、村井康男・村田陽一訳『家族、私有財産および国家の起源』[大月書店、一九五四年]による)。
(15)『日本書紀』天武十三年十一月戊申朔条。
(16)『日本書紀』天武十四年九月辛酉条。
(17)『日本書紀』朱鳥元年正月是月条。
(18)『日本書紀』朱鳥元年九月乙丑条。
(19)『日本書紀』持統天皇即位前紀・朱鳥元年十月己巳条。
(20)『日本書紀』持統天皇即位前紀・朱鳥元年十月丙申条。
(21)『日本書紀』持統元年八月己未条。
(22)『日本書紀』持統二年三月己卯条。

(23) 倉本一宏「天武天皇殯宮に誄した官人」(『日本古代国家成立期の政権構造』所収、吉川弘文館、一九九七年、初出一九八四年)。
(24) 『日本書紀』持統三年二月己酉条。
(25) 『日本書紀』持統三年四月乙未条。
(26) 倉本一宏『持統女帝と皇位継承』(前掲)。
(27) 『日本書紀』持統四年正月戊寅朔条。
(28) 『日本書紀』持統五年十一月戊辰条。
(29) 『日本書紀』持統四年七月庚辰条。
(30) 土橋寛『持統天皇と藤原不比等』(中央公論社、一九九四年)。
(31) 上田正昭『藤原不比等』(前掲)。
(32) 『日本書紀』持統八年十二月乙卯条。
(33) 『日本書紀』持統五年八月辛亥条。
(34) 『日本書紀』持統七年三月庚子条。
(35) 『日本書紀』持統七年六月壬戌条。
(36) 『尊卑分脈』「摂家相続孫」所引「麿卿伝」。「麿卿孫」には密通して生まれたとある。
(37) 『日本書紀』持統十年十月庚寅条。
(38) 『続日本紀』文武元年八月癸未条。
(39) 『続日本紀』文武二年八月丙午条。
(40) 倉本一宏「議政官組織の構成原理」(『日本古代国家成立期の政権構造』所収、吉川弘文館、一九九七年、初出一九八七年)。

第二節　律令国家の権力中枢と蔭位制

ここで律令国家の権力中枢の構造について、簡単に見ていくこととしたい。戦後の古代史学界は、日本律令国家の権力構造に関して、

・律令国家における天皇を古代的専制君主であると考え、天皇絶対権力の拡大、機構化されたものとして律令制を理解する見解

・天皇を専制君主とは見做さず、律令制の実態を君主制的形態を採った貴族制的支配、あるいは「貴族勢力」による貴族共和制と理解する見解

という二つの見解の間を彷徨してきた。

今となっては考えられないことであるが、当時は「皇親勢力」という政治勢力が、天皇権力を囲繞・擁護するための「藩屏」として創出され、「貴族勢力」に対抗して天皇絶対制の権力基盤となったという図式が、一方では主張されてきたのである。

たとえば、「皇親政治」という語を案出された北山茂夫氏は、「白鳳期の皇親政治」を、

その名に値する独特の組織を法的に規定したのではなく、あくまでも公民—公地の広汎な基礎のうえに、高度に天皇そのものに集中し、体現した全権力を、まず上部で皇親がそれを擁護し、つぎにその下で諸臣・百官人が、中央から地方にいたるまで、官人制の序列にもとづいて、それを行使する、という政治的内容を、歴史的に、形成していたことを指すのである。

と規定された。(1)

しかしながら、皇親政治論を天皇絶対制論の根拠とするためには、最低限、律令制下の皇親が一個のまとまった政

治勢力として存在し、常に天皇権力を擁護する存在であったということが実証されなければならない。それ以前に、天皇権力と「貴族勢力」なるものが対抗関係にあったことを証明しなければならないはずである。大体、古代の支配者層内部において、政治勢力がどのようにして存在していたのか、そもそも政治勢力などと称するに値するものが存在していたのかということも、いまだ本格的に論じられたことはない。と、私がはじめて主張してから三十年以上になるが、寡聞にしていまだそのような論考に接したことはない。

また、一方では「貴族勢力」の代表として藤原氏が想定され、「藤原的」な氏族と「大伴的」な氏族を対比していた時代もあったが、(2)「貴族勢力」の代表である藤原氏が天皇権力と対抗していたとでもいうのであろうか。

近年では、「貴族勢力」や「皇親勢力」などというまとまった政治勢力や、天皇と諸氏族層との対抗関係の存在を否定し、両者の相互依存関係を重視する見解が主流になっている。日本古代国家における天皇の性格を、専制・非専制の二者択一で捉えるのではなく、その両面を併せ持ったものとして理解すべきであるという視座は、まず確認しておくべきであろう。

そして政治的上部構造の実体においては、天皇と諸氏族層との相互依存的関係は、より鮮明であったものと思われるし、その一方では、王権の専制的相貌・非専制的相貌が、鏡の裏表のように、各々の政治局面によって立ち現われていたであろうことは、想像に難くない。

それでは、律令国家の政権の中枢に位置し、当該期の政治を領導していたのは、いかなる政治勢力だったのであろうか。私見によれば、ミウチ的結合によって結ばれた天皇家と藤原氏とが、相互に補完、後見し合って、律令国家の支配者層のさらに中枢部分を形成したと考えている。(3)藤原氏は、天皇家と相互に姻戚関係を結ぶことによって王権とのミウチ的結合を強化し、後に述べるように、王権の側からも准皇親化を認められていた。(4)その結果、律令官制に拘束されない立場で王権と結び付いて内外の輔政にあたった権臣を輩出したのである。

彼らの実質的な祖である藤原不比等は、後に述べるような大宝律令の制定や平城京の造営といった功績、宮子・光明子を通じての天皇家との姻戚関係によって、権臣としての地位を確立したのであったが、その地位がまた、藤原氏と天皇家との新たなミウチ関係を産み出し、次の世代の藤原氏官人に高い地位を約束する根拠とされたのである。

ここでは、藤原氏が合法的に高い地位に就くメカニズムのうち、もっとも根本的な根拠として、議政官組織の構成原理と蔭位制について触れておくこととする。

議政官というのは、律令国家において議定に参加し得た官人のことで、左右大臣と大納言によって構成されていたが、後に参議と、中納言、そして内大臣が加わった。かつては同一氏族から一人が議政官に送りこまれていたと考えられていたこともあり、[5]議政官組織が「貴族勢力」なるものの「城塞」であったという理解の大前提ともされてきた。

しかしながら、「旧豪族それぞれから一人ずつの議政官」という原則は、律令国家における議政官組織構成原理とは認められないことは明らかであり、位階の昇進が氏族制原理から官人個人の功績に移ってしまっている律令制下においては、議政官、特に参議に任じられるための要件は、議政官を出し得る「格」の一定範囲の氏族の官人のうち、

a．おおむね正四位以上の高位を帯していた官人

b．国政運営上重要な官職に就いていた官人

c．王権と特別なミウチ意識で結ばれているか、少なくとも疎外されていない官人

という三条件を満たしていることであった。[6]

それでは、議政官たるための三つの要件の内、もっとも本質的なａ（正四位以上の高位者）を満たすための条件について考えてみたい。

ここで問題としているような高位者の考選がどのようにして行なわれていたかは、養老選叙令（大宝令では選任令）、養老考課令（同じく考任令）に明確な規定があったわけではない。養老選叙令・内外五位条に、五位以上の位階が勅

授であったことが規定されているが（大宝選任令も同様と思われる）、この勅授とは、養老考課令・内外初位条に付された集解諸説を検討すると、右大臣以上は上日数のみを、大納言以下で三位以上は上日数と善最を奏上し、天皇の勅裁によって考第を定め、四・五位の官人は式部省（武官は兵部省）が録した上日数と善最を唱示して議政官に申し、太政官が考第を量定して奏聞するものであった。一方、選叙令義解・遷代条によると、五位以上の官人については総合成績による機械的な叙位数の算出はなく、天皇の勅裁に任されていたことがわかる。

したがって、律令条文からのみでは高位を得るための要件を推定することはできないのであるが、高位を得るために決定的に有利な条件は推測できる。それは、第一に、高い蔭階を得て出身することによって若年の内に従五位下に到達するということ、第二に、四・五位官人の善最を決定する式部省と、考第を量定する議政官組織の内部に、自己に有利な決定を下してくれる官人が多く任じられているということ、そして第三に、天皇が自己に有利な勅裁を下してくれることを期待できるような個人的、あるいは氏族的関係を王権と結んでいること、という三点である。

かつて、八世紀に議政官となったことが『続日本紀』や『公卿補任』に見えている八十二人（諸王は除く）について、祖父・父の位階、本人が得た蔭階、五位・四位・三位に叙せられた時の年齢、五位から四位、四位から三位、五位から三位に昇叙されるまでに要した年数、本人の極位・贈位を調べ、それらを、結果的に連続して多くの議政官を出した藤原氏と他氏との比較という視点から分析することによって、連続して議政官を出す氏族たるための要件を推定したことがある。(7)

それによると、藤原氏のように、祖父に正一位の官人を持ち、高い蔭階を得て若年の内から上級官人としての歩みを始めることのできた氏族の官人は、本人も高位にまで到達して議政官となり、その世代の後にも連続して高位者、したがって議政官を出すことができたということ、一方、祖父や父が高位を得られなかったり、本人が高位に到るまでに多年の年月を要したり、死後に高い贈位を得ることができなかったりした氏族にあっては、子孫は高い蔭階で出身することができず、高位に到達することが困難となり、議政官を出すことが難しくなったであろうことが明らかとなった。

蔭位制が貴族制の維持に対して十全の働きをするものではなく、むしろ有力貴族の地位を次第に低下せしめる方向に働いたということは、すでに長山泰孝氏が指摘され、(8)宇根俊範氏が跡付けられたが、(9)このことは藤原氏以外の氏族について正しかったわけである。

ここで日本蔭位制の特質を三点挙げておく。第一に、唐制と日本制では蔭階の下限はそれぞれ従八品下、従八位下と同じだったのであるが、上限は唐制が正七品であったのに対し、日本制では従五位下と七階も引き上げられ、最高位の蔭階を受けて出身した官人は、貴族としての特権が与えられる五位から官人としての歩みを始めることができた。一般にはこのことを以て日本の「貴族勢力」が優遇されていたと解釈しているようであるが、私にはそうは思えない。畿内貴族層全体がこのような特権を受けられるわけではなく、高い蔭階を受けることのできるような氏族はごく限られているということが、律令蔭位制成立当初から予測されていたはずであるからである。むしろ、この特質は、日本の律令制定者が、蔭位制を有利に利用し得る氏族の官人を、天皇の勅裁で昇進が決定する五位以上に若年の内から到達させせようとした結果であると解釈すべきであろう。

また、第二に、唐制では蔭階が嫡長子系列にしか及ばなかったと推定されているのに対し、日本制では蔭階が庶子・庶孫というきわめて広い範囲にまで及び、しかも嫡子と庶子、嫡孫と庶孫、嫡子と嫡孫、庶子と庶孫の蔭階の間にはそれぞれ一階の差しか設けられていなかった。この特質は、律令制定者が、一氏族の内に一個の嫡流が形成されてその系統のみから議政官が出るという事態を望まず、氏をほぼ同じ格のいくつもの家に分解し、蔭位制を有利に利用し得る氏族にとっては、いずれの家からも高位者（したがって議政官）が出るという事態を望んだことを示していると言えよう。

そして、第三に、三位以上、特に正一位の官人を父祖に持っていれば、その氏族の官人は蔭位制を有利に利用することができたということはすでに述べたが、蔭位制が成立した大宝元年の時点において、このような高位の父祖は、藤原氏における鎌足が存在するのみであった。天武朝においては、後の従五位に相応する冠位を帯びていた官人が五十三名、同じく正五位が十三名、従四位が一名、正四位が一名（いずれも皇親を除く）と、諸臣の冠位は低く抑えられていたのである。

したがって、藤原不比等の四人の子息がすべて、はじめから鎌足の大織冠の蔭を受けて正六位という高い蔭階で出身することができたのに対し、他氏族の官人は、天武朝において低位に抑えられていた父祖（ほとんどが父）の蔭を受けて従八位程度で出身せざるを得なかったのであり、蔭位制が成立した時点で、蔭位制を有利に利用できることを約束されていた藤原氏と、蔭位制が逆に氏としての地位の低下に作用することが決定していた他氏族との格差は歴然としていたのである。

これらの点を以て、藤原氏が蔭位制をその成立当初から自己に有利なように利用したと解釈すべきなのであろうか。私にはむしろ、日本蔭位制そのものが、藤原氏にとって有利な条件となるように唐制を改変して制定されたと考えられるのである。

そして、その際、日本蔭位制を作った律令制定主体者として、文武夫人宮子、橘三千代を通じて天皇家とミウチ関係を結び、鎌足の大織冠を利用することによって自己の子孫すべて（そして中臣氏の中で自己の子孫のみ）の発展を図った藤原不比等と、不比等およびその幾流もの子孫を確実に高位（＝議政官）に上らせて文武天皇や首皇子のより確固たる後見人とする必要を感じた持統太上天皇（その生母である蘇我遠智娘は武智麻呂・房前・宇合の母である石川娼子と従姉妹の関係にあった）とを想定することは、きわめて自然なことと考えるべきであろう。

その結果、八世紀に五位以上の官人を出した氏族の中には、ほとんどの旧マヘツキミ氏が含まれることにはなった。

つまり大化前代以来の旧マヘツキミ氏は、律令制下にあってはそのほとんどが議政官などの上級官人は出し得なかったものの、律令制下で特権的身分を保証されていた五位程度の官人を連続した世代で絶え間なく出す母胎としての地位は蔭位制によって保持していた。しかしながら、ほとんどは四、五位程度の官人を出したに過ぎず、議政官に任じられるような高位に至ることは、ほとんど不可能となっていた。旧マヘツキミ氏族のほとんどは、律令制の成立を境として確実に没落への道を歩み始めていたのである。

三位以上に至ると孫の世代にまで蔭階を及ぼすことができるが、四位や五位だと子の世代にしか蔭階を及ぼすことができず、上級貴族の再生産が困難な状況にあった。しかも、実際には父が四位や五位に上った時点では子はすでに成人していることが多く、子は出身年齢の時点ではなかなか蔭位の恩恵を受けることができなかった。それに対し、祖父が三位を帯びていたり、殊に藤原氏のように連続して一位に叙されていたりする氏族は、孫が若年時に高い蔭階で出身することができ、上級貴族を再生産することができたのである。藤原不比等が唐の制度を改変して作った日本的蔭位制の陥穽に、蘇我氏をはじめとする旧マヘツキミ氏族は、まんまと嵌ってしまったことになる。[10]

以下、律令国家の政権中枢の本質に関わると思われる事実を一つ挙げる。それは、太上天皇、知太政官事・藤原氏の大臣・内臣という四つの地位の置かれた時期には、次のような関連性が存在したものと推察し得る。[11]

第一に、奈良時代前半には、ほぼ間断なく太上天皇が存在し、天皇を後見した。ある天皇が退位して太上天皇となった時期も、その前の太上天皇が死去した直後であることが多く、奈良時代前半においては、太上天皇は常時一人は必要であると認識されていたようである。

第二に、奈良時代前半における知太政官事と藤原氏の大臣との関連に注目すると、ある知太政官事が死去した時点で藤原氏の大臣がいない場合には、天皇系皇親の中から次の知太政官事が選ばれたが、藤原氏の大臣がいる場合には、その大臣の在任中には知太政官事の任命は行なわれていない。

逆に、奈良時代前半に藤原氏の大臣が死去した場合には、藤原氏に大臣に適当な高位者がいなかったことから、その直後に知太政官事と藤原氏の内臣の任命が行なわれている。知太政官事の任命が絶えた時期も、天皇家の側から見ると天武系の有力皇親がいなくなった時期であるが、藤原氏の側から見ると、藤原氏が第四世代を迎え、連続して大臣を出し得るほどの高位者を多数擁するようになった時期と解することができる。

第三に、奈良時代後半には、藤原氏の大臣は間隔を置かずに一人ずつ存在した。ただし、前任者が死去した時点で位階的に適任者がいない場合、誰かが内臣という地位に就き、位階が上るのを待って大臣に任じられている。

これらの関係をいかに解釈すればよいのであろうか。従前の諸論考のように、知太政官事は王権の側から議政官組織を掣肘するために置かれた地位であり、その任命が二度にわたって中絶したのは不比等や藤原氏四卿の太政官に拠った巨大な勢力を朝廷が憚ったためであるとか[12]、不比等の死後に「皇親勢力」なるものが政界での巻き返しを図ったとか[13]理解すべきなのであろうか。

それとも、ミウチ的結合によって結ばれた天皇家と藤原氏とが相互に補完、後見し合って、律令国家の支配者層のさらに中枢部分を形成し、その構成員が、奈良時代前半には、

太上天皇 ＋ 天皇 ＋ 知太政官事
もしくは
藤原氏の大臣、または内臣

という形で、後半には、

天皇 ＋ 藤原氏の大臣、または内臣

という形で、それぞれ「太政」を領導していたと解釈すべきなのであろうか。

この問題に解答を得るための鍵となるのは、第一に、相互の姻戚関係による王権と藤原氏とのミウチ的結合の強化、第二に、王権の側から認めた藤原氏の准皇親化、第三に、律令官制に拘束されない立場で王権と結び付いて内外の輔政にあたった権臣の存在に関して、それぞれ歴史的意義を正しく分析することであろう。これらについては、後に節を改めて考えていきたい。

日本古代社会においては、ある個人は父方・母方を通して同時に複数の氏の成員であり得るという「両属性」を有していたとされる。[14]この「ある個人」を天皇に置換した場合にも、たとえば淳仁が、仲麻呂を「朕が父」と、また袁比良女を「はは」と、仲麻呂の子息を「朕がはらから」と述べたように、[15]また称徳が、諸王と藤原氏とを共に自分の親族（「朕が親」）であると観念したように、[16]同列に考えることができる。天皇は外戚たる藤原氏をまさにミウチと認識していたのであり、[17]その結果、輔政にあたる権臣を次々と生み出すことになったのである。

また、日本古代の王権は、天皇個人のみに集約されず、天皇、それに親権を及ぼす太上天皇、天皇生母、天皇生母の近親者（外戚）などから構成され、「天皇家の長」の主導の下、それらによる共同統治が行なわれていた。最初の太上天皇となった持統が、直系の孫にあたる文武天皇と「並び坐して」共同統治にあたり、[18]文武に対しての親権（と天皇としての経験）によって文武を後見していたことは有名である。また、文武の後継者である聖武天皇も、元正太上天皇の政治的後見を受けていた。天平改元宣命[19]の中には、自分一人では知識は乏しく、経験も少ないので、臣下の奏上する政事にいかに答えたらよいのか、またこの者をどの官に任じればよいのか、を元正に問い、元正の教え導き、答え伝えた通りに統治してきた、と言っている。天皇大権の根本とも言うべき、聴政と人事に関して、常に太上天皇の指示と教唆を受けていたことになる。

律令制成立期における「皇親政治」とは、国家機構の未成熟な当時に、畿内や地方の首長層に律令国家建設の緊急性を主張するために、天武のカリスマを父方の血縁集団である皇親に分与し、官司・使節の統括者とすることによっ

て現出した「非常」の政治体制であった。(20)

しかし、大宝律令体制が完成すると、当時天皇家の長たる立場にあった持統にとっては、皇位継承権を持った危険な存在である皇親をそれまでどおり国政の中枢に置いておくことは、自己の皇統の存続に対して危険な要因が内在してしまうことを意味した。その結果、皇親は徐々に国政の中枢からは遠ざけられ、代わって、皇位継承権のない、安全な母方のミウチとしての藤原氏が王権の輔政にあたり、持統系皇統の後見者とされたのである。

要するに、律令国家の政権構造とは、天皇家の一部としての持統系とその母方集団である藤原氏とがミウチとして結合して国政の中枢部分を形成し、その周囲に、畿内を基盤とする貴族層や皇親が、内部的には個別の利益を主張してまったくバラバラに、しかも被支配者層や畿外勢力に対しては支配階級として「結集」しながら取り巻いていた、という二重構造を示していたのである。

註

(1) 北山茂夫「七四〇年の藤原広嗣の叛乱」(『日本古代政治史の研究』所収、岩波書店、一九五九年、初出一九五一年)。
(2) 竹内理三「八世紀に於ける大伴的と藤原的」(『竹内理三著作集 第四巻 律令制と貴族』所収、角川書店、二〇〇〇年、初出一九五二年)。
(3) 倉本一宏「律令国家の権力中枢」(『日本古代国家成立期の政権構造』所収、吉川弘文館、一九九七年)。
(4) 岸俊男『藤原仲麻呂』(吉川弘文館、一九六九年)。
(5) 阿部武彦「古代族長継承の問題について」(『日本古代の氏族と祭祀』所収、吉川弘文館、一九八四年、初出一九五四年)。
(6) 倉本一宏「議政官組織の構成原理」(前掲)。
(7) 倉本一宏「議政官組織の構成原理」(前掲)。
(8) 長山泰孝「古代貴族の終焉」(『古代国家と王権』所収、吉川弘文館、一九九二年、初出一九八一年)。

（9）宇根俊範「律令官人制と貴族」（『史学研究』第一五五号掲載、一九八二年）。
（10）倉本一宏「議政官組織の構成原理」（前掲）。
（11）倉本一宏「律令国家の権力中枢」（前掲）。
（12）竹内理三「「知太政官事」考」（『竹内理三著作集 第四巻 律令制と貴族』所収、角川書店、二〇〇〇年、初出一九五〇年）、北山茂夫「七四〇年の藤原広嗣の叛乱」（『日本古代政治史の研究』所収、岩波書店、一九五九年、初出一九五一年）補記「知太政官事」。
（13）早川庄八『日本の歴史4 律令国家』（小学館、一九七四年）。
（14）義江明子「古代の氏と家について」（『歴史と地理』第三二二号掲載、一九八二年）。
（15）『続日本紀』天平宝字三年六月庚戌条。
（16）『続日本紀』天平神護元年十一月辛巳条。
（17）義江明子氏によると、春日祭祝詞においては、「王等・卿等」すなわち藤原氏およびその血を引く諸王の繁栄も祈願されており、藤原氏所生の諸王も春日の神からすると「氏人」であったという（義江明子「春日祭祝詞と藤原氏」『日本古代の氏の構造』所収、吉川弘文館、一九八六年、初出一九八五年）。
（18）『続日本紀』慶雲四年七月壬子条。
（19）『続日本紀』天平元年八月癸亥条。
（20）倉本一宏「律令制成立期の「皇親政治」」（『日本古代国家成立期の政権構造』所収、吉川弘文館、一九九七年）。

第三節　不比等の覇権

不比等は文武朝初年から律令の撰定を進めていたが、文武四年（七〇〇）六月、ほぼ完成したとして、撰定者に対

する賜禄が行なわれた。(1)

勅浄大参刑部親王、直広壱藤原朝臣不比等、直大弐粟田朝臣真人、直広参下毛野朝臣古麻呂、直広肆伊岐連博得、直広肆伊余部連馬養、勤大壱薩弘恪、勤広参土部宿禰甥、勤大肆坂合部宿禰唐、務大壱白猪史骨、追大壱黄文連備・田辺史百枝・道君首名・狭井宿禰尺麻呂、追大壱鍛造大角、進大壱額田部連林、進大弐田辺史首名・山口伊美伎大麻呂、直広肆調伊美伎老人等、撰定律令。賜禄各有差。

という記載順からすると、その職階は、

総裁　刑部親王
長官　藤原不比等
次官　粟田真人・下毛野古麻呂
判官　*伊岐博得・伊余部馬養・*調老人
政人　*薩弘恪・土部甥・坂合部唐・*白猪骨・*黄文備・*田辺百枝・道首名・狭井尺麻呂・*鍛造大角・額田部林・*田辺首名・*山口大麻呂

というものであったことが推測できる。この律令が不比等の主導によって撰定されたものであったことは、古くから指摘されているとおりであろうが、実務官人の中に二人の田辺史の者が含まれていることにも注目すべきであろう。半数を占める渡来系氏族出身者（*印を付した者）も含め、このあたりが律令選定の第一線に立ったのであろう。

不比等の位階は直広壱に上っている。大宝令制の正四位下に相応する高位である。不比等が単なる名誉職ではなく、自らも実務に従事していたであろうことは、律令施行後に令の条文解釈の治定を行なった記録である『法曹類林』所引「令問答」の中の問答に「令官藤原卿」として見えることからも明らかである。

翌大宝元年（七〇一）三月、新令による官名・位号の改制が行なわれ、中納言・直広壱の不比等は正三位に上り、

大納言に任じられた。この時に発足した太政官首脳は、

左大臣　正二位　七十八歳　多治比真人島
右大臣　従二位　六十七歳　阿倍朝臣御主人
大納言　正三位　六十二歳　石上朝臣麻呂
　　　　　　　　四十三歳　藤原朝臣不比等
　　　　従三位　四十三歳　紀朝臣麻呂

という顔ぶれであった。中納言の官は廃止され、浄御原令制で中納言の地位にあった大伴安麻呂は議政官から外されることとなった。この議政官構成のうち、多治比島は大宝元年の七月に、阿倍御主人は大宝三年閏四月に、それぞれ死去しており、すでにかなりの高齢に至っていた。石上麻呂も壬申の乱で最後まで大友王子に付き従った人物であり、これもすでに老境にあった。紀麻呂は文武の嬪となった紀竈門娘の近親者であったものと思われるが、慶雲二年（七〇五）に死去してしまう（『懐風藻』に「正三位大納言紀朝臣麻呂」として漢詩を作った際には「年四十七」とあるが、これを没年とするならば、大宝元年には不比等と同じ四十三歳であったことになる）。

要するにこの議政官構成の中では、不比等のみが壮年であり、なおかつ律令に通暁していたと言えるのであろう。来たるべき新時代に乗り出す主体としては、不比等しかいなかったというのが、日本律令国家の実状だったことになる。大宝元年六月に、

始補内舎人九十人、於太政官列見。

という措置がとられ、[2]上級官人候補者としての内舎人の制度がスタートしたが、この時、『藤氏家伝　下』（武智麻呂伝）に、

大宝元年、選良家子、為内舎人、以三公之子、別勅叙正六位上、徴為内舎人。年廿二。詔曰、爾家、光済帝室、

勲載策書。令錫此爵、未足為栄。間者新制律令、斉整国人。縁有条章、且錫此爵耳。大臣家令小治田志毘、大息曰、嗟呼此家嫡子、何有此爵乎。心内不喜、面有愧色。或人告大臣、々々命家令曰、今国家、新制法令。故依例、
錫爵此児。何須差恥。且休浪語。

とあるように、不比等長子の武智麻呂も、内舎人として官人としての歩みを始めた。その際、文武からは、「お前の家は帝室を救い、勲功は策書に載せている。この爵は栄誉なものではないが、今、新たに律令を制し、国や人を斉整しようとしている。律令の条章によって、この爵を賜うのである」と格別な詔を賜わり、家令（不比等の家政機関の長官）が「この家の嫡子が、どうしてこの爵なのか」と憤ると、不比等は、「今、国家は新たに法令を制したので、この爵をこの児に賜わったのだ。どうして恥じることがあろうか」と言って諫めたとある。まさに新時代に立ち向かう藤原氏の姿を象徴したやりとりである。

先に述べたように、律令蔭位制は藤原氏に有利なように唐制を改変して制定された。『藤氏家伝 下』にある「三公の子（鎌足の子孫）として別勅によって正六位上に叙された」というのが、蔭位制の適用に相当するが、三位である不比等の嫡子だと従六位上になるのに対し、一位である鎌足の嫡孫となると正六位上となる。ここでわざわざ「別勅によって」とあることは、もしかしたらこれが、鎌足の大織冠が正一位に相応するという、「別勅」による解釈なのかもしれない。

また、鎌足の「勲功が策書に載せられている」とあるのは、後に述べる「しのびごとの書」にも関わる、藤原氏の特権に関する王命を記した書のことなのであろう。

さらには、大宝令制では太上天皇を法制化したことも、見逃すことのできない措置である。すでに文武が即位して以来、文武の経験不足のゆえでもあろうか、日本古代の王権は、天皇個人のみに権力を集約させず、天皇、それに親権を及ぼす太上天皇、天皇生母、天皇生母の近親者（外戚）などから構成させることとし、「天皇家の長」の主導の

下、それらによる共同統治を行なうというような形態を取った。

特に、太上天皇という制度は、養老儀制令・天子条に、天子・天皇・皇帝・陛下・太上天皇・乗輿・車駕というように、並べて規定され（ちなみに、太上天皇とは、「譲位の帝に称する所」とされている）、養老儀制令・皇后条に、

凡皇后皇太子以下、率土之内、於天皇太上天皇上表、同称臣妾名。〈対揚称名。〉皇后皇太子、於太皇太后皇太后、率土之内、於三后皇太子上啓、称殿下。自称皆臣妾。〈対揚称名。〉

と規定されているように、天皇と同格の君主として扱われ、天皇大権を行使することとなる、法制化された地位であった（大宝儀制令でも、ほぼ同文であったとされる）。

これは中国の太上皇・太上皇帝とは異なる、日本独自の制度であるが、(3) もちろん、持統と文武の権力行使の実体を反映させて、大宝律令で制定されたものであろう。(4)

最初の太上天皇となった持統と直系の孫にあたる文武天皇との共同統治は、元明即位宣命に、

詔曰、……関母威岐藤原宮御宇倭根子天皇、丁酉八月尓、此食国天下之業乎、日並所知皇太子之嫡子、今御宇豆留天皇尓授賜而、並坐而此天下乎治賜比諧賜岐。……

（詔して曰はく、「……関くも威き藤原宮に御宇しし倭根子天皇、丁酉の八月に、此の食国天下の業を、日並所知皇太子の嫡子、今御宇しつる天皇に授け賜ひて、並び坐して此の天下を治め賜ひ諧へ賜ひき。……」）

とあるが、(5) 太上天皇制創始の目的が、持統の親権（と天皇としての経験）によって文武を後見し、共に政治にあたることであったことは疑いのないところであろう。

なお、法制上は天皇と太上天皇とが同格とはいっても、太上天皇が天皇に対する親権行使者である場合（つまり、直系の尊属である場合）、太上天皇の方が天皇よりも強い発言権を持つのは自然なことであるし、太上天皇が天皇に対して直接に教唆や指導を行なうということも、しばしば起こり得たことだったであろう。

実際、持統太上天皇は大宝二年十月から十一月にかけて行なった伊賀・伊勢・美濃・尾張・三河への東国行幸において、各地で太上天皇として天皇大権を行使し、叙位・改賜姓・賜封を行ないながら、壬申の乱のルートを三たびたどっている。なお、行幸に出立したのは十月十日であったが、それは大宝律令を諸国に頒下する四日前のことであった。

十一月二十五日に還御した持統は、十二月十三日に不予となり、十二月二十二日、ついにそのまま波瀾万丈の生涯を五十八歳で閉じた。前年に宮子が文武皇子の首（後の聖武天皇）、県犬養三千代が不比等との間に安宿媛（後の光明子）を産み、大宝律令が諸国に頒下されるのを見届けての最期であった。

大宝三年十二月、持統の殯宮に最後の誄が奉られ、大倭根子天之広野日女尊（大倭の国の中心となって支える広野姫尊）という和風諡号が贈られた。その日、飛鳥の岡（現明日香村岡）において火葬に付され、遺骨は天武の「大内山陵」（現明日香村野口の野口王墓）に合葬された。

さて、持統の「大倭根子天之広野日女尊」という和風諡号は、かなり早い時期に改変されたようである。『日本書紀』や『続日本紀』巻第一の文武天皇即位前紀には、「高天原広野姫天皇」と見えるのである。「大倭根子天之広野日女尊」という諡号が見えるのは『続日本紀』の巻第三で、大宝三年当時の原史料をそのまま記したものであり、「高天原広野姫天皇」はそれから十七年後の養老四年（七二〇）に撰進された『日本書紀』の編纂過程で改変されたものと考えるべきであろう。『続日本紀』巻第一の文武天皇即位前紀の方は、『続日本紀』の編纂過程で、改変された諡号を用いたものであろう。

問題は、「大倭国の中心となって支える」という意味の「大倭根子」から改変された、「高天原」という語である（なお、「広野」の方は、「鸕野」または「讃良」という諱に由来するとされる）。もとより確証のあるものではないが、このころ、高天原神話が成立したと考えれば、持統をその中心に据えようという動きがあったものかとも考えられよう。

よく指摘されるところであるが、天照大神が、子の天忍穂耳尊を地上に降臨させようとしたものの、その夭折に

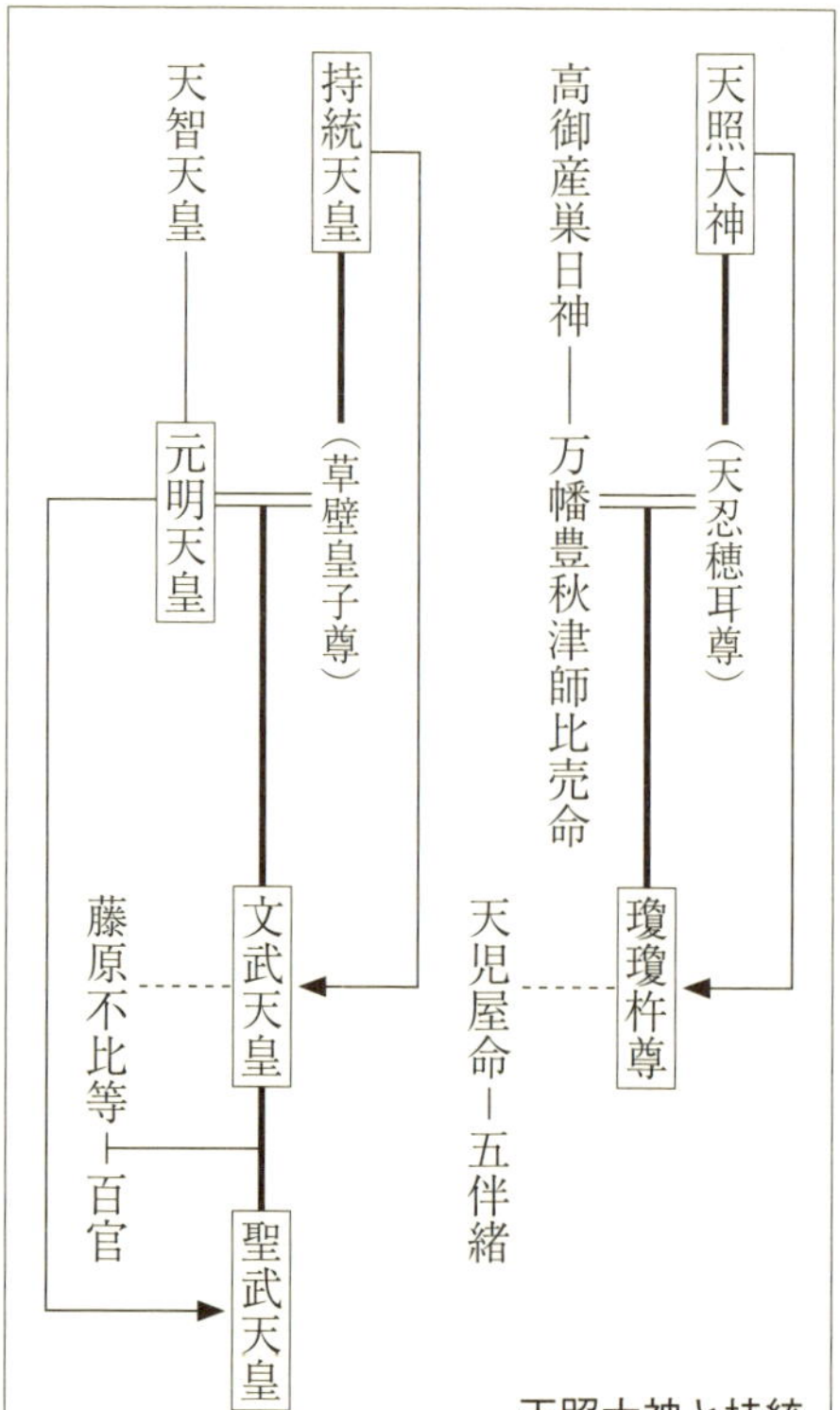

天照大神と持統

よって果たせず、天忍穂耳尊と万幡豊秋津師比売命との間に生まれた天孫の瓊瓊杵尊を降臨させ、それを天児屋命が五伴緒を率いて随伴するという構造は、持統が、子の草壁皇子尊を即位させようとしたものの、その夭折によって果たせず、草壁皇子と阿陪皇女との間に生まれた孫の文武を即位させ、それを藤原不比等が百官を率いて輔弼するという構造と同じものである。[6]

さらに言えば、文武の夭折を承けて、自らの孫である聖武天皇を即位させようとする元明天皇にも重なるものであり、『日本書紀』が完成したのが元明の時代であることを思うとき、これはたんなる偶然ではすまされない問題であろうと思われるのである。そして聖武以降には、宮子と光明子を通じて、天皇家には藤原氏の血が入り込んできている。藤原氏はすでに、王権に随伴するだけの立場にとどまらず、王権の中に入り込んだ氏族という構造となっているのである。

慶雲元年（七〇四）正月、不比等は従二位に叙され、[7]前年に右大臣阿倍御主人が死去したのを承けて、石上麻呂が右大臣に任じられた。不比等はその下風に立つことになり、この月に賜わった封戸も、麻呂が二千一百七十戸であったのに対し、不比等は八百戸に過ぎなかった。ただし、廟堂における発言力は、また別の問題であった。

もっとも、翌慶雲二年五月、不比等は病悩したようで、『公卿補任』には、

五月大納言藤原朝臣臥病。詔賜度者廿人〈是賜度者之始也。〉。兼以布四百端。米八十石。施京諸寺。

と見える。(8) この慶雲二年十月に「宮城東第」において、鎌足の始めた山階寺の維摩会を復興したと伝えられるのも、(9)この病悩と関係があるのかもしれない。

それに加えて、文武朝に頻発した旱魃・霖雨、飢饉・疫癘、台風・大潮、そして蝗害により、律令制の運用は早くも大きな岐路を迎えていた。もともと、律令体制の建設自体が、激動の北東アジア世界に対応するための軍事国家を作るための権力集中の一環だったわけであるが、当時の倭国（および日本）の国力や社会の成熟度から考えると、無理のある制度であった。しかも、それが完成した大宝元年にはすでに戦争の危機は消滅していたのであるから、もっと身の丈に合った国家を作ればよさそうなものであったが、一度スタートしてしまった国家プロジェクトを軌道修正することはできなかったのであろう。

この国家危機に対応するために律令国家が講じた方策は、平城京への遷都であった。慶雲四年二月、文武は王臣五位以上を集め、遷都について議させている。(10) もちろん、慶雲三年十一月から病床にあった文武の背後に不比等の意志が存在したであろうことは、古くから説かれているとおりであろう。後の平城遷都詔で、元明が、「衆議難忍、詞情深切」と言っているが、(11)「衆議」が不比等主導のものであったことは想像に難くない。

四月、不比等は莫大な量の封戸を賜わった。『続日本紀』に載せる恩詔は、

詔曰、天皇詔旨勅久。汝藤原朝臣乃仕奉状者今乃未尓不在。掛母畏支天皇御世々々仕奉而、今母又、朕卿止為而、以明浄心而、朕乎助奉仕奉事乃、重支労支事乎所念坐御意坐尓依而、多利麻比氏夜々弥賜閉婆、忌忍事尓似事乎志奈母、常労弥重弥所念坐久止宣。又難波大宮御宇掛母畏支天皇命乃、汝父藤原大臣乃仕奉賈流状乎婆、建内宿禰命乃仕奉覃流事止同事叙止勅而、治賜慈賜賈利。是以令文所載多流乎跡止為而、随令長遠久、始今而次々被賜将往物叙止、食封五千戸賜久止勅命聞宣。

〈詔して曰はく、「天皇が詔旨らまと勅りたまはく、汝藤原朝臣〈不比等〉の仕へ奉る状は今のみに在らず。掛けまくも畏

き天皇〈天武・持統〉が御世御世仕へ奉りて、今もまた、朕〈文武〉が卿と為て、明き浄き心を以て、朕を助け奉り仕へ奉る事の、重しき労しき事を念ほし坐す御意坐すに依りて、たりまひてややみ賜へば、忌み忍ぶる事に似る事をしなも、常労しみ重しみ念ほし坐さくと宣りたまふ。また、難波大宮に御宇しし掛けまくも畏き天皇命〈孝徳〉の、汝の父藤原大臣〈鎌足〉の仕へ奉りける状をば、建内宿禰命の仕へ奉りける事と同じ事ぞと勅りたまひて、治め賜ひ慈び賜ひけり。是を以て令の文に載せたるを跡として、令の随に長く遠く、今を始めて次々に賜はり往かむ物ぞと、食封五千戸賜はくと勅りたまふ命を聞きたまへと宣る」とのたまふ。）

というもので、[12]不比等が仕奉してきたのは天武・持統朝以来のことで、また父鎌足が仕奉した様子は建内宿禰と同じであるということで、食封五千戸を賜うというものである。不比等はこれを辞し、三千戸を減じて二千戸を賜わり、うち一千戸は子孫に伝えることを許された。

『尊卑分脈』には、

慶雲四年、文武天皇殊恩拝太政大臣。公固辞不受。

という伝が見える。[13]その史実性は明らかではないが、死の床にあった文武が、首皇子の後見として、大納言の不比等をさらに高い地位（右大臣くらいか）に就けるという意志を示したことは、あり得ない話ではない。ただし、不比等はそれを固辞した。大納言から太政大臣に上るというのも、無理のある設定である。太政大臣では職掌が明確ではなく、太政官の制覇という不比等の基本方針とは相容れなかったことによるものであろう。

先にも触れた、「黒作懸佩刀一口」についての「東大寺献物帳」の記載であるが、

右　日並皇子常所佩持賜太政大臣。大行天皇即位之時便献。大行天皇崩時亦賜。太臣太臣薨日更献後太上天皇。

という経緯、つまり草壁が死去時に刀を史（不比等）に下賜し、史が珂瑠（軽）王（文武）の即位時に文武に献上し、文武が死去時に不比等に下賜し、不比等が死去時に首皇子（聖武）に献上したという話のうち、もしも事実を伝えて

いる部分があるとすると、文武が死去時に不比等に下賜したというところから、実際には始まったのではないかとも思える（すべてが後の附会であった可能性の方が高いと思うのであるが）。

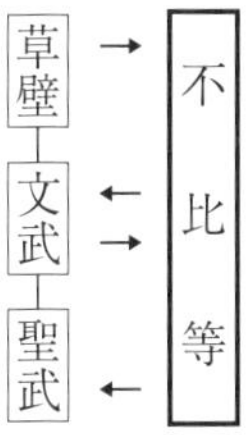

佩刀の移動

文武は二箇月後の六月に二十五歳で死去し、七月に生母の阿陪皇女が即位した（元明天皇）。この時以降、不比等は外孫である首皇子の即位を待望し、それを肯んじない勢力との攻防が始まることとなる。

和銅元年（七〇八）正月の和銅改元の後、不比等は正二位に叙され、二月の平城遷都の詔を経て、三月に右大臣に任じられた。[14] 上位に六十九歳の左大臣石上麻呂が存在したものの、これで五十一歳の不比等は実質的に太政官を制覇したことになる。藤原氏の大臣は、死去直前の鎌足の「内大臣」を除けば、実質的にはこれがはじめてで、中臣氏を加えても、天智十年体制の右大臣中臣金以来、二人目のことであった。なお、この日、（元）同族の中臣意美麻呂が中納言に任じられている（中納言は慶雲二年に復活していた）。

右大臣としての不比等が史料に現われるのは、和銅二年に新羅使を弁官庁内で引見した際のものである。[15]

新羅国使、自古入朝、然未曾与執政大臣談話。而今日披晤者、欲結二国之好成往来之親也。

と、「未だ曾て執政の大臣が新羅国使と談話したことはない」いう不比等の言葉に対し、新羅使は座を降って拝礼し、その喜びを答えたと、『続日本紀』は記す。新羅を古来の朝貢国と位置付けるという日本律令国家の外交的立場に立った例である。[16]

この間、不比等長子の武智麻呂は、『藤氏家伝　下』によれば、中判事をはじめとして大学助・大学頭・図書頭・侍従といった文官を歴任していたが（中判事は病によって辞任していたが）、次子の房前は、大宝三年に東海道巡察使として派遣された他、和銅二年にも東海・東山道に派遣されて三関の検察にあたるなど(17)、正官には就かずに独自の歩みを始めている。この二人の息男の官歴については、不比等の考えに基づくものなのであろうか。

なお、慶雲元年に武智麻呂の長子豊成、慶雲三年に次子仲麻呂が生まれている（母は共に右大臣阿倍御主人の孫女貞媛）。房前にも慶雲初年に長子鳥養が生まれている（母は春日蔵老の女）。藤原氏も第四世代が誕生してきているのである。なお、他に房前は牟漏女王（橘三千代の女）も妻にしており、宇合は左大臣石上麻呂の女と結婚している。牟漏女王は父系では美努王の女ということになり、大王敏達の四世王に過ぎないものの、養老継嗣令・王娶親王条では四世王皇親の女性と諸臣との婚姻は禁止されており、ここに藤原氏が特別な氏族であることが示されたことになる。

そして和銅三年三月、平城京への遷都が行なわれた。左大臣石上麻呂を留守として藤原の地に残してのことであった(18)。この平城京は、大宝の遣唐使が見聞した唐の長安に倣って、『周礼』に基づく藤原京を現実の中国都城に近付けたという側面も、確かにあるのであろう。それはそれとして、私にはむしろ、平城宮の東張出部分と、平城京の東張出部分にこそ、不比等の主導によって造営された平城京の眼目が存在すると思われるのである。

平城宮の東張出部分は『続日本紀』に見える「東宮」「東院」であるが、その南半には皇太子の宮殿が造営された。もちろん、首皇子のために不比等が設けたものである。そしてその東端に隣接して、不比等邸が造営された。後に光明子に相続され、法華寺となる地である。不比等邸と東宮とは門で行き来ができるように造られており、両者の密接な関係が窺える。ただ、すでに藤原京でも、藤原宮跡東面北門から「右大殿」と記された木簡が出土していること(19)から、不比等の「城東第(20)」も藤原宮の東隣に存在した可能性もある。

一方、平城京の東張出部分は、一般には「外京」と称されるが、私はこの部分は造営当初から計画されていたと考えているので、むしろ「東京」とでも称した方がいいのではないかと思っている。この部分に造営された主要な施設は、和銅三年に厩坂寺を移築して造られた興福寺である。(21)後に南側に石川氏（元の蘇我氏）の氏寺である元興寺が造営されるが、元興寺が平城京に移転したのは養老二年のことであり、平城京造営当初には、興福寺こそ、この「東京」の中心施設であった。それは平城宮の地よりも高い位置にあり、平城宮を見下ろすことができたのである。不比等の思いは、いかなるものだったのであろうか。

明けて和銅四年、三月に上野国多胡郡が置かれた。その際、建郡の由来を記した「建多胡郡弁官碑（多胡碑）」が建てられたが、そこでは「太政官二品穂積親王」には付されていない尊称「尊（みこと）」が、「石上尊」「藤原尊」と石上麻呂と藤原不比等にのみ付され、しかも「石上尊」は小さく、「藤原尊」は尋常ならざる大きさで記されているのである（面積では「石上尊」の一・九二倍）。この碑を記した人物の政治認識は、中央政府におけるそれを鋭敏に写し取ったものなのであろう。(22)

七月には、律令制の貫徹を命じた詔が出された。(23)

張設律令、年月已久矣。然纔行一二、不能悉行。良由諸司怠慢不存恪勤、遂使名充員数空廃政事。若有違犯、而相隠考第者、以重罪之、无有所原。

律令を制定してから何年にもなるが、わずかに一、二のみ行なえて、すべてを行なうことはできない、という内容に、不比等はいかなる思いを込めたのであろうか。この詔は、その原因を諸司の怠慢に求め、精勤を命じている。律令制そのものの矛盾に思い至ることはなく、不比等はやがて、新しい律令の編纂に進んでいくことになる。

和銅六年十一月、唐突に次のような決定がなされた。(24)

貶石川・紀二嬪号、不得称嬪。

この不可解な記事に最初に着目された角田文衞氏は、首皇子を擁する不比等や三千代の執拗にして巧妙な術策によって二嬪は貶黜され、石川刀子娘の産んだ広成・広世の二皇子は皇籍を剥奪されたと推測された。(25)

後に高円朝臣に改姓された元文武皇子の石川広成と広世とは、同一人物の可能性もあるが、石川嬪所生の文武皇子から皇位継承権を奪うために、石川刀子娘を嬪の位から貶すという陰謀が存在したという角田説の大筋を認めるならば、この事件の黒幕が不比等と三千代であったという推測も首肯すべきである。

広成皇子の皇籍を剥奪して最大の障碍を除外した不比等は、翌和銅七年六月、あまりに怪しいタイミングで、元服した首皇子の立太子に成功している。(26)

蘇我氏は大王家の母方氏族として、また大化前代における唯一の大臣氏族として、その尊貴性を大化以降も認められていた。(27) その認識は、律令制の時代に至ってもなお、旧守的な氏族層、あるいは皇親の間に残存していた可能性が強い。皇女所生の文武皇子が得られないのならば、藤原氏の産んだ皇子と、蘇我氏（石川氏）の産んだ皇子とのいずれかを皇嗣としなければならない場合、必ずしも藤原宮子所生の首皇子を推す者ばかりではなかったであろうことは、想像に難くない。

また、元明天皇や御名部内親王・氷高内親王（後の元正天皇）・吉備内親王ら、蘇我氏の血を濃く引く天皇家の女系皇族が、二人の皇子のどちらに強いミウチ意識を抱いていたかは、一概には論じられない問題である。こうして、持統―不比等（三千代）による、文武―首皇子への直系皇位継承路線と、蘇我系皇族（たとえば氷高や吉備、長屋王、吉備と長屋王との間に生まれた三人の王、長屋王と石川夫人との間に生まれた桑田王など）への皇位継承を模索する路線との間に、微妙な雰囲気が生じてきても、不思議はないものと思われる。

不比等と三千代は、これらのうちでもっとも蘇我氏の血の濃かった広成皇子を排除したことになり、以後は首皇子の擁立を急ぐ勢力と、他の蘇我系王族の擁立をも視野に入れる勢力との綱引きが始まることとなる。そしてもちろん、蘇我系王族のなかでもっとも尊貴な血を有していた男子が、長屋王とその男子ということになる。

さらに付け加えるならば、他氏所生の皇子を除いていくという、この藤原氏の手法は、これ以後ますます皇位継承

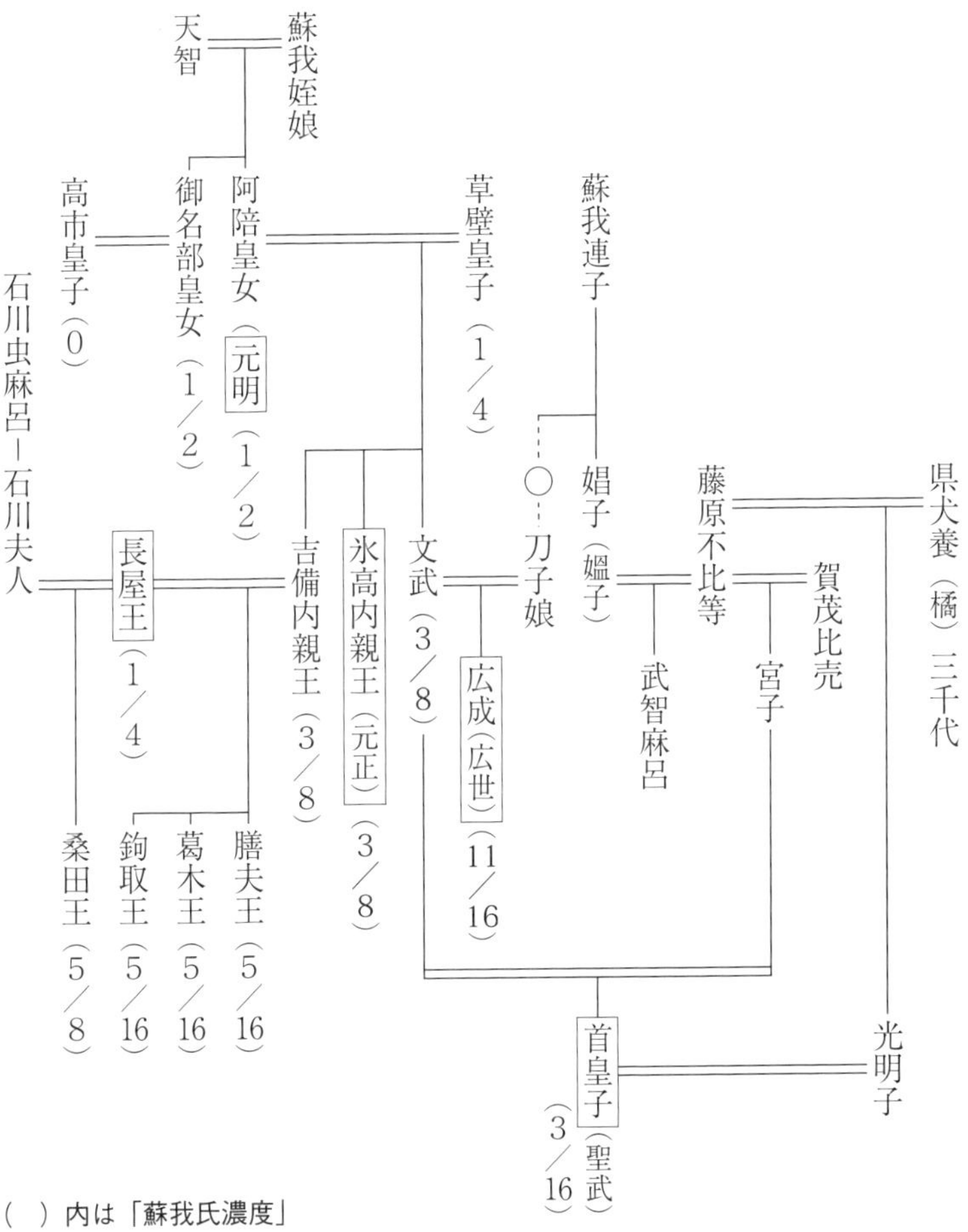
天智
蘇我姪娘
高市皇子（0）
御名部皇女（1／2）
阿陪皇女（元明）（1／2）
草壁皇子（1／4）
蘇我連子
石川虫麻呂－石川夫人
長屋王（1／4）
吉備内親王（3／8）
氷高内親王（元正）（3／8）
文武（3／8）
○
刀子娘
娼子（媼子）
藤原不比等
県犬養（橘）三千代
賀茂比売
広成（広世）（11／16）
武智麻呂
宮子
桑田王（5／8）
鉤取王（5／16）
葛木王（5／16）
膳夫王（5／16）
首皇子（聖武）（3／16）
光明子

（　）内は「蘇我氏濃度」

者の数を減少させることになり、自らの首を絞めていくことになる。奈良朝の政変劇の要因は、すでに胚胎していたのである。(28)

翌霊亀元年（七一五）の元日、首皇太子ははじめて礼服を着して拝朝を行なった。(29)蝦夷や南島が方物を貢上し、東の空には慶雲が現われ、諸国から白狐や白鳩が献上されるなど、一見すると即位への道が開かれつつあるかのように見えるのであったが、事態はそれほど簡単にはいかなかった。

この年の九月、元明は皇位を皇女（文武の姉）の氷高内親王に譲ったのである（元正天皇）。その譲位詔では、

因以此神器、欲譲皇太子、而年歯幼稚、未離深宮。庶務多端、一日万機。

と語られ、(30)首皇太子が幼稚で、深宮を離れていないことを、元正即位の理由としている。この年、首皇太子は十五歳。文武の即位年齢と同じである。皇太子の即位が見送られるというのは異例の事態であり、藤原氏所生天皇の誕生に対する反発が大きかったことに、不比等や元明が配慮したのであろう。元正に譲位した際、元明は元正に対し、「不改常典」のままに首皇太子に皇位を伝えるよう教示している。(31)

霊亀二年八月、遣唐使が任命されたが、その副使に不比等三男で二十三歳の馬養（宇合）が任じられた。(32)馬養は正六位下から従五位下に位階を進められている。(33)この遣唐使は養老元年二月に神祇を蓋山（春日山）の南に祠り、(34)下道真吉備（後の吉備真備）や阿倍仲麻呂らの留学生や玄昉らの留学僧を従えて発遣された。三男の最初の官歴を遣唐使とした不比等の思いも、推して知るべきであろう。なお、この遣唐使に加わった大倭小東人（後の大和長岡）が、律令を補訂するために唐の新政を学ぶという任務を帯びていたという推定(35)は、正鵠を射たものであろう。

なお、この霊亀二年、不比等三女の安宿媛（光明子）と、県犬養唐の女の広刀自が、首皇太子の妃となった。広刀自は、後宮に大きな勢力を持ち、不比等の室で安宿媛の母である三千代の近親者である。その入内は、安宿媛が皇子を産まない場合のスペアとして、同じ三千代の近親者を首皇太子に配したのであろう。自己の擁する皇統の存続に賭

ける両者の並々ならぬ意志が読み取れる。

安宿媛が首皇太子の妃となった際のいきさつは、後に光明子に立てられる際の宣命に、元明の言葉として語られている。(36)

「女止云波婆等美夜我加久云。其父侍大臣乃、皇我朝乎助奉輔奉氏、頂伎恐美供奉乍、夜半暁時止休息事無久、浄伎明心乎持氏、波波刀比供奉乎所見賜者、其人乃宇武何志伎事款事乎送不得忘。我児我王、過無罪無有者、捨麻須奈、忘麻須奈」

(「女と云はば等しみや我がかく云ふ。其の父と侍る大臣〈不比等〉の、皇我朝を助ひ奉り輔け奉りて、頂き恐み供へ奉りつつ、夜半・暁時と休息ふこと無く、浄き明き心を持ちて、ははとひ供へ奉るを見し賜へば、其の人のうむがしき事款き事を送に得忘れじ。我が児我が王、過無く罪無く有らば、捨てますな、忘れますな」)

父である不比等の輔政における忠勤が悦ばしく忘れがたいので、この女を捨てるな、忘れるな、と言われても、何と答えればいいのか、困ったことであろう。

続いて時期は明らかではないが、二女の長娥子が長屋王、四女の多比能が葛城王（後の橘諸兄）、五女が大伴古慈斐と結婚している。不比等は有力者のあらゆる方面に姻戚関係を結んでいたのである。(37)

養老元年三月、左大臣石上麻呂が死去した。(38)これで不比等は名実共に太政官の第一人者となったことになる。中臣氏・藤原氏を通じて、はじめてのことである。

続いて元正が養老行幸から還御した直後の養老元年十月、従四位下の房前を朝政に参議させるという決定がなされた。(39)この時の議政官構成は、右大臣藤原不比等、中納言阿倍宿奈麻呂という二人のみであり（しかも宿奈麻呂は養老四年に死去してしまうなど、すでに高齢であった）、不比等は地方情勢に明るい房前を加えて強化をはかったのであろう。ここに八年振りに参議が復活したことになるが、これは様々な点で問題をはらんでいた。

第一に、藤原氏から二人の議政官が出たという点である。私は従来、説かれてきたように、一氏族から一人ずつの議政官という構成原理は存在しなかったと考えているが、それでも一つの氏族から二人の議政官を出すというのは、律令制成立後では、はじめての事態である。遡れば、天智十年体制の蘇我赤兄と果安以来のことであるし、さらに前の先例となると、皇極朝の大臣蘇我蝦夷と入鹿、推古朝の大臣蘇我馬子と大夫蝦夷ということになる。どちらも律令制成立以前の例であるし、いずれも大化前代に唯一の大臣家であった蘇我氏であることが特徴なのであるが、ここに藤原氏は蘇我氏と並ぶ地位を獲得したということになろうか。

第二に、不比等の嫡子である武智麻呂ではなく、庶子の房前が参議に任じられたという点である。武智麻呂は図書頭の後、近江守、式部大輔を歴任し、近江守として寺院政策を上奏したりしているが、(40)実直に与えられた官を勤めあげている観がある。位階は従四位上と房前よりも一階上であるが、不比等がこの嫡子よりも房前を選んだことの意味は、奈辺に存したのであろうか。その後も房前は元明太上天皇の信任を受けて内臣となり、強力な権力を手に入れることになる。

第三に、房前の上位には、十名を越える高位者が存在した。翌養老二年三月に大納言に任じられる正三位長屋王、中納言に任じられる従三位多治比池守、従四位上巨勢祖父・大伴旅人などである。これらを差し措いて房前が参議に任じられた背景は、不明と言うほかはない。房前の朝政参議がそれほど急務であったということなのであろうか。あるいは位階の低い房前ならば参議への任命となり、いまだ正官とはなっていない参議に任じることによって連任という批判を避けようとしたとも考えられる。(41)

いずれにせよ、不比等の政治的後継者として房前が選ばれたことは、武智麻呂が議政官に任じられるのが養老五年正月と不比等の死去の後であったことからも明らかであろう。

なお、この養老二年三月の人事では長屋王がいきなり式部卿から大納言に任じられているが、(42)これを「皇親勢力」の台頭と解釈するわけにはいかない。長屋王はすでに不比等二女の長娥子を妻とし、安宿王・黄文王などを儲けていた。長屋王はいわば、不比等の婿という立場を利用し、不比等の枠内で政治に参画していたのである。

『尊卑分脈』によれば、この養老二年にも不比等は元正から太政大臣への任官を命じられたが、固辞して受けなかったとある。(43)「一人（天皇）の師範」などではなく、まだまだ不比等は太政官の首班として、政治の第一線を領導していたかったのであろう。

同じ養老二年の九月、武智麻呂が長屋王の後任の式部卿に任じられた。(44)不比等、そして武智麻呂の思いは、いかなるものだったであろうか。

この年、首皇太子の妃となっていた安宿媛が阿倍内親王を産んだ。後に孝謙天皇となる皇女である。なお、すでに首皇太子は前年、県犬養広刀自から井上内親王を儲けている。王権にとっては、次にどちらが先に皇子を産むかが、当面の課題となったはずである。

年末、遣唐使が一隻の遭難もなく帰国した。宇合も無事に帰国し、翌養老三年正月に正五位上に昇叙されている。なお、この叙位では、武智麻呂が正四位下、房前が従四位上に昇叙されている。(45)

この頃から、大倭小東人（大和長岡）の帰国を承け、不比等が本格的に養老律令の編集に着手したであろうことは、想像に難くない。(46)

その養老三年の正月は、元正が大極殿で朝賀を受けたのだが、その際、武智麻呂と多治比県守が首皇太子を唐礼に準拠して賛引（賛け引くこと）している。(47)

そして六月、首皇太子がはじめて朝政を聴いた。(48)古くは厩戸王子（聖徳太子）や中大兄王子、大友王子、草壁皇子の伝統を引く、有力王族による聴政を、ここに始めたことになる。七月、武智麻呂が東宮傅に任じられている。ただ、十月に、

由是、稽遠祖之正典、考列代之皇綱、承纂洪緒、此皇太子也。然年歯猶稚、未閑政道。

とあり、皇位を嗣ぐのは皇太子だが、未だ稚く（すでに十九歳だが）、政道に閑っていないとして、舎人・新田部親王に首皇太子の補佐を命じる詔が出されているのは、六月以来の首皇太子の聴政の実績に対する評価によるものなのであろう。[49]

養老四年が明けた。正月から白虹が南北に天を渡り、[50]熒惑（火星）が逆行するなどの怪異が現われ、[51]二月には隼人の叛乱が勃発した。[52]

そして三月、勅して三百二十人を得度し出家させたり、[53]不比等に授刀資人三十人を加えたりしているのは、[54]すでに不比等が病床にあり、その病気平癒を祈るためだったのであろう。[55]四月以来、『続日本紀』に現われる施策の急激な減少が不比等の病状の進行を物語るという考えもある。[56]

そのような状況の中、もしかしたら不比等の存命中に間に合わせようとしたのか、五月に『日本書紀』が完成して奏上された。[57]不比等は『日本書紀』の編纂に強く関与したと考えられるが、その『日本書紀』では、中臣氏が排仏派として描かれ、非難の対象となっている。この中臣鎌子（鎌足とは別の人物）や中臣磐余、中臣勝海といった排仏派は、鎌足の祖である常磐系とは異なり、中臣氏本流の方である。不比等にとっては、もはや中臣氏は同族として認識していなかったのであろう。

八月に入り、『続日本紀』に正式に不比等病悩の記事が現われる。一日、度者三十人を賜わったうえで、元正は、

右大臣正二位藤原朝臣疹疾漸留、寝膳不安。朕見疲労、惻隠於心。思其平復、計無所出。宜大赦天下、以救所患。

という詔を下し、大赦を行なった。[58]翌日には都下四十八寺に薬師経を読ませ、官戸十一人を免して良民とし、奴婢一十人を除いて官戸とするなどの措置が執られた。[59]

しかし、それらの甲斐もなく、八月三日、不比等は死去した。[60]六十三歳。

是日、右大臣正二位藤原朝臣不比等薨。帝深悼惜焉。為之廃朝、挙哀内寝、特有優勅。弔賻之礼異于群臣。大臣、

近江朝内大臣大織冠鎌足之第二子也。

というのが、『続日本紀』の記事である。

『公卿補任』の頭書には、「十月八日に火葬して、遺教に従って佐保山の椎山岡に葬った」とある。この墓は、『延喜式』諸陵寮には、

多武岑墓　贈太政大臣正一位淡海公藤原朝臣、在大和国十市郡、兆域東西十二町、南北十二町、無守戸。

とあるが、先に鎌足の箇所で述べたように、鎌足と不比等の墓をめぐって、『延喜式』の時代にはかなり混乱していたようである。

佐保山の椎山岡というと、外京（東京）の北辺あたり、現聖武天皇佐保山南陵や現仁正皇太后（光明皇后）陵が治定されている丘陵の西側あたりであろう。鴻池古墳群と呼ばれる古墳群の中に、聖武陵陪塚い号「5B－36」が西淡海公古墳、聖武陵陪塚ろ号「5B－39」が東淡海公古墳と通称されているほか（野淵竜潜『大和国古墳取調書』〈一八九三年〉は『山陵廻日記』を引用し、い号を火葬地、ろ号を墓所とする）[61]、すでに奈良気象台への進入路によって消滅した奈良気象台古墳を想定する意見もあるが、いずれにせよ、確証のある話ではない。

十月、大納言長屋王と中納言大伴旅人を不比等邸に遣わし、太政大臣正一位が贈られた。[61]これで不比等の孫の世代も、一位の孫として出身できることになったのである。

以上のように、不比等は首皇太子の即位を見ることなく、死去してしまった。しかし、その生涯において、律令国家を完成させ、律令天皇制（および太上天皇制）を確立し、それにもまして、藤原氏の輔政を永続化する基礎を固めた。いずれも持統との協力によるものであろうが、この古代国家の枠組みの確定が、その後の日本の歴史に与えた影響は、きわめて大きなものであった。

それは単に藤原氏の栄華の継続にとどまるものではなく、日本の権力行使の有り様や、意志決定システムの様相、

地位継承に関する構造など、政治や社会のあらゆる方面に及ぶものである。「この国のかたち」を作った原初は、まさに不比等と持統にあったと言えるのである。

なお、興福寺の北円堂は、不比等の一周忌にあたる養老五年八月に元明と元正が建立したものである。

註

（1）『続日本紀』文武四年六月甲午条。
（2）『続日本紀』大宝元年六月癸卯条。
（3）春名宏昭「太上天皇制の成立」（『史学雑誌』第九九巻—第二号掲載、一九九〇年）。
（4）倉本一宏『持統天皇と皇位継承』（前掲）。
（5）『続日本紀』慶雲四年七月壬子条。
（6）遠山美都男『古代の皇位継承』（吉川弘文館、二〇〇七年）、倉本一宏『持統天皇と皇位継承』（前掲）。
（7）『公卿補任』慶雲元年。
（8）『公卿補任』慶雲二年。
（9）『政事要略』年中行事・十月維摩会始、『類聚三代格』二経論并法会請僧事所引天平九年三月格。
（10）『続日本紀』慶雲四年二月戊子条。
（11）『続日本紀』和銅元年二月戊寅条。
（12）『続日本紀』慶雲四年四月壬午条。
（13）『尊卑分脈』「摂家相続孫」所引「不比等伝」。
（14）『続日本紀』和銅元年三月丙午条。
（15）『続日本紀』和銅二年五月壬午条。

(16) 倉本一宏『戦争の日本古代史』（前掲）。
(17) 『続日本紀』和銅二年九月己卯条。
(18) 『続日本紀』和銅三年三月辛酉条。
(19) 「藤原宮木簡」三―一二三六（国立文化財機構奈良文化財研究所編『藤原宮木簡 三』、国立文化財機構奈良文化財研究所、二〇一二年）。
(20) 『扶桑略記』慶雲三年十月条。
(21) 『政事要略』年中行事・十月所引「興福寺縁起」。
(22) 倉本一宏「多胡碑の官名記載・人名記載について」（あたらしい古代史の会編『東国石文の古代史』所収、吉川弘文館、一九九九年）。
(23) 『続日本紀』和銅四年七月甲戌朔条。
(24) 『続日本紀』和銅六年十一月乙丑条。
(25) 角田文衞「首皇子の立太子」（『角田文衞著作集 第三巻 律令国家の展開』所収、法蔵館、一九八五年、初出一九六五年）。
(26) 『続日本紀』聖武天皇即位前紀。
(27) 倉本一宏『蘇我氏』（中央公論新社、二〇一五年）。
(28) 倉本一宏『奈良朝の政変劇』（吉川弘文館、一九九八年）。
(29) 『続日本紀』霊亀元年正月甲申朔条。
(30) 『続日本紀』霊亀元年九月庚辰条。
(31) 『続日本紀』聖武天皇即位前紀。
(32) 『続日本紀』霊亀二年八月癸亥条。
(33) 『続日本紀』霊亀二年八月己巳条。

(34)『続日本紀』養老元年二月壬申朔条。
(35)上田正昭『藤原不比等』(前掲)。
(36)『続日本紀』天平元年八月壬午条。
(37)角田文衞「不比等の娘たち」(『角田文衞著作集 第五巻 平安人物志 上』所収、法蔵館、一九八四年、初出一九六四年)。
(38)『続日本紀』養老元年三月癸卯条。
(39)『続日本紀』養老元年十月丁亥条。
(40)『続日本紀』霊亀二年五月庚寅条。
(41)高島正人『藤原不比等』(吉川弘文館、一九九七年)。
(42)『続日本紀』養老二年三月乙巳条。
(43)『尊卑分脈』「摂家相続孫」所引「不比等伝」。
(44)『続日本紀』養老二年九月庚戌条。
(45)『続日本紀』養老三年正月壬寅条。
(46)『令義解』附録「応撰定令律問答私記事」、『類聚三代格』一、『弘仁格式』序。
(47)『続日本紀』養老三年正月辛卯条。
(48)『続日本紀』養老三年六月丁卯条。
(49)『続日本紀』養老三年十月辛丑条。
(50)『続日本紀』養老四年正月甲子条。
(51)『続日本紀』養老四年正月庚午条。
(52)『続日本紀』養老四年二月壬子条。
(53)『続日本紀』養老四年三月癸亥条。

(54)『続日本紀』養老四年三月甲子条。臣下として武装資人を賜わるのは、これが初例とされる。
(55) 黛弘道「藤原不比等」(『人物日本の歴史 一』所収、小学館、一九七四年)。
(56) 高島正人『藤原不比等』(前掲)。
(57)『続日本紀』養老四年五月癸酉条。
(58)『続日本紀』養老四年八月辛巳朔条。
(59)『続日本紀』養老四年八月壬午条。
(60)『続日本紀』養老四年八月癸未条。
(61)『国史大辞典 第十二巻』(吉川弘文館、一九九一年)「多武峯墓」(猪熊兼勝氏の執筆による)。
(62)『続日本紀』養老四年十月壬寅条。

第四節　宣命にみる藤原氏

律令官制に拘束されない立場で王権と結び付き、内外の輔政にあたった藤原氏の権臣の存在については、先に少し触れたが、ここでは、奈良時代に出された、主に宣命体の「詔勅」を分析して、この問題を考えていきたい。

先にも述べたように、鎌足が死去する直前の十月十五日、天智は大海人王子を鎌足の許に遣わした。『藤氏家伝 上』では、その際、天智は「非但朕寵汝身而已。後嗣帝王、実恵子孫。不忘不遺、広厚酬答」という恩詔を伝えさせたことになっている。自分(天智)だけではなく、未来の天皇も鎌足の子孫を恵もう、鎌足を本来就くべき官職に任じよう、というものである。

もちろん、これは、後世の藤原氏の特権的な地位を、その成立にまで遡らせて天智に語らせた、仲麻呂の主張である。ただし、藤原氏の内部で、このような主張が伝承されてきた、また天皇家と折に触れて再確認し合っていた可能性も否定できないことになる。

また、武智麻呂が出身する際に、文武から、「お前の家は帝室を救い、勲功は策書に載せている。この爵は栄誉なものではないが、今、新たに律令を制し、国や人を斉整しようとしている。律令の条章によって、この爵を賜うのである」と格別な詔を賜わり、「別勅によって」、大織冠（＝正一位）鎌足の嫡孫として正六位上に叙されたことが、『藤氏家伝 下』に見える。

ここではすでに、「策書」という文書の存在が記されているのであり、藤原氏と天皇家の密約の存在の蓋然性を、（藤原氏内部で）高めている。

これらの例は藤原氏内部で語られてきた（または作られた）ものであるが、これが公的に百官人の前で宣り聞かされたのが、宣命である。さすがに奈良時代前半には、このような性格の宣命は少ないが、奈良時代も後半になると、様々な局面で、藤原氏と天皇家との特別な関係を語る宣命が現われ、人々に読み聞かされることになる。

以下、それらを列挙し、その意味するところを考えてみよう。

・宣命第二詔：不比等に食封を賜う宣命[1]（慶雲四年〈七〇七〉四月十五日）

詔曰、天皇詔旨勅久。汝藤原朝臣乃仕奉状者今乃未尓不在。掛母畏支天皇御世々々仕奉而、今母又、朕卿止為而、以明浄心而、朕乎助奉仕奉事乃、重支労支事乎所念坐御意坐尓依而、多利麻比氏夜々弥賜閉婆、忌忍事尓似事乎志奈母、常労弥重弥所念坐久止宣。又難波大宮御宇掛母畏支天皇命乃、汝父藤原大臣乃仕奉買流状乎婆、建内宿禰命乃仕奉買流事止同事叙止勅而、治賜慈賜買利。是以令文所載多流乎跡止為而、随令長遠久、始今而次々被賜将往物叙止、食封五千戸賜久止、勅命聞宣。

（詔して曰はく、「天皇が詔旨らまと勅りたまはく、汝藤原朝臣〈不比等〉の仕へ奉る状は今のみに在らず。掛けまくも畏き天皇〈天武・持統〉が御世御世仕へ奉りて、今もまた、朕〈文武〉が卿と為て、明き浄き心を以て、朕を助け奉り仕へ奉る事の、重しき労しき事を念ほし坐す御意坐すに依りて、たりまひてやや み賜へば、忌み忍ぶる事に似る事をしなも、常労しみ重しみ念ほし坐さくと宣りたまふ。また、難波大宮に御宇しし掛けまくも畏き天皇命〈孝徳〉の、汝の父藤原大臣〈鎌足〉の仕へ奉りける状をば、建内宿禰命の仕へ奉りける事と同じ事ぞと勅りたまひて、治め賜ひ慈び賜ひけり。是を以て令の文に載せたるを跡として、令の随に長く遠く、今を始めて次々に賜はり往かむ物ぞと、食封五千戸賜はくと勅りたまふ命を聞きたまへと宣る」とのたまふ。）

先にも触れた詔であるが、不比等が仕奉してきたのは天武・持統朝以来のことで、今もまた自分（文武）の重臣として仕奉していることに対して、万一のこと（文武の死）があると報いることができないのを懸念している。また、孝徳は、父鎌足が仕奉した様子は建内宿禰と同じであると仰せられて、冠位を授け、優遇してきた。ここでは禄令を基準として、食封五千戸を賜うというものである。

建内宿禰と景行から仁徳までの五代の大王、鎌足と孝徳、と対応させて、不比等と天武・持統・文武が認識され、それらが同じ仕奉の様であるということで、不比等に封戸が下賜されている。すでに『藤氏家伝 上』で鎌足と建内宿禰の関連が語られているが、天皇家と密着して輔政にあたる権臣という文脈で、蘇我馬子・鎌足・不比等と続く系譜をモデルとして、建内宿禰が造形されつつあったことを示している。

・宣命第七詔：光明子立后宣命(2)（天平元年〈七二九〉八月二十四日）

喚入五位及諸司長官于内裡。而知太政官事一品舎人親王宣勅曰、天皇大命良麻止親王等、又汝王臣等語賜幣止勅久、皇朕高御座尓坐初由利今年尓至麻氏六年尓成奴。此乃間尓天都位尓嗣坐倍伎次止為氏皇太子侍豆。由是其婆婆止在須藤原夫人乎皇后止定賜。加久定賜者、皇朕御身毛年月積奴、天下君坐而年緒長久皇后不坐事母、一豆乃善有良努行尓在。又於天下政置而、独知倍伎物不有。必母斯理幣能政有倍之。此者事立尓不有。天尓日月在如、地尓山川在如、並坐而可有止言事者、汝等王臣等明見所知在。然此位乎遅定米豆良久波、刀比止麻尓母己我夜気授留人乎波、一日二日止択比、十日廿日止試定止斯伊波婆、許貴太斯伎意保伎天下乃事乎夜多夜須久行無止所念坐而、此乃六年乃内乎択賜試賜而、今日今時眼当衆乎喚賜而細事乃状語賜布止詔勅、聞宣。賀久詔者、挂畏支於此宮坐氏、現神大八洲国所知倭根子天皇我王祖母天皇乃、始斯皇后乎朕賜日尓勅豆良久、女止云波婆等美夜我加久云。其父侍大臣乃、皇我朝乎助奉輔奉氏、頂伎恐美供奉乍、夜半暁時止休息事無久、浄伎明心乎持氏、波波刀比供奉乎所見賜者、其人乃宇武何志伎事款事乎送不得忘。我児我王、過無罪無有者、捨麻須奈、忘麻須奈止負賜宣賜志大命依而、加尓加久尓年乃六年乎試賜使賜氏、此皇后位乎授賜。然毛朕時乃未尓波不有。難波高津宮御宇大鷦鷯天皇、葛城曾豆比古女子伊波乃比売命皇后止御相坐而、食国天下之政治賜行賜家利。今米豆良可尓新伎政者不有。本由理行来迹事曾止詔勅、聞宣。

〈五位と諸司の長官とを内裡に喚し入る。而して知太政官事一品舎人親王、勅を宣りて曰はく、「天皇〈聖武〉が大命らまと親王等、また、汝王臣等に語り賜へと勅りたまはく、皇朕高御座に坐し初めしゆり今年に至るまで六年に成りぬ。此の間に、天つ位に嗣ぎ坐すべき次と為て皇太子〈基〉侍りつ。是に由りて其のははと在らす藤原夫人〈光明子〉を皇后と定め賜ふ。かく定め賜ふは、皇朕が御身も年月積りぬ、天下の君と坐して年緒長く皇后坐さぬ事も、一つの善くあらぬ行に在り。また、天下の政におきて、独知るべき物に有らず。必ずもしりへの政有るべし。此は事立つに有らず。天に日月在る如、地に山川在る如、並び坐して有るべしと言ふ事は、汝等王臣等、明らけく見知られたり。然れども此の位を遅く定めつらくは、とひとまにも己がやけ授くる人をば一日二日と択ひ、十日廿日と試み定むとし言はば、こきだしきおほき天下の事をやたやすく行なむと念し坐して、此の六年の内を択ひ賜ひ試み賜ひて、今日今時、眼の当り衆を喚し賜ひて細に事の状語らひ賜ふと詔りたまふ勅を、聞きたまへと宣る。かく詔りたまふは、挂けまくも畏き此の宮に坐して、現神と大八洲国知らしめしし倭根子天皇我が王祖母天皇〈元明〉の、始め斯の皇后を朕に賜へる日に勅りたまひつらく、『女と云はば等しみや我がかく云ふ。其の父と侍る大臣〈不比等〉の、皇我朝を助ひ奉り輔け奉りて、頂き恐み供へ奉りつつ、夜半・

暁時と休息ふこと無く、浄き明き心を持ちて、ははとひ供へ奉るを見し賜へば、其の人のうむがしき事款き事を送に得忘れじ。我が児我が王、過無く罪無く有らば、捨てますな、忘れますな』と負せ賜ひ宣り賜ひし大命に依りて、かくかくに年の六年を試み賜ひ使ひ賜ひて、此の皇后の位を授け賜ふ。然るも、朕が時のみには有らず。難波の高津宮に御宇大鷦鷯天皇〈仁徳〉、葛城曾豆比古が女子伊波乃比売命皇后と御相坐して、食国天下の政を治め賜ひ行ひ賜ひけり。今めづらかに新しき政には有らず。本ゆり行ひ来し迹事そと詔りたまふ勅を、聞きたまへと宣る」とのたまふ。）

これも先に少し触れた。光明子の崩伝[3]によれば十六歳の年、とあるから、霊亀二年のこと、元明が光明子を首皇子に下さり、「女といえばみな同じであるから光明子を妃とせよ、というのではない。この女の父である不比等は自分を助け輔けて、敬い謹んで、夜中や暁も休むことなく丁寧に仕奉してきたのを見てきたので、その人の喜ばしい性格や、勤勉なことが忘れられないので、この忠臣の女に過ちも罪もなければ、お捨てになるな、お忘れになるな」と諭した、というのである。不比等の権臣としての輔翼の功績によってその女が天皇家と姻戚関係を結び、その姻戚関係によって不比等およびその家と天皇家とのミウチ関係がより強固になる、といった重層的な関係強化の様相が窺える。

・宣命第十三詔：陸奥国に黄金出でたる時下し給へる宣命[4]（天平勝宝元年〈七四九〉四月一日）

……是以、王多知大臣乃子等治賜伊自、天皇朝尓仕奉利、婆婆尓仕奉尓波可在。加以、挂畏近江大津宮大八島国所知之天皇大命止之弖、奈良宮大八洲国所知自我皇天皇止御世重弖朕宣自久、大臣乃御世重天明浄心以弖仕奉事尓依弖奈母天日嗣波平安久聞召来流。此辞忘給奈。弃給奈止宣比之大命乎受賜利恐麻利、汝多知乎恵賜比治賜久止宣大命、衆聞食宣。……

（……是を以て王たち大臣の子等治め賜ふいし、天皇が朝に仕へ奉り、ははに仕へ奉るには在るべし。しかのみにあらず、挂けまくも畏き近江大津宮に大八島国所知らしめしし天皇〈天智〉が大命として奈良宮に大八洲国知らしめしし我が皇天皇〈元明・元正〉と御世重ねて朕に宣りたまひしく、「大臣の御世重ねて明き浄き心を以て仕へ奉る事に依りてなも天日嗣は平けく安けく聞こし召し来る。此の辞忘れ給ふな。弃て給ふな」と宣りたまひし大命を受け賜はり恐まり、汝たちを恵び賜ひ治め賜はくと宣りたまふ大命を、衆聞きたまへと宣る。……）

陸奥からの黄金の産出を承けた詔で、諸王と、大臣（特に鎌足・不比等を指す）の子孫たちを厚く処遇することこそ、文武・元明・元正の歴代天皇に仕奉し、母（藤原宮子）に仕奉することに通じる。それのみならず、天智天皇の大命として、元明・元正天皇まで御代を重ねて、自分（聖武）に仰せられたことには、「大臣が御世を重ねて仕奉することこそ、皇位は平安に伝えられるのである。この言葉を忘れるな、棄てるな」と（元正が）仰せられた言葉を承けて、恐れ謹んで、お前たちを恵み治めるということで、位階を授けている。

天智以来、藤原氏の大臣とその子孫を厚く処遇することこそ、皇位の平安につながるということが、代々の天皇によって語り継がれてきたということを根拠として、現在の子孫たちも厚く処遇するというものである。

この時は、合わせて十八人の男性官人と、十四人の女官に叙位が行なわれているが、その内、藤原氏は男が南家の縄麻呂・真従、北家の永手・千尋の四人、女が吉日・袁比良女・駿河古・百能・弟兄子・家子の六人に過ぎない。藤原氏だけに叙位を行なったわけではないにもかかわらず、藤原氏にのみ、叙位の根拠を始祖以来の功績というかたちで読み聞かせている点に、この氏族の特殊性が存在するのであろう。

・宣命第二十五詔　御父母の命を追称し給へる宣命(5)（天平宝字三年〈七五九〉六月十六日）

……又御命坐世、宣久、大保乎波多他仁卿止能味波不念、朕父止、復藤原伊良豆売乎波婆々止奈母念。是以、治賜武倍等止勅止、遍重天辞備申仁依天、黙在牟止為礼止毛止事不得。然此家乃子止毛波朕波良何良仁在物乎夜親王多知治賜夫日仁治不賜在牟止為弖奈母、汝仁冠位上賜治賜夫。又此家自久母藤原乃卿等乎波、挂畏聖天皇御世重弖、於母自岐人乃自門波慈賜比上賜来流家奈利。今又無過仕奉人乎波慈賜比治賜比不忘賜之止宣天皇御命、衆聞食宣。

（……また御命に坐せ、宣りたまはく、大保〈仲麻呂〉をばただに卿とのみは念さず、朕が父と、また藤原伊良豆売〈袁比良女〉をばははとなも念す。是を以て治め賜はむと勅りたまへど、遍重ねて辞び申すに依りて、黙在むとすれども、止む事を得ず。然るに此の家の子ども〈真先・訓儒麻呂・朝獦・小弓麿・薩雄・児従〉は朕がはらからに在る物をや親王たち治め賜ふ日に治め賜はず在らむとしてなも、汝たちに冠位上げ賜ひ治め賜ふ。また此の家じくも藤原の卿等をば、挂けまくも畏き聖の天皇が御世重ねて、おもしき人〈鎌足・不比等〉の門よりは慈び賜ひ上げ賜ひ来る家なり。今また過無く仕へ奉る人をば慈び賜ひ治め賜ひ忘れ賜はじと宣りたまふ天皇が御命を、衆聞きたまへと宣る。）

淳仁天皇が父である舎人親王に崇道尽敬皇帝を追号し、次いで恵美押勝（藤原仲麻呂）とその妻藤原袁比良女を優遇しようとしたが、固辞するので、その子に叙位を行なうことを述べた箇所である。

先にも述べたように、八世紀までの日本古代社会においては、ある個人は父方・母方を通して同時に複数の氏の成員であり得るという「両属性」を有していた。ここでは淳仁が、仲麻呂を「朕が父」、袁比良女を「婆々（母）」、仲麻呂男を「朕が同胞」と呼称し、自分の兄弟を親王として優遇しているのだから仲麻呂男も優遇する、と述べている。

そして藤原氏の官人は、仲麻呂家の者でなくても、代々の天皇が御世を重ねて、重く思われる人（鎌足・不比等）の家以来、優遇してきた家である、ということで、自分も優遇し、忘れないであろうと、叙位を行なっている。

この時、叙位に預かったのは、恵美家の真先・訓儒麻呂・朝獦・小弓麿・薩雄・児従に加えて、藤原氏からは、南家の巨勢麻呂、北家の真楯（八束）・御楯（千尋）・魚名、式家の雄田麻呂の五人である。

この時も、合わせて三十三人の男性官人と、六人の女官に叙位が行なわれているのであるが、藤原氏からは恵美家を加えても男が十人、女が一人に過ぎない。これだけ大層な宣命を宣り聞かせた後で、他氏からこれだけの叙位者を出しているということは、藤原氏の官人に叙位を行なうことよりもむしろ、全官人の前で藤原氏への優遇とその根拠を聞かせ、それを再確認することに目的があったのではないかと考えてしまう。

・宣命第二十六詔：藤原仲麻呂を大師に任じ給へる宣命(6)（天平宝字四年正月四日）

高野天皇口勅曰、乾政官大臣仁方、敢天仕奉倍伎人無時波空久置弖在官尓阿利。然今大保方必可仕奉之止所念坐せ、多能遍重天勅止毛、敢末之時止為弖辞備申、復可受賜物奈利せ波祖父仕奉天麻自然有物乎、知所毛無久、怯久劣岐押勝我得仕奉倍岐官尓波不在、恐止申。可久申須乎、皆人仁之モ辞と申仁依天此官乎波授不給止令知流事不得。又祖父大臣乃明久浄岐心以弖御世累弖天下申給比、朝庭助仕奉利多夫事乎、宇牟我自弥辱止念行弖、挂久毛畏岐聖天皇朝、太政大臣止之弖仕奉止勅祁礼止、数数辞備申多夫仁依弖受賜多波受成尓志事毛悔止念賀故仁、今此藤原恵美朝臣能大保乎大師乃官仁仕奉止授賜夫天皇御命、衆聞食宣。

（高野天皇〈孝謙〉、口づから勅して曰はく、「乾政官の大臣〈太政大臣〉には、敢へて仕へ奉るべき人無き時は空しく置きて在る官にあり。然るに今大保〈仲麻呂〉は必ず仕へ奉るべしと念しませ、多の遍重ねて勅りたまへども、『敢ふましじ』と為て辞び申し、復、『受け賜はるべき物なりせば祖父〈不比等〉仕へ奉りてまし、然有る物を、知れることも無く、怯く劣き押勝がえ仕へ奉るべき官には在らず、恐し』と申す。かく申すを、皆人にしも『いなと申すに依りて此の官をば授け給はず』と知らしむる事得ず。また祖父大臣の明く浄き心を以て御世累ねて天下申し給ひ、朝庭助け仕へ奉りたぶ事を、うむがしみ辱しと念し行して、挂けまくも畏き聖の天皇〈元正〉が朝、太政大臣として仕へ奉れと勅りたまひけれど、数辞び申したぶに依りて受け賜はりたばず成りにし事も悔しと念すが故に、今此の藤原恵美朝臣の大保を大師の官に仕へ奉れと授け賜ふ天皇が御命を、衆聞きたまへと宣る」とのたまふ。）

これは孝謙太上天皇が口頭で宣した勅である。孝謙は何度も仲麻呂に太政大臣への任官を命じたが、その都度、「太政大臣を受けられるものならば、祖父（不比等）が受けていたでしょう」と言って固辞してきた。かつて不比等が何代もの天皇に仕奉してきたことを、うれしいことよ、かたじけないことよと思って、元正が太政大臣に任命すると勅したが、不比等は固辞して受けることなく終わってしまったことを、自分も残念なことと思っていた、という理由で、仲麻呂を大師（太政大臣）に任命する、と言っている。

不比等が固辞したことが残念なので、孫の仲麻呂を任命する、というのは、律令官制の原則をまったく無視した言辞であるが、案外に彼らの心情を衝いたものだったのかもしれない。

宣命体ではないが、ここで不比等を淡海公に封じ、武智麻呂・房前に太政大臣を贈った際の勅を挙げておこう。(7)

勅曰、子以祖為尊。祖以子亦貴。此則不易之彝式、聖主之善行也。其先朝太政大臣藤原朝臣者、非唯功高於天下、是復皇家之外戚。是以、先朝贈正一位太政大臣。斯実雖依我令、已極官位、而准周礼、猶有不足。窃思、勲績蓋於宇宙、朝賞未允人望。宜依斉太公故事、追以近江国十二郡、封為淡海公。余官如故。継室従一位県狗養橘宿禰贈正一位、以為大夫人。又得太師奏状偁、故臣父及叔者、並為聖代之棟梁、共作明時之羽翼。位已窮高、官尚未足。伏願、廻臣所給太師之任、欲譲南北両左大臣者。宜依所請。南卿贈太政大臣、北卿転贈太政大臣。庶使酬庸之典垂跡於将来、事君之臣尽忠於後葉。普告遐迩、知朕意焉。

不比等は功業が高かったのみならず、「皇家の外戚」であったので、先朝は太政大臣を贈った。日本の令ではこれが最高であるが、『周礼』によると、まだ不足している。ということで、斉の太公の故事に准じて近江国十二郡に封して淡海公とする、というものである。また、仲麻呂の父武智麻呂と叔父房前は共に聖代の棟梁、明時の羽翼であり、位階は極めたが官はまだ足りないということで、太政大臣を贈っている。

天皇家に累代后妃を入れ、天皇の外戚となったことが不比等の専権の根拠となっているのである。また、これらの行賞を将来に示すことで、君主に仕える臣下に後代にも忠節を尽くすようにさせると言っていることは、藤原氏の過去が現在にも通じ、それが未来にもつながることを宣言していることになる。

なお、仲麻呂が武智麻呂のみならず、房前にも太政大臣を贈っているということは、自己の恵美家のみならず、藤原氏への優遇が続くことを望んでいることを示している。それほど無視できない房前の功績と、北家の勢力ということなのであろう。

・宣命第三十九詔　大嘗会に御酒を下し給ふ宣命(8)（天平神護元年〈七六五〉十一月二十四日）

詔曰、必人方父我可多母我可多乃能親在天成物仁在。然王多知止藤原朝臣等止方朕親仁在我故仁、黒紀・白紀乃御酒賜御手物賜方久止宣。

（詔して曰はく、「必ず人は父がかた母がかたの親在りて成る物に在り。然るに王たちと藤原朝臣等とは朕が親に在るが故に、黒紀・白紀の御酒賜ひ御手物賜はくと宣りたまふ」とのたまふ。）

大嘗会の豊明節会の巳の日、諸王と藤原氏に御酒と賜物を下給した際の宣命である。称徳天皇（阿倍内親王）にとって、父方の親族である諸王と、母方の親族である藤原氏とは、共に親族であるという認識が示されている。

・宣命第四十詔　藤原永手に右大臣を授け給ふ宣命(9)（天平神護二年正月八日）

詔曰、今勅久、掛畏岐近淡海乃大津宮仁天下所知行之天皇我御世尓奉侍末之之藤原大臣、復後乃藤原大臣尓賜天在留志乃比己止乃書尓勅天在久、子孫乃浄久明伎心乎以天朝廷尓奉侍牟乎波必治賜牟、其継方絶不賜止勅天在我故尓、今藤原永手朝臣尓右大臣之官授賜止勅天皇御命遠、諸聞食止宣。

（詔して曰はく、「今勅りたまはく、掛けまくも畏き近淡海の大津宮に天下知らしめしし天皇〈天智〉が御世に奉侍りましし藤原大臣〈鎌足〉、復後の藤原大臣〈不比等〉に賜ひて在るしのびごとの書に勅りたまひて在らく、『子孫の浄く明き心を以て朝廷に奉侍たむをば必ず治め賜はむ、其の継は絶ち賜はじ』と勅りたまひて在るが故に、今藤原永手朝臣に右大臣の官を授け賜ふと勅りたまふ天皇が御命を、諸聞きたまへと宣る」とのたまふ。）

北家の永手を右大臣に任じた際の宣命であるが、ここでは「しのびごとの書」なる語が語られている。それは天智が鎌足・不比等に下賜したというもので、そこには、「鎌足・不比等の子孫で、浄く明るい心で朝廷に仕奉する者を、必ず相応に処遇する。その家門は絶やさない」と述べられていたというのである。

鎌足・不比等の子孫に格別の待遇を与えることを、すでに天智が確約したことになるが、もちろん、この「書」が実在したかどうかは別問題である。[10] 永手がこの「しのびごとの書」を根拠として大臣に任じられている点が重要なのである。

ただ、先にも述べた鎌足が死去する直前の天智の恩詔や、武智麻呂が出身する際に文武から言われた「策書」と考え併せると、藤原氏と天皇家との、当初は口頭であった密約を、藤原氏内部で徐々に具体化していった決着点が、この「しのびごとの書」であると考えれば、この天平神護二年の段階では、確固として存在したということになるのであろう。

・宣命第四十一詔　舎利を法華寺に請ぜし時下し給へる宣命[11]（天平神護二年十月二十日）

……復勅久、此寺方朕外祖父先乃太政大臣藤原大臣之家仁在。今其家之名乎継天明可仁浄伎心乎以天朝庭乎奉助理仕奉流右大臣藤原朝臣遠婆左大臣乃位授賜比治賜。……

（……復勅りたまはく、此の寺は朕が外祖父先の太政大臣藤原大臣〈不比等〉の家に在り。今其の家の名を継ぎて明らかに浄き心を以て朝庭を助け奉り仕へ奉る右大臣藤原朝臣〈永手〉をば左大臣の位授け賜ひ治め賜ふ。……）

永手が左大臣に任じられた際は法華寺で宣命が読まれた。この寺は不比等の家であったが、永手はその不比等の名を継いで仕奉しているという理由で、左大臣に任じられている。

・宣命第五十一詔　藤原永手を弔賻し給ふ宣命[12]（宝亀二年〈七七一〉二月二十二日）

詔、遣正三位中納言兼中務卿文室真人大市・正三位員外中納言兼宮内卿右京大夫石川朝臣豊成、弔賻之曰、藤原左大臣尓詔大命乎宣。大命坐詔久、大臣、明日者参出来仕牟止待賜比間尓休息安麻利弖参出末須事波無之帝天皇朝乎置而罷退止聞看而於母富佐久、於与豆礼加母、多波許止乎加母云。信尓之有者、仕奉之太政官之政乎波誰任之加母罷伊麻須、孰授加母罷伊麻須、恨加母、悲加母。

朕大臣誰尓加母我語比佐気牟、孰尓加母我問比佐気牟止、悔弥惜弥痛弥酸弥、大御泣哭之坐止詔大命乎宣。悔加母、惜加母。自今日者、大臣之奏之政者不聞看夜成牟、自明日者、大臣之仕奉儀者不看行夜成牟。日月累往麻尓麻尓悲事乃未之弥可起加母、歳時積往麻尓麻尓佐夫之岐事乃未之弥可益加母。朕大臣春秋麗色乎波誰倶加母見行弄賜牟、山川浄所者孰倶加母見行阿加良閉賜牟止、歎賜比憂賜比大坐坐止詔大命乎宣、美麻之大臣乃万政惣以无怠緩事、无曲傾事久、王臣等乎母彼此別心无、普平奏比、公民之上乎母広厚慈而奏事、此耳不在、天皇朝乎暫之間母罷出而休息安母布事无、食国之政乃平善可在状、天下公民之息安麻流倍伎事乎旦夕夜日不云思議奏比仕奉者、款美明美意大比之美多能母志美思保之ツヽ大坐坐間尓、忽朕朝乎離而罷止富良之奴礼婆、言牟須部母無、為牟須倍母不知尓、悔備賜比和備賜比大坐坐止詔大命乎宣。又事別詔久、仕奉志事広美厚美、弥麻之大臣之家内子等乎母波布理不賜、失不賜、慈賜波牟、起賜波牟、温賜波牟、人目賜波牟。美麻之大臣乃罷道母宇之呂軽久、心母意大比尓念而平久幸久罷止富良須倍之止詔大命乎宣。

〈詔して、正三位中納言兼中務卿文室真人大市・正三位員外中納言兼宮内卿右京大夫石川朝臣豊成を遣して弔賻せしめて曰はく、「藤原左大臣〈永手〉に詔りたまふ大命を宣る。大命に坐せ詔りたまはく、大臣明日は参出来仕へむと待たひ賜ふ間に休息安まりて参出ます事は無くして天皇が朝を置きて罷り退すと聞し看しておもほさく、およづれかも、たはことをかも云ふ。信にし有らば、仕へ奉りし太政官の政をば誰にしかも罷りいます、孰に授けかも罷りいます。恨しかも、悲しかも。朕〈光仁〉が大臣誰にかも我が語らひさけむ、孰にかも我が問ひさけむと、悔しみ惜しみ痛み酸しみ、大御泣哭かし坐すと詔りたまふ大命を宣る。悔しかも、惜しかも。今日よりは大臣の奏したまひし政は聞し看さずや成らむ、明日よりは大臣の仕へ奉りし儀は看行はずや成らむ。日月累り往くままに悲しき事のみし弥起る可きかも、歳時積り往くままにさぶしき事のみし弥益さる可きかも。朕が大臣春秋の麗しき色をば誰と倶にかも見行はし弄び賜はむ、山川の浄き所をば孰と倶にかも見行はしあからへ賜はむと、歎き賜ひ憂へ賜ひ大坐し坐すと詔りたまふ大命を宣る。みまし大臣の万の政惣ね以て怠り緩ふ事無く、曲げ傾くる事無く、王・臣等をも彼此別く心無く、普く平けく奏したまひ、公民の上をも広く厚く慈びて奏したまひし事、此のみに在らず、天皇が朝を暫くの間も罷り出でて休息安もふ事無く、食国の政の平善しく在る可き状、天下公民の息安まるべき事を旦夕夜日と云はず思ひ議り奏したまひ仕へ奉れば、款しみ明らけみおだひしたのもしみ思ほしつつ大坐し坐す間に、忽ち朕が朝を離りて罷りとほらしぬれば、言はむすべも無く、為むすべも知らに、悔しび賜ひわび賜ひ大坐し坐すと詔りたまふ大命を宣る。また事別きて詔りたまはく、仕へ奉りし事広み厚み、みまし大臣の家の内の子等をもはぶり賜はず、失ひ賜はず、慈び賜はむ、起し賜はむ、温ね賜はむ、人目賜はむ。みまし大臣の罷道もうしろ軽く、心もおだひに念ひて平けく幸く罷りとほらすべしと詔りたまふ大命を宣る」とのたまふ。）

永手が死去した日に、それに弔賻を下賜した際の宣命である。永手が病悩して以来の光仁天皇の悲しみ嘆く心情を詳細に述べ、これからは太政官の政務を誰に委託すればいいのか、誰に問いかければいいのかと、取り乱す。そして、永手の功績は広く厚いので、永手の家の子孫についても見捨てることなく心を配り、官人に取りたてて、世話をしようと思っているので、後顧の憂いなく黄泉へ行く道を通ってほしい、と結んでいる。

もちろん、生きている「子孫」に対して呼びかけたものである。このようにして、鎌足・不比等以来の功績と、それに対する王権の重用は、子々孫々へと受け継がれていくのである。

・宣命第五十二詔　永手に太政大臣を贈り給ふ宣命(13)（宝亀二年二月二十二日）

石川朝臣豊成宣曰、大命坐詔久、美麻志大臣乃仕奉来状波不今耳。挂母畏近江大津宮御宇天皇御世尓八、大臣之曾祖藤原内大臣、明浄心以弖天皇朝乎助奉仕奉岐。藤原宮御宇天皇御世尓八、祖父太政大臣又明浄心以天皇朝乎助奉仕奉岐。今大臣者、鈍朕乎扶奉仕奉麻之都。賢臣等乃累世而仕奉麻佐部流事乎奈母加多自気奈美伊蘇志美思坐須。故是以、祖等乃仕奉之次仁母有、又朕臣乃仕奉状母労美重美太政大臣之位尓上賜比授賜時尓、固辞申而不受賜成尓岐。然後母将賜止思富之坐之奈何良太政大臣之位尓上賜比治賜久止詔大命乎宣。

（石川朝臣豊成宣りて曰はく、「大命に坐せ詔りたまはく、みまし大臣〈永手〉の仕へ奉り来し状は今のみにあらず。挂けまくも畏き近江大津宮に御宇しし天皇〈天智〉が御世には、大臣の曾祖藤原内大臣〈鎌足〉、明く浄き心を以て天皇が朝を助け奉り仕へ奉りき。藤原宮に御宇しし天皇〈持統・文武〉が御世には、祖父太政大臣〈不比等〉また明く浄き心を以て天皇が朝を助け奉り仕へ奉いき。今大臣は鈍き朕〈光仁〉を扶け奉り仕へ奉りましつ。賢しき臣等の世を累ねて仕へ奉りまさへる事をなもかたじけなみいそしみ思し坐す。故、是を以て祖等の仕へ奉りし次にも有り。また朕が臣の仕へ奉る状も労しみ重しみ太政大臣の位に上げ賜ひ授け賜ふ時に、固く辞び申して受け賜はず成りにき。然る後も賜はむと思ほし坐しながら太政大臣の位に上げ賜ひ治め賜はくと詔りたまふ大命を宣る」とのたまふ。)

続いて永手に太政大臣を贈る宣命である。永手の仕奉は今に限ったことではなく、天智朝には鎌足が仕奉し、持統・文武朝には不比等が仕奉してきた。今、永手は自分（光仁）に仕奉してきた。賢臣たちが世を累ねて仕奉してきたことをかたじけなく思ってきたが、その祖先の跡継ぎである永手が自分に仕奉した様子も、ご苦労で重大に思っているので、太政大臣に任じようとしたが、固辞して受けなかったので、ここに太政大臣を贈る、というものである。鎌足・不比等以来の仕奉を、永手個人の仕奉に加えてカウントしているのである。藤原氏の官人はこうやって、父祖以来の功績を背負って高い地位を約束され、自らも仕奉していくのである。

もう一つ挙げると、これも宣命体ではないが、事に坐して左大臣を免じられたまま死去してしまった魚名に対して、本官を贈った際の詔では[14]、

詔曰、……乃祖（不比等）乃父（房前）、世著茂功。或尽忠義而事君、或宣風猷以伏時。言念於此、無忘于懐。今故贈以本官、酬其先功。……

とある。ここでいう父祖は、すでに鎌足・不比等ではなく、不比等・房前へと代替わりしている。父祖以来の仕奉を継ぐ魚名の忠義を忘れることはなく、その功績に報いるために、魚名の罪を赦し、本官を贈るというものである。事に坐した者でさえ、父祖以来の仕奉を勘案して、その功績に酬いようというわけである。

以上のような王権との密着の結果、藤原氏の官人の中には、律令に拘束されない立場で王権と結び付き、専権を振るった者が現われた。鎌足・不比等はすでに述べてきたところであるが、房前・仲麻呂・良継・百川・魚名などである。

その具体的な権力の様相については、次章で論じることとしよう。

註

(1)『続日本紀』慶雲四年四月壬午条。
(2)『続日本紀』天平元年八月壬午条。
(3)『続日本紀』天平宝字四年六月乙丑条。
(4)『続日本紀』天平勝宝元年四月甲午朔条。
(5)『続日本紀』天平宝字三年六月庚戌条。
(6)『続日本紀』天平宝字四年正月丙寅条。
(7)『続日本紀』天平宝字四年八月甲子条。
(8)『続日本紀』天平神護元年十一月辛巳条。
(9)『続日本紀』天平神護二年正月甲子条。
(10)田村圓澄氏の説によれば、これは「忍び事の書」すなわち、藤原氏の特権的身分と地位の保証を天皇自身が内密に藤原氏に約束した「内証の手書」であるという（田村圓澄「「不改常典」考」〔竹内理三博士還暦記念会編『律令国家と貴族社会』所収、吉川弘文館、一九六九年〕）。この「しのびごとの書」をあえて推測するならば、鎌足の葬儀に際して奉られたという誄（内容は伝わっていない）の中で、天智の恩詔が再び読み上げられ、それが藤原氏内部において伝えられたということであろうか。

（11）『続日本紀』天平神護二年十月壬寅条。
（12）『続日本紀』宝亀二年二月己酉条。
（13）『続日本紀』宝亀二年二月己酉条。
（14）『続日本紀』延暦二年七月乙巳条。

第三章　奈良朝の政変劇と藤原氏

第一節　四家の分立と王権

不比等が死去した後、政権首班となった長屋王は、養老五年（七二一）正月に従二位に叙され、右大臣に任じられた。同日、正四位下武智麻呂と従四位上房前は従三位、正五位上宇合は正四位上、従五位下麻呂は従四位上に叙せられ、武智麻呂は中納言に任じられた。(1) ここで武智麻呂は位階では房前に並ばれたものの、官では参議の房前を超越して一気に納言に上ったことになる。なお、宇合はこの時、常陸守から武智麻呂の後任の式部卿に任じられたと推定され、(2) 麻呂は六月に左右京大夫に任じられている。(3)

藤原氏は不比等が死去してもなお、二人の議政官を出し続けていることになる。これは四家をそれぞれ別個に計算し、連任と見做さないといった方便によるものであろう。宇合が四階、麻呂が五階もの昇叙を受けていることからも、武智麻呂・房前の二家だけではなく、宇合・麻呂を加えた四家を独立の政治母体として分立させるという、元明太上天皇の意図が読み取れる。

さて、長屋王の権力基盤は、高市皇子と御名部皇女（元明の姉）との間に生まれた子であるということと、吉備内親王（草壁皇子と元明との子、元正天皇の妹）の夫であるということ、それに不比等二女の長娥子の夫でもあるという、三つの血筋による、元明太上天皇の恩顧に基づくものであった。

不比等の存命中は、その枠内において能力を発揮していた長屋王であるが、不比等が死去して藤原四子の世代を迎えると、そうはいかなかった。五月に元明が病悩すると、[4]その権力は徐々に揺らいでいったのである。十月十三日、元明は不与に際して、長屋王と房前を召し入れ、遺詔を述べて後事を託した。[5]ところが二十四日、房前のみが、元正から次のような詔を受けた。[6]

凡家有沈痼、大小不安、卒発事故者。汝卿房前、当作内臣計会内外、准勅施行、輔翼帝業、永寧国家。

内臣（ウチツマヘツキミ）として「内外を計会（内廷・外廷にわたってはかりごとをめぐらす）」し、「勅に准じて施行」し、「帝業を輔翼」し、「永く国家を寧んじる」ことを求められているのである。

参議に過ぎなかった房前が、知太政官事舎人親王・右大臣長屋王・大納言多治比池守・三人の中納言（不比等嫡男の藤原武智麻呂を含む）を差し措いて、王権からこれほどの信任と権力委譲を受けている点に注目すべきである。なお、『藤氏家伝 下』では「知機要事（「機要の事を知る」）」とある。「機要」とは、重要な事柄、機密の事柄の謂。鎌足が「処分」したのも「軍国機要」であった。この時の内臣という地位が、十二月七日の元明死去までの臨時的なものであったか、はたまた天平九年（七三七）の房前薨去まで継続したものであったかは明らかではないが、房前が後に太政官首班となった兄武智麻呂を凌ぐ勢威を保持し続け、不比等の実質的後継者となったこと、そしてそれが王権との密着に基づくものであったことは間違いなかろう。[7]付け加えれば、橘三千代の女婿としての立場も作用していることであろう。

野村忠夫氏は、この地位の有した権能の具体例として衣服令集解・朝服条所引養老六年二月二十三日格を挙げられた。[8]すなわち、房前が直接に元正へ位袋停止の意見を上申し、この意見を取り上げた元正はその審議を太政官に命じ、議政官の会議によって、「彼の意見に依りて」位袋の停止を上奏、勅許の形を取って施行された、という経過が示されているのである。野村氏はこの房前の権力を、公的な議政官の合議体とは別に、天皇の意志に直結してその直接的な諮問にこたえ、意見を具申しながら、一方では「参議」として最古参の実力を持ち、さらに授刀頭として親衛軍をしっかり掌握していた、と総括された。内覧兼一上として権力を振るったはるか後世の道長を想起するのは私だけだろうか。

なお、この内臣の職掌を、律令制の官司機構に依存しつつ王家の家産を管理するものであったという説もあるが、(9)その詳細は不明である。

神亀元年（七二四）二月四日、いよいよ首皇子が即位し、聖武天皇となった。武智麻呂・房前が並んで正三位に昇叙され、正二位に叙された長屋王が左大臣に上ったのであるが、まさにその日、聖武の生母で文武夫人であった藤原宮子を「大夫人」と称するという決定が下された。(10)しかし、この決定にはどこからか異議が出て、三月二十二日に、

左大臣正二位長屋王等言、「伏見二月四日勅、『藤原夫人天下皆称大夫人』者。臣等謹検公式令、云皇太夫人。欲依勅号、応失皇号。欲須令文、恐作違勅。不知所定。伏聴進止。」

という言上文と、

詔曰、「宜文則皇太夫人、語則大御祖、追収先勅、頒下後号。」

という決定が見える。(11)

かつて論じたところであるが、この事件は天皇の「恣意」に対する議政官組織の制約という観点で捉えることはできず、むしろ結果的には藤原四子、あるいは聖武の当初の思惑どおり、宮子の称号が少なくとも文書上では令制通りの皇太夫人となることで結着し、後年の中宮職の設置、その中宮省への改称など、宮子および藤原氏の勢力伸長の一つのステップとなった。これを藤原氏の後宮政策の中で位置付けると、この事件の意義は、宮子の称号に「皇（スメラ）」字を付けることに成功したという点において捉えるべきであろう。これは、新興の藤原氏の出身であっても、後宮に勢力を植え付けて天皇家とミウチ関係を結ぶことによって、准皇親としての地位を得ることができるという認識を支配者層に周知させたものであり、同時に後の光明子立后への制約を一つ取り除いたことになったものである。(12)

この事件を契機にして、不比等の存命中には表面化していなかった長屋王と藤原四子との対立が深まったであろうことは、言うまでもない。

この後、蝦夷の反乱に際しては宇合が持節大将軍として制圧にあたった。(13) 翌神亀二年、その功績によって宇合は従三位に叙され、勲二等を授けられている。(14)

末弟の麻呂は昇進が遅れており、神亀三年に二階の昇叙を受け、正四位上に叙されたが、(15) これは京職が白鼠を献上したことによるものである。(16) 新年の儀式への演出ということなのであろうが、実は白鼠は祥瑞の範囲に入れられていない。麻呂としても、あまり兄たちに昇進を離されたくないということで、苦渋の行為だったのであろうか。翌神亀四年にも左京職に白雀を献上させている。(17)

なお、興福寺の東金堂は、この神亀三年に聖武が元正の病気平癒を祈って建立したものである。同じ神亀三年の十一月、

改備前国藤原郡名、為藤野郡。

という措置がとられた。(18) 聖武生母である宮子の氏と同名であるというのでその名を避けるという、忌諱なのであるが、やがて進行する藤原氏の准皇親扱いの第一歩である。

神亀四年二月には、文武の主典以上の官人を召集し、聖武の勅を長屋王が口頭で宣布した。(19)

比者咎徴荐臻、災気不止。如聞、時政違乖、民情愁怨。天地告譴、鬼神見異。朕施徳不明、仍有懈欠耶。将百寮官人不勤奉公耶。身隔九重、多未詳委。宜其諸司長官精択当司主典已上、労心公務清勤著聞者、心挟姦偽不供其職者、如此二色、具名奏聞。其善者、量与昇進、其悪者、随状貶黜。宜莫隠諱副朕意焉。

というもので、災異がしきりに起こるのは、自分（聖武）が徳を施す方途を知らないため、懈り欠けることがあるからであろうか、それとも百寮の官人が奉公に勤めないためであろうか、と言っている。天皇の不徳と官人の怠慢と

を、共に譴責したうえで、使者を七道諸国に派遣し、国司の治迹や勤怠を巡監させているのである。『藤氏家伝 下』では武智麻呂が播磨守に遷って按察使を兼ねたとあるし、房前が近江・若狭按察使の任にあったという史料も存在する。(20)

このような長屋王の態度は、王権からも官人層からも、すなわち支配者層全体から、その存在を孤立させてしまうことになったはずである。特に天皇の不徳を責めるという態度は、日本古代天皇制の根幹を否定することにもつながり、長屋王の変に際しても大きな影響を与えたに違いない。

そのような政治状況の最中、閏九月二十九日、光明子が基皇子（「某王」の誤写かも知れない）を誕んだのである。(21)十一月二日、皇子の異例の立太子が行なわれた。(22)それは、皇統を聖武の次の世代に降ろし、もはや他の系統に皇位を伝えないことを、支配者層に周知させることになる。また、県犬養広刀自が近々第二皇子を産んだ場合にも、この第一皇子の優位性を確保するために、既成事実を作っておく必要があったのであろう。

しかしながら、この藤原氏の行動は、いかにも強引であった。藤原系皇族が皇統を伝えるということは、いまだ支配者層の間で定まっていたわけではなく、生後一箇月の赤子を立太子するということは、藤原氏の専権に反感を持つ勢力の反発を生むこととなった。十一月十四日、大納言多治比池守が百官を率いて皇太子拝謁のため、旧不比等邸を訪れたが、(23)池守が率いたということは、長屋王はこの慶事を欠席していたことになり、彼の心中を察することができる。天皇にも現実の「徳」を要求する長屋王の立場からは、統治能力のまったくない赤子の皇太子などは、考えられなかったことであろう。

翌神亀五年には、藤原氏は長屋王派と見られた大伴旅人を筑紫に赴任させ、五月に反長屋王派を糾合した叙位を行ない、(24)七月には中衛府を設置して、(25)房前をその大将に据えている。

その一方で、藤原氏の期待を一身に集めた基皇太子は、何月からか病悩した。八月からは快復を祈る種々の措置が執られているが、[26] その甲斐もなく、はじめての誕生日を目前にした九月十三日、ついに夭死してしまった。[27]

この間、おそらくは神亀四年十二月、安積親王が誕生している。[28] 基皇太子の薨去と安積親王の誕生とが、ほぼ同時期に起こっているということは、藤原氏の危機感を嫌が応にも高揚させたに違いない。次に光明子に皇子が生まれる保証はなく、三千代や聖武がそれを待ってくれるとは限らない。何よりも、長屋王とその一族の皇位継承資格者としての存在価値が、再び上昇してきたと、支配者層に認識されたはずだからである。

神亀六年（天平元年、七二九）二月十日、長屋王の「謀反」に関する密告が行なわれた。[29]

左京人従七位下漆部造君足、無位中臣宮処連東人等告密称、左大臣正二位長屋王私学左道、欲傾国家。其夜、遣使固守三関。因遣式部卿従三位藤原朝臣宇合、衛門佐従五位下佐味朝臣虫麻呂、左衛士佐外従五位下津島朝臣家道、右衛士佐外従五位下紀朝臣佐比物等、将六衛兵、囲長屋王宅。

この密告は誣告であった可能性が強いが、その日の内に固関を行ない、六衛府の兵で長屋王邸を包囲して外部と遮断しているということは、密告自体があらかじめ藤原氏と示し合わされたものであったことを示唆している。なお、中衛大将の房前が包囲の陣の中に見えないのは、内裏の警護にあたったためであり、事件の局外にいたと見るべきではなかろう。

翌十一日には、大宰大弐多治比県守・左大弁石川石足・弾正尹人伴宿禰道足が、権に参議に補され、巳時には、舎人親王・新田部親王・大納言多治比池守・中納言藤原武智麻呂・右中弁小野牛養・少納言巨勢宿奈麻呂を長屋王邸に遣わして、その罪を窮問させている。[30] 権参議の任命は、長屋王派が多数を占めていた議政官構成の勢力分布を逆転させ、長屋王除滅のための太政官会議を開催するために、藤原派の議政官を送り込んだものとされている。[31]

十二日、窮問の結果が出た。[32]

令王自尽。其室二品吉備内親王、男従四位下膳夫王、无位桑田王・葛木王・鈎取王等、同亦自経。乃悉捉家内人等、禁着於左右衛士兵衛等府。

とあるように、長屋王は自尽、吉備内親王と膳夫王・桑田王・葛木王・鉤取王は自経であった。膳夫王・葛木王・鉤取王の三人は吉備内親王の所生、桑田王は石川夫人の所生であるが、罪の及んだ範囲がこれらに限られ、不比等女の長娥子所生の安宿王・黄文王・山背王・教勝（これらは元々長屋王と同居していなかった）、「長屋王家木簡」によって知られる多くの女王、石川夫人などが不問に付されていることからも、この事件の標的がどこにあったか、またこの事件を策謀した者が誰であったかを示している。(33)

藤原氏は、長屋王が擁していた、蘇我系皇族腹、蘇我氏腹、藤原氏腹という三系統の皇親のうち、前二者を根こそぎ除滅したのである（安宿王や黄文王などに皇位継承の期待が集まった場合には、藤原氏にとって悪くない選択肢である）。なお、後に藤原弟貞となった山背王の薨伝(34)は、次のように語る。

天平元年長屋王有罪自尽。其男従四位下膳夫王。无位桑田王。葛木王。鉤取王亦皆自経。時安宿王。黄文王。山背王。并女教勝。復合従坐。以藤原太政大臣之女所生。特賜不死。勝宝八歳。安宿。黄文謀反。山背王陰上其変。高野天皇嘉之。賜姓藤原。名曰弟貞。

この間の経緯において、藤原四子の内で、「長屋王の変」を主導したのが誰であったのか、様々な説が出されている。主に武智麻呂主導説と房前主導説に分かれるが、私はこの時期における武智麻呂と房前が別個の政治勢力として対立していたとは考えていないので、四子全員による藤原氏全体の利害を考えての陰謀であったという従来説が正しいと思う。もちろん、三千代の意思が介入していたであろうことは、十分に考えられるところである。

藤原四子は「四子を含めた不比等の直系卑属よりなる集団」として結束する必要があり、房前が女姉妹を南家の豊成・仲麻呂兄弟に配したのも、このことが要因であったとされる。(35)また、告発は当処の長官を経て告げるとの獄令の規定によって、長屋王を密告した「左京人」の告発を受けたのは左京大夫の麻呂であったという重要な指摘もある。(36)

これまで数々の「祥瑞」を献上してきた麻呂であったが、その集大成が「長屋王の変」だったということであろうか。「長屋王の変」直後の三月、武智麻呂が大納言に昇任し、[37]政権首班の座に就いた。太政官には知太政官事として舎人親王がいたが、四月には、

太政官処分、舎人親王参入朝庁之時、諸司莫為之下座。

という措置がとられ、[38]その地位の低下は明らかであった。

また、変から半年を経た八月、天平への改元と光明子の立后が行なわれた。[39]改元の理由とされた「図を負った亀」を献上したのは、またもや麻呂であった。また、八月二十四日に宣せられた立后宣命は先に見たとおりである。「長屋王の変」が光明立后を目的としたもので、藤原氏が光明子の即位を画策していたという説[40]はもはや顧みられることはないが、少なくとも長屋王が政権首班の座にあれば光明立后が実現しそうになかったであろうことは確実である。皮肉なことに、律令制最初の皇后は、藤原氏出身の臣下の女性であった。安積親王が成長するなか、光明子の地位を上げておくという措置は、藤原氏にとっても必要だったのであろう。

この時期の房前の政治権力の低下を推測する論考も存在するが、『藤氏家伝 下』に見える、

二弟北卿（房前）知機要事。

は、内臣という地位がこの時点まで存続していたかどうかはさておき、九月に任じられた中務卿の職能も含め、まさに朝政の枢要のことを指すと考えるべきであり、同じく『藤氏家伝 下』に、

出則奉乗輿、入則掌枢機。至有朝議、持平合和。朝廷上下安静、国無怨讟。

と記された武智麻呂と並んで、国政を輔翼していたものと思われる。むしろ、「朝議あるに至りては、平かなることを持ちて和ふことを合る」と称された武智麻呂よりも、房前は積極的に国政に関与していた印象を受ける。

天平二年九月には、武智麻呂と並んで大納言の地位にあった多治比池守が死去し、[41]その後任として大納言に上った

大伴旅人も天平三年七月に死去してしまった。[43]

議政官不足という事態に対処するため、八月五日、「諸司主典已上」を内裏に引き入れ、各々参議の務に堪える者を挙げよとの勅が宣せられた。[44]そして二日後、三百九十六人は上表して「可堪済務者」の名を挙げ、[45]その結果、十一日には「諸司の挙に依りて」六人が参議に任じられた。[46]式部卿藤原宇合、民部卿多治比県守、兵部卿藤原麻呂、大蔵卿鈴鹿王、左大弁葛城王、右大弁大伴道足という顔ぶれである。彼らはすでに参議によって兼帯されていたものを除く左右大弁・八省卿の内で、より高位にあり、しかもより重要な官職に就いていた六名であった。[47]

一氏族で四家すべての官人が議政官に並ぶというのは、空前の事態であり、ここに武智麻呂を首班とする藤原四子体制が確立したことになる。

なお、興福寺の五重塔は、光明皇后が翌天平二年に建立したものである。

註

（1）『続日本紀』養老五年正月壬子条。
（2）『続日本紀』養老五年六月辛丑条。
（3）木本好信『藤原四子』（ミネルヴァ書房、二〇一三年）。
（4）『続日本紀』養老五年五月己酉条。
（5）『続日本紀』養老五年十月丁亥条。
（6）『続日本紀』養老五年十月戊戌条。
（7）野村忠夫「武智麻呂と房前―不比等の後継者の問題―」（『律令政治の諸様相』所収、塙書房、一九六八年、初出一九六七年）。

（8）野村忠夫「知太政官事、内臣、左・右大臣―律令国家権力のメカニズム―」（『律令政治の諸様相』所収、塙書房、一九六八年）。この意見具申が野村氏の言われるように内臣としてのものだったとすると、房前の「内臣」は元明崩後も続いていたことになる。
（9）鷺森浩幸「八世紀の王家の家産」（『日本古代の王家・寺院と所領』所収、塙書房、二〇〇一年、初出一九九六年）。
（10）『続日本紀』神亀元年二月丙申条。
（11）『続日本紀』神亀元年三月辛巳条。
（12）倉本一宏「律令国家の政権構造」（『日本古代国家成立期の政権構造』所収、吉川弘文館、一九九七年、初出一九八七年）。
（13）『続日本紀』神亀元年四月丙申条。
（14）『続日本紀』神亀二年閏正月丁未条。
（15）『続日本紀』神亀三年正月庚子条。
（16）『続日本紀』神亀三年正月辛巳条。
（17）『続日本紀』神亀四年正月丙子条。
（18）『続日本紀』神亀三年十一月己亥条。
（19）『続日本紀』神亀四年二月甲子条。
（20）『公卿補任』神亀三年、同四年。
（21）『続日本紀』神亀四年閏九月丁卯条。
（22）『続日本紀』神亀四年十一月己亥条。
（23）『続日本紀』神亀四年十一月辛亥条。
（24）『続日本紀』神亀五年五月丙辰条。
（25）『類聚三代格』巻四「加減諸司官員并廃置事」、『続日本紀』神亀五年八月甲午条。

(26)『続日本紀』神亀五年八月甲申条、八月丙戌条。
(27)『続日本紀』神亀五年九月丙午条。
(28)『続日本紀』神亀四年十二月丁丑条に県犬養連が宿禰姓を賜わっていることが、安積親王の誕生に伴うものとの説がある（木本好信『藤原四子』〈前掲〉）。
(29)『続日本紀』天平元年二月辛未条。
(30)『続日本紀』天平元年二月壬申条。
(31)野田嶺志「律令国家の戒厳令」（『日本古代軍事構造の研究』所収、塙書房、二〇一〇年、初出一九九一年）。
(32)『続日本紀』天平元年二月癸酉条。
(33)倉本一宏『奈良朝の政変劇』（吉川弘文館、一九九八年）。
(34)『続日本紀』天平宝字七年十月丙戌条。
(35)吉川敏子「律令貴族と功封」（『律令貴族成立史の研究』所収、塙書房、二〇〇六年、初出一九九四年）。
(36)浅野啓介「木簡が語る長屋王の変」（『季刊考古学』第一一二号掲載、二〇一〇年）。
(37)『続日本紀』天平元年三月甲午条。
(38)『続日本紀』天平元年四月癸亥条。
(39)『続日本紀』天平元年八月癸亥条、八月戊辰条。
(40)岸俊男「光明立后の史的意義」（『日本古代政治史研究』所収、塙書房、一九六六年、初出一九五七年）。
(41)『続日本紀』天平二年九月己未条。
(42)『万葉集』巻第十七―三八九〇題詞、『公卿補任』天平二年。
(43)『続日本紀』天平三年七月辛未条。
(44)『続日本紀』天平三年八月辛巳条。

(45)『続日本紀』天平三年八月癸未条。
(46)『続日本紀』天平三年八月丁亥条。
(47)倉本一宏「議政官組織の構成原理」(『日本古代国家成立期の政権構造』所収、吉川弘文館、一九九七年、初出一九八七年)。

第二節　聖武と光明子と藤原氏

天平五年(七三三)正月、橘三千代が死去した。[1]不比等の室、光明子と葛城王(後の橘諸兄)の母、そして房前室の牟漏女王の母、聖武天皇夫人の県犬養広刀自の親族(つまり安積親王の外戚)として、また後宮に隠然たる勢力を持って、陰に陽に奈良朝政治史を彩った女性であったが、その死によって、政局も微妙な変化を迎えることになったのである。

なお、現在は基壇だけが残る興福寺の西金堂は、天平六年に光明皇后が三千代の追善のために建立したものである。阿修羅像をはじめとする八部衆は、元々はこの西金堂に安置されていたものである。

さて、武智麻呂の大臣昇任を阻んでいたという意見もある三千代の死によって、[2]その障碍が取り除かれ、翌天平六年正月、従二位に上った武智麻呂は右大臣に任じられた。[3]同日、武智麻呂二男の仲麻呂が従五位下に叙されており、まさに武智麻呂政権の確立と称することができよう。宇合も正三位に叙され、同じ正三位のまま据え置かれている房前の地位が相対的に低下しているとの指摘[4]は重要である。

武智麻呂は、畿内惣管・鎮撫使の創設[5](宇合が副惣管、麻呂が山陰道鎮撫使)、節度使の設置[6](房前が東海・東山二道節度使、宇合が西海道節度使)、東北計略[7](麻呂が遣陸奥持節大使)など、弟たちの協力の下、積極的な地方政策を推進していった。

天平七年から始まった疫病（天然痘）の流行によって、九月に新田部親王、[8] 十一月に舎人親王[9]が死去するなど、天武皇子といった皇親の重鎮の重しも取れ、このまま藤原四子の政権は盤石であるかに思われた。

天平八年に、葛城王と佐為王といった、橘三千代所生の皇親が臣籍に降下し、母の姓を下賜されてそれぞれ橘諸兄・橘佐為となったが、[10] まさかこの諸兄が次の政権を担うとは、予想もできなかったであろう。

そして天平九年を迎えるのであるが、その前に藤原四子の邸第について、簡単に触れておこう。

房前と宇合の邸第は不明である。武智麻呂が南家と称され、房前が北家と称されたのであるから、房前邸は平城京の北部に存在したのであろうが、場所はわからない。しかし、光明子が相続した不比等邸、後に述べる麻呂邸、それに田村邸が、ほぼ南北に並んでいるところから考えると、房前邸も左京二坊あたりの北辺に近い地点に所在したものと思われる。

実は私は大学院生の時、奈良文化財研究所の研修で発掘調査の見習いをさせていただいたことがあった。[11] 奈良市初のデパート建設現場で、大規模邸第であろうとのことで、木簡が出土する以前には、密かに皆で、「房前邸ではないか」と噂し合っていたものである。実際には後に長屋王邸であることが明らかになるのだが、いかにも房前邸に相応しい場所だったのである。なお、私は一人で直径三メートルほどの丸い土壙を掘り出し、「井戸を掘り当てました」と研修指導担当者（現所長）に報告すると、「これは便所や」ということであった。土だと思って一生懸命に掘っていたのは、実は土ではなかったのである。

武智麻呂邸は、仲麻呂の田村第が左京四条二坊の東半分にあったと推定されることが、何らか関連があるのかもしれない。田村第が武智麻呂邸を相続したものか、興味は尽きない。なお、『藤氏家伝 下』には、「左京私第」とのみ記録されている。

麻呂邸だけが、発掘調査で位置を特定されている。左京二条二坊五坪に所在した邸第が、二条大路木簡の分析から麻呂邸であることが確定されるに至ったのである。ここは長屋王邸の北隣であるが、二人が隣り合わせに住んでいたとなると、まことに興味深いことである。

さて、天平九年に話を戻そう。二月、武智麻呂嫡男の豊成が正五位上に昇叙されているが、同日、「夫人无位藤原朝臣二人〈闕名〉」が正三位、夫人无位橘古那可智が従三位に叙されている。(12) この三人はいずれも聖武の配偶者としての夫人であるが、武智麻呂の女、房前の女、橘佐為の女である。特に藤原氏の女性が二人、後宮に入っていることは、藤原氏所生の皇子誕生を望んでのことであろう。私は、すでに光明子から皇子の誕生が望めない状況になっていた可能性を想定している。二人が聖武の「寵愛」を争った場合、あたかも摂関期のような様相を呈したはずであるが、幸か不幸か、そうはならなかった。

四月になって、麻呂が遣陸奥持節大使として、報告書を言上してきた。進軍を中止し、兵士の解放を要望したものである。(13) このまま多賀城ででも待機していれば、麻呂も命を落とさずにすみ、もしかしたら麻呂政権の誕生や、後世に麻呂の子孫が摂関家となる可能性もあったのであるが、そうはならなかった。奏言が受け容れられるや、急ぎ麻呂は帰京し、兄たちと同じ運命をたどったのである。

この天平九年、いったん終息していた疫病（今回は麻疹との説もある）が、再び猛威を振るい始めた。(14) そして四月に最初に犠牲になったのは、房前であった。

参議民部卿正三位藤原朝臣房前薨。送以大臣葬儀。其家固辞不受。房前、贈太政大臣正一位不比等之第二子也。

というのが、『続日本紀』の記事である。(15) 聖武が大臣待遇の葬儀を行なわせようとしたことは、内臣に任じられたことに起因する、国家からの優遇措置である。十月七日に正一位左大臣を贈られ、食封二千戸を下賜されている。(16) これで武智麻呂と並んだことになる。

次いで七月、陸奥から凱旋した麻呂が死去した。『続日本紀』には、

参議兵部卿従三位藤原朝臣麻呂薨。贈太政大臣不比等之第四子也。

と見える。(17) 返す返すも、人間の運命には、思いを馳せずにはいられない。なお、『尊卑分脈』の「摂家相続孫」には、鎌足・不比等・武智麻呂・房前・宇合・麻呂の略伝が引かれているが、「麿卿伝」にのみ、他と異なる伝記が含まれている。

平生為人恵弁多能属文。雖才為世出、沈湎琴酒。常談云、上有聖主、下有賢臣。如僕何為畢。尚事琴酒耳。及其終命、朋友泣血云々。

これも麻呂の人柄によるものであろう。

その頃、武智麻呂も病に倒れた。『続日本紀』は、

大赦天下。詔曰、比来、縁有疫気多発、祈祭神祇、猶未得可。而今、右大臣、身体有労。寝膳不穏。朕以惻隠。可大赦天下、救此病苦。自天平九年七月廿二日昧爽以前大辟罪已下、咸赦除之。其犯八虐、私鋳銭及強窃二盗、常赦所不免者、並不在赦限。

と記し、(18) 武智麻呂の平癒を期して大赦が行なわれたことを伝える。かつて不比等が病悩した際と同じ措置であるが、武智麻呂が嫡男であることによるものであろう。翌日、『藤氏家伝 下』には、

至九年七月、遘疾弥留。朝廷惜之、其廿四日皇后親臨、称勅問患。叙正一位、徙為左大臣。其翌日薨于左京私第。春秋五十有八矣。帝聞公薨、永慟于懐、輟朝三日。遂給羽葆鼓吹、八月五日火葬于佐保山。礼也。

と見え、光明皇后自ら病を見舞い、また正一位に叙し、左大臣に任じたとある。あたかも鎌足の死に際して天智や大海人王子が見舞ったのと軌を一にする扱いを受けている。やはり嫡子として、また大臣としての武智麻呂の「格」は、房前とは一線を画すものだったのであろう。

一方、『続日本紀』では、

勅、遣左大弁従三位橘宿禰諸兄・右大弁正四位下紀朝臣男人、就右大臣第、授正一位、拝左大臣。即日薨。遣従四位下中臣朝臣名代等、監護喪事。所須官給。武智麻呂、贈太政大臣不比等之第一子也。

と記録され、[19]武智麻呂を正一位に叙し、左大臣に任じることを伝えた使者を橘諸兄としている。死の直前に正一位に叙されるというのは、これも鎌足と同じ扱いということになる。

武智麻呂は『藤氏家伝 下』によると、佐保山で八月五日に火葬されたとある。その墓は、現在、奈良県五條市にある、武智麻呂によって造営された栄山寺の裏山に存在するが、これは天平宝字末年の八角堂造営時に仲麻呂によって改葬されたものであるという。[20]

これで藤原四子は宇合だけが生き残ったことになるが、交際範囲の狭い宮廷社会のこと、疫病の流行は短い時間で蔓延する。八月、宇合も死を免れなかった。

参議式部卿兼大宰帥正三位藤原朝臣宇合薨。贈太政大臣不比等之第三子也。

と、『続日本紀』は記録する。[21]奇しくも武智麻呂が荼毘に付された日のことであった。繰り返すが、四子の内で誰か一人でも生き残っていれば、その後の日本の歴史は大きく変わっていたことであろう。しかし運命は、四家に平等に当主の死をもたらし、それぞれに再生の道を要求したのである。

残された四子の子をみてみよう。武智麻呂の子は、長子の豊成が慶雲元年（七〇四）生まれで、母は右大臣阿倍御主人の孫女。天平九年には三十四歳、二月に正五位上、九月に従四位下に叙され、十二月に参議兵部卿に任じられた。[22]不比等の嫡孫という血統から、藤原氏全体の氏上的立場に立ったのであろう。この時点では、藤原氏の議政官は豊成一人ということになる。豊成はその後、天平十一年に正四位下に上り、[23]いずれかの時期に中衛大将に任じられたが、天平十二年以降の難波行幸や伊勢行幸では留守となっており、[24]それらに随行して昇進を重ねた次男仲麻呂に逆転

不比等

（官位、年齢は天平九年十二月時点のもの）

- 武智麻呂　母石川娼子
  - 豊成（従四位下、参議兵部卿、三十四歳）　母阿倍貞媛
  - 仲麻呂（従五位下、三十二歳）　母阿倍貞媛
  - ○
  - 乙麻呂（従五位下）　母紀麻呂女
  - 巨勢麻呂（正六位上）　母小治田阿禰娘
- 房前　母石川娼子
  - 鳥養（死去）　母春日蔵老女
  - 永手（従五位下、二十四歳）　母牟漏女王
  - 真楯（八束、正六位上、二十三歳）　母牟漏女王
  - 清河（正六位上、二十歳）　母片野朝臣女
  - 魚名（魚麻呂、十七歳）　母片野朝臣女
  - 御楯（千尋）　母牟漏女王
  - 楓麻呂（九歳）　母粟凡若子
- 宇合　母石川娼子？
  - 広嗣（従五位下）　母石上国盛大刀自
  - 良継（宿奈麻呂、二十二歳）　母石上国盛大刀自
  - 綱手
  - 清成（浄成）　母高橋笠阿禰娘
  - 田麻呂（十六歳）　母小治田牛養女
  - 菅成
  - ○
  - 百川（雄田麻呂、六歳）　母久米奈保麻呂女
  - 蔵下麻呂（四歳）　母佐伯家主娘
- 麻呂　母藤原五百重娘
  - 浜足（浜成、十四歳）　母因幡気豆女

されることとなった。

　その仲麻呂は、天平六年に従五位下に叙爵されたが、[25]これは二歳年長の豊成よりも十年も遅れてのことであった。この時点で、仲麻呂の後年の権力を想像した者はいなかったであろう。『藤氏家伝 下』には豊成と共に博士の門下に学び、甍伝では少年時に阿倍宿奈麻呂から算術を学んだとある。[26]天平九年には三十二歳、従五位下のままで、天平十一年に従五位上、[27]天平十二年正月に正五位下に上り、[28]十月の伊勢行幸で前騎兵大将軍を勤めて、[29]以来、異数の昇進が始まった。まず十一月、行幸の途中に正五位上に叙され、[30]翌天平十三年閏三月に従四位下に昇叙されている。[31]

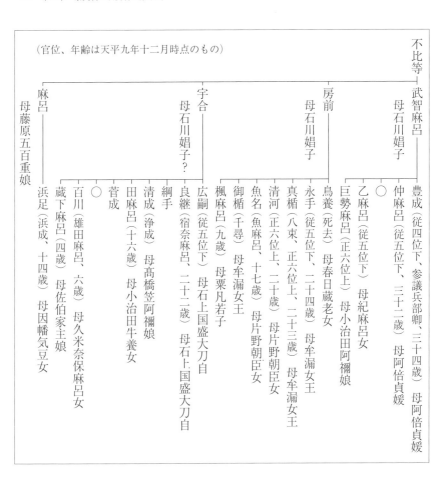

四男の乙麻呂は（三男は不明）、天平九年九月に、北家の永手、式家の広嗣と共に、急遽、従五位下に叙された。[32]しかし、翌天平十年には越前守として見え、[33]兄二人とは異なる道を歩み始めている。

五男の巨勢麻呂は、天平十二年正月に従五位下に叙された。[34]中宮亮に任じられるのは、天平十五年のことである。

以上、南家では、ひとり豊成が議政官として藤原氏を代表していたものの、伊勢行幸を境にして仲麻呂がこれを追うという展開となっていた。

北家では、長子の鳥養は慶雲初年頃の生まれとされる。天平元年の天平改元の日に従五位下に叙爵されたが、[35]鳥養のその後の動静は史料に見えない。早い時期に死去したものと思われる。

二男の永手は和銅七年（七一四）の生まれ、母は橘三千代所生の牟漏女王である。天平九年九月に二十四歳で従五位下に叙された。[36]鳥養亡き後、北家の中心となるかと思われたが、この後、天平勝宝元年（七四九）まで十二年間、史料から姿を消す。この間、弟の真楯が重用されたことと併せると、永手が橘諸兄に疎んじられた可能性が考えられる。

三男の真楯は、本名八束。永手より一歳年少の霊亀元年（七一五）生まれ、母は牟漏女王である。天平十二年正月に二十六歳で従五位下に叙されている。[37]十一月の広嗣の乱に際して従五位上に昇叙されている。[38]その薨伝には、

真楯度量弘深。有公輔之才。……在官公廉。慮不及私。感神聖武皇帝寵遇特渥。詔特令参奏宣吐納。明敏有誉於時。従兄仲満心害其能。真楯知之。称病家居。頗翫書籍。

とあり、[39]その能力と人格、聖武からの恩寵が知られる。この真楯が、後世の摂関家の祖となることになる。

四男の清河は、養老二年（七一八）の生まれ。母は魚名と同じく、房前の異母妹の片野朝臣の女である。[40]天平十二年十一月の広嗣の乱に際して従五位下に叙爵されている。[41]後年、遣唐大使として入唐したまま、現地で死去している。

五男の魚名は、本名魚麻呂。養老五年の生まれで、叙爵されるのは天平二十年のことである。天平九年の段階で

とである。

六男の御楯は、本名千尋。養老末年頃の生まれであろう。母は牟漏女王である。叙爵されるのは天平勝宝元年のこは、まだ出身前であった。

七男の楓麻呂は、天平元年頃の生まれ。母は阿波采女の粟凡若子である。天平宝字二年（七五八）に叙爵されている。

北家は、永手が叙爵を受けたものの、他は叙爵以前で、南家の勢威に圧されていた状況であった。

式家を見てみよう。長子の広嗣は、和銅年間の生まれ、母は左大臣石上麻呂の女の国盛大刀自である。天平九年九月に従五位下に叙された。(42) 程なく式部少輔に任じられ、翌天平十年四月に大養徳守を兼任した。(43) ところが十二月に大宰少弐に左遷され、(44) 天平十二年八月に「広嗣の乱」を起こして討滅された。(45)

二男の良継は、本名は宿奈麻呂。霊亀二年の生まれ。母は石上国盛大刀自である。薨伝(46)によれば、天平十二年、二十五歳の時に同母兄広嗣の謀反に連坐して伊豆に流されたが、二年後に赦されて、天平十八年に叙爵を受けた。以後、昇進を続けて権力を手中にした。

兄弟順のわからない綱手を、三男と考える説がある。(47)「広嗣の乱」の際にその右腕として筑後・肥前の兵を率いて豊後を進み、広嗣と共に捕えられて斬られた。(48)

四男の清成（浄成）は、無位のまま生を終えている。天平十二年に広嗣に従って死罪を得たのであろう。

五男の田麻呂は、養老六年の生まれで、母は小治田牛養の女。天平十二年に広嗣に連坐して隠岐に流されたが、二年後に赦された。しかし、山中に隠居して修行に努めた。天平宝字五年に叙爵を受け、(49) 以後は昇進した。

蔵成がおそらく六男、名前のわからない者が七男で、天平十二年に広嗣に従って死罪を得た。

八男の百川は、本名は雄田麻呂。天平四年の生まれで、母は久米奈保麻呂の女。年少によって広嗣に連坐せずにすみ、天平宝字三年に叙爵を受け、(50) 式家の中心として奈良朝末期に専権を振るった。

九男の蔵下麻呂は、天平六年の生まれで、母は佐伯家主娘。叙爵を受けたのは天平宝字七年のことである。(51)

以上、式家は、広嗣を中心として政権中枢に入り込もうとしていたものの、やがて「広嗣の乱」の影響を受け、その影響を受けなかったか赦された者が、奈良時代後半に権力を振るうようになる。

京家では、麻呂の男子として確認できるのは、浜足（浜成）のみである。『尊卑分脈』は綱執と勝人を載せるが、詳細は明らかではない。浜足（浜成）は神亀元年（七二四）の誕生。母は因幡采女の因幡国造気豆の女。天平勝宝三年に二十八歳で叙爵を受けた。(52) 薨伝に「略渉群書。頗習術数」(53)と称される才能の持ち主であったが、波乱の生涯については、後に述べることになろう。

よく教科書や概説書に、「京家ははじめから振るわなかった」と記されているが、その地位のみならず、人数もきわめて少ないのであれば、致し方ないところであろう。麻呂はもっぱら琴と酒にのみ熱意を見せ、子孫を残すことにも不熱心だったのであろうか。

全体として、叙爵を受けている官人の数も、三十歳以上の壮年官人の数も不足しており、まさに藤原氏にとっては最大の危機を迎えたと言えよう。この後、政権首班の橘諸兄や、光明皇后とどのような関係を築き、その地位を再び盛り返していくのか、まずは南家の豊成・仲麻呂兄弟に託されたことであろう。

話を再び天平九年九月に戻そう。二十八日、鈴鹿王を知太政官事、橘諸兄を大納言、多治比広成を中納言に任じた政権が発足した。(54) 三人とも、直前まで参議に過ぎなかったのであるから（しかも広成は八月十九日に任じられたばかり）、いかにも経験不足で弱体な政権であった。参議では大伴道足が生き残ったが、十二月十二日に藤原豊成を補充して、(55)何とか藤原氏を一人、参画させた。

なお、十二月二十七日、聖武生母の藤原宮子が、唐から帰国した玄昉の治療を受けた。

皇太夫人藤原氏、就皇后宮、見僧正玄昉法師。天皇亦幸皇后宮。皇太夫人、為沈幽憂、久廃人事、自誕天皇、未曾相見。法師一看、慧然開晤。至是、適与天皇相見。天下莫不慶賀。

とあるように、(56)聖武ははじめてその生母と会うことができたのである。玄昉と中宮亮下道（吉備）真備が褒賞を受けているが、諸兄を含めたこの三人の台頭に、やがて藤原氏が危機感を抱くことになる。

明けて天平十年正月、阿倍内親王が皇太子に立てられ、正三位に叙された諸兄が右大臣に任じられた。(57)同じく未婚の皇女とはいっても、元正の場合は皇太子としての首皇子がいたし、長屋王邸には多くの皇嗣候補が存在した。阿倍皇太子が立てられてもなお、「然猶無立皇嗣」(58)という状況が続くことになるのである。

安積親王の成人も近付く状況で、安積親王の近親でもある諸兄がその立太子を行なうことを怖れた光明皇后の意思が、ここには強くはたらいたことであろう。後に阿倍（孝謙）自身が、

朕御祖大皇后乃御命以弖朕尓告之尓、岡宮御宇天皇乃日継波、加久弖絶奈牟止為。女子能継尓波在止母欲令嗣止宣弖、此政行給岐。

〈朕が御祖大皇后〈光明子〉の御命以て朕に告りたまひしに、岡宮に御宇しし天皇〈草壁皇子〉の日継は、かくて絶えなむとす。女子の継には在れども嗣がしめむと宣りたまひて、此の政行ひ給ひき。〉

と言っているように、(59)藤原系皇統を存続させようとした光明皇后の「御命」によって、阿倍内親王は立太子し、そして即位することになる。

これに対する反対勢力を排除しようとしたのであろうか、十二月になって、式家の広嗣が大宰少弐に任じられ、(60)都から遠ざけられた。そして天平十二年八月、広嗣が上表して時政の得失を示し、天地の災異を述べ、玄昉と下道（吉備）真備を除くことを訴えた。(61)もちろん、諸兄や聖武そのものを批判したものである。

九月になると、兵を発して謀反に及んだ。(62)藤原氏として王権に武力で訴えるのは、これがはじめてのことである。広嗣自身は十月二十三日に肥前国松浦郡値嘉島で捕えられ、(63)十一月一日に斬首されたが、(64)問題なのはその過程で、聖武が平城京を棄てて東国に彷徨を始めたということである。

朕、縁有所意、今月之末、暫往関東。雖非其時、事不能已。将軍知之、不須驚恠。

というのが、十月二十六日に聖武が広嗣征討の大将軍である大野東人に与えた勅である。(65) 聖武は二十九日に伊勢に向かって進発している。(66)

この彷徨の目的や意義はここでは論じないが、先にも述べたとおり、豊成が留守として平城京に留めおかれたこと、一方、仲麻呂が前騎兵大将軍として聖武や光明子に随行し、その地位を高めたことを指摘したい。なお、北家の八束と清河もこれに随伴し、それぞれ位階を上げている。

年末の十二月十五日に聖武は恭仁宮に入り、(67) 天平十三年の朝賀は恭仁宮の帷帳の中で行なっている。(68)

正月十五日、藤原氏は封戸の返上を申請した。(69)

故太政大臣藤原朝臣家返上食封五千戸。二千戸、依旧返賜其家。三千戸、施入諸国国分寺。以充造丈六仏像之料。

この三千戸は、それまで未収公であった藤原四子の位封・職封であった可能性が指摘されているが、二千戸の方は慶雲四年に不比等が賜わった功封であったとされる。こちらは嫡系である南家に伝世されたことが、吉川敏子氏によって推定されている。(70)

吉川氏はまた、藤原氏が「故太政大臣藤原朝臣家」と称していることの意義を解釈し、天皇外戚としての立場を有効に利用するために、藤原氏一族は常に不比等の子であり孫であることを旨として結束している必要があったと論じられた。藤原氏は、鎌足に加えて新たな始祖を手に入れたということなのであろう。

閏三月、広嗣の乱と東国行幸の功労者に対する叙位が行なわれ、仲麻呂は従四位下に叙された。(71) これで豊成とは二階差に接近したことになる。光明皇后が藤原氏の将来を、「天資弘厚」な豊成よりも、「率性聡敏」な仲麻呂に期待したことを示すものであろう。(72)

七月には清河が中務少輔、仲麻呂が民部卿に任じられている。(73) 算道に明るい仲麻呂には適任だったことであろう。

天平十五年五月五日、皇太子阿倍内親王が、天武天皇に起源を持つ五節田舞を舞った。(74)そして、まず元正太上天皇から、天下の国法は絶えることはないという詔があり、次いで聖武天皇から、君臣親子の理を忘れず、今後も代々の天皇に供奉すべしとの詔があった。阿倍内親王の立太子を受け入れない官人層や皇親が存在したため、王権として諸臣に阿倍皇太子の存在と、それへの忠誠を再確認させたのであろう。

その後、叙位と任官が行なわれ、諸兄を従一位、豊成を従三位、仲麻呂を従四位上、八束を正五位上、清河を従五位上に叙し、諸兄を左大臣、豊成を中納言、仲麻呂を参議に任じた。仲麻呂と諸兄との攻防が、いよいよ本格的になってきたのである。そしてその攻防は、仲麻呂の後見する阿倍皇太子と、諸兄の後見する安積親王との、いずれを正当な皇位継承者として認めるかという二者択一の選択肢をめぐって繰り広げられた。

この頃、安積親王を中心に仰ぐ八束・大伴家持らによるグループが形成され、それらと諸兄とが連携して、安積親王に皇嗣としての望みを託していたとされる。(75)光明皇后を仰ぎ、仲麻呂を中心とする藤原氏と、このグループとの対立は、抜き差しならない問題として支配者層全体にのしかかってきていたはずである。

十二月二十六日、諸兄が主導してきた恭仁京の造営が停止され、紫香楽宮の造営が宣言された。(76)仲麻呂の諸兄に対する挑戦であるとされる。

翌天平十六年閏正月十一日、聖武は難波に行幸してしまう。事件が起こったのは、この時のことであった。(77)

天皇行幸難波宮。以知太政官事従二位鈴鹿王・民部卿従四位上藤原朝臣仲麻呂為留守。是日、安積親王、縁脚病従桜井頓宮還。

本来は恭仁京造営には反対であったはずの仲麻呂が留守官とされている点が、元々不審ではある。諸兄は政府首班として聖武に随行し、難波に向かったのであろうが、そのために掌中の玉である安積親王と切り離されることになるのである。二日後の十三日、恭仁京において安積親王は急死してしまう。(78)十七歳であった。

この安積親王の急死をめぐっては、横田健一氏によって、仲麻呂による暗殺説が提示された。[79]ただし、安積親王というのは、一部の支持グループを除いた支配者層全体にとっては、近い将来に政変をもたらす可能性を秘めた不穏な因子であった。支配者層の大多数が、近い将来の政変が未然に回避できたとして、安積親王の死に対して安堵の想いを抱いたであろうことは、想像に難くない。支持基盤の薄い安積親王を担いで事を起こすということは、聖武天皇や光明皇后が健在な時期においては、たとえ政権首班の橘諸兄であっても、ほとんど不可能なことである。

翌天平十七年五月、正月に正四位上に昇叙した仲麻呂は、平城還都に成功した。[80]これによって、諸兄の地位は危機に瀕し、政治情勢は、新たな段階へと向かうことになる。

なお、不比等の死去後に光明子に相続された邸第は、この時に施入されて寺となり、「宮寺」と称された。後の法華寺である。

九月、仲麻呂は近江守を兼ねることとなったが、[81]近江国というのが、鎌足―不比等―武智麻呂と続く藤原氏嫡流と関係の深い地であることを考えると、仲麻呂の近江守任官は、単なる地方官の任命には留まらない意味を持つものである。

同じ九月、聖武が重病に陥り、不測の事態に備えて孫王たちを難波宮に招集（拘束）するという措置がとられた。[82]諸兄の嫡子である摂津大夫奈良麻呂による最初のクーデター計画が持ち上がったのは、この時であった。[83]「然猶無立皇嗣」と奈良麻呂が語ったというのも、この時のことである。

この時には聖武は何とか持ち直したが、これ以降、彼の熱意はもっぱら盧舎那大仏の造顕に向けられた。一方、諸兄に対する仲麻呂の攻勢は続き、十一月には玄昉が筑紫に左遷されている。[84]

天平十八年、仲麻呂は三月に式部卿に任じられ、[85]四月に従三位に叙された。[86]これで位階の上では豊成と並んだことになる。式部卿としては大幅な人事異動を敢行し、諸兄政権下での人事を変更してその権力を弱体化したとされる。[87]

天平二十年、三月に豊成が従二位に授されて大納言に任じられ、仲麻呂が正三位に叙された。[88] ここに再び二人の間に差が生じたことになるが、実際の権力とは別の問題であった。なお、『公卿補任』によると、この日、八束が参議に任じられている。北家と南家の両方から議政官を出す態勢が、再び現出したことになる。

四月、藤原氏とは一線を画してきた元正太上天皇が、六十九歳で死去した。[89] 諸兄の権力をわずかながらでも支えてきた元正の死は、諸兄にとっては大きな打撃となったが、それに追い打ちをかけたのが、聖武の動きであった。律令制成立以来、太上天皇が常時一人ずつ存在したことは先に述べたが、同時に二人存在したこともなかった。聖武にとっては、元正の死は、太上天皇の「空き」ができたことを意味し、これで譲位して太上天皇となり、全力で大仏造顕に専念できると認識したはずである。

翌年天平二十一年四月、大仏の前で北面し、産金を感謝する法要を営んだ聖武は、[90] 閏五月には天皇の座を捨て、「太上天皇沙弥勝満」と自称して薬師寺宮に遷御してしまった。[91] この間、四月には豊成が右大臣に任じられているが、[92] それは仲麻呂に対抗できるような地位ではなかった。

七月、阿倍皇太子が即位し、天平勝宝と改元され、仲麻呂が大納言に任じられた。[93] ここにいよいよ未婚の女帝・孝謙天皇が誕生した。この間一箇月あまりの天皇大権を行使していたのは、光明子であったものと思われる。孝謙の即位が光明皇太后の指示によって行なわれたものであることは、先に述べた。

しかし、仲麻呂は、大納言という地位だけでは専権を振るえるものではなかった。太政官の上席には、左大臣橘諸兄、右大臣藤原豊成、大納言巨勢奈弖麻呂が存在し、これらを超越して太政官首班の座に着くわけにはいかなかったのである。

光明皇太后・孝謙天皇と結んで権力の座を目指した仲麻呂は、八月に紫微令という地位を、[94] 九月に紫微中台という官司を、[95] それぞれ手に入れた。「枢機之政、独出掌握」と称されたのはこの頃のことであり、[96] 孝謙の天皇大権を光明子が代わって執行し（駅鈴と天皇御璽が光明皇太后の許にあったことは、後に明らかになる）、それを太政官組織とは別個の経路で仲麻呂が取り仕切るという形で、諸兄の権力はますます圧迫されることとなったのである。(97) この頃にも奈良麻呂のクーデターが計画されたのであるが、(98) それが実行に移されることはなかった。

天平勝宝二年が明けると、仲麻呂は吉備真備を筑前守に左降し、(99) 従二位に叙された。(100) 真備は翌天平勝宝三年には入唐副使に任命されている。(101)

天平勝宝四年四月には大仏開眼供養の帰途、孝謙が仲麻呂の田村第に還御して御在所とするなど、(102) 諸兄の権力はまさに風前の灯といった観を呈してくる。

そんな折、天平勝宝四年十一月、諸兄邸では聖武を迎えて肆宴が行なわれ、聖武と諸兄は各々の関係を再確認する歌を詠み合った。(103) 同じ頃、光明皇太后と孝謙は仲麻呂邸に行幸し、仲麻呂らに歌を賜わっている。(104) ここに聖武・諸兄を軸とする派閥と、光明皇太后・孝謙・仲麻呂のラインに連なる派閥との対比が鮮明となるわけである。

そしていよいよ、聖武にも最期の時が近付いた。天平勝宝七歳十月、聖武はまたもや重病に陥ったのである。ちょうどその時、諸兄の政治生命を断つことになる密告がなされた。(105)

先是、去勝宝七歳冬十一月、太上天皇不予。時、左大臣橘朝臣諸兄祗承人佐味宮守告云、大臣飲酒之庭、言辞無礼。稍有反状云々。太上天皇優容不咎。大臣知之、後歳致仕。既而勅、召越前守従五位下佐伯宿禰美濃麻呂問、識此語耶。美濃麻呂言曰、臣未曾聞。但慮、佐伯全成応知。於是、将勘問全成、大后慇懃固請。由是、事遂寝焉。語具田村記。

諸兄が宴席において、反状に及んだ言辞を発したということを、諸兄の家司（もしくは資人）が密告してきたというのである。聖武はそれを聞いても咎め立てすることはせず、諸兄はそれを知って、あわてて致仕したという。天平勝宝八歳二月のことであった。(106) その後、仲麻呂の意を承けたであろう孝謙が佐伯美濃麻呂を勘問させたところ、佐伯全成が関与しているとの自白があった。そこで全成を喚問しようとしたところ、光明皇太后の要請によって沙汰止みになったというのである。

なお、この年の四月、奈良麻呂によって三度目のクーデター計画が立てられている。[107] 奈良麻呂は、聖武の危篤に際して天下の乱れを説き、「他氏」（藤原氏）が王を立てたならば橘氏は滅びるであろうこと、大伴・佐伯氏を率いて黄文王を立て、「他氏」に先んじるべきであることを述べた。それに対し大伴古麻呂は、豊成・仲麻呂の二人は権勢を握っており、王を立てても従う人はいないという認識を述べ、自重を求めている。全成は、事の無道であることを述べ、その場を辞去した。

さて、聖武太上天皇は、天平勝宝八歳五月二日、ついに死去した。[108] 遺詔によって新田部親王の子である道祖王が皇太子に立てられた。反仲麻呂派は、巨大な後ろ盾（と彼らが思っていたもの）を失い、以後は「光明子―仲麻呂」体制が名実共に確立するのである。

そして致仕していた橘諸兄は、天平宝字元年正月、むなしく薨去している。[109] 仲麻呂は三月に道祖王の廃太子を強行すると、[110] 一箇月後、早くも新しい皇太子の決定が行なわれた。[111] その際、群臣に皇嗣を諮問したのであるが、藤原豊成・藤原永手が塩焼王を、文室珎努・大伴古麻呂が池田王を、それぞれ推した後、最後に仲麻呂が天皇の意見に従うと報答している。

仲麻呂の奉答を承けた孝謙の勅も、舎人・新田部両親王が「宗室の中」で「尤も長」であるという理由で、皇統がその二系統に絞られることを言明したうえで、新田部親王の子の道祖王を退けたので、今度は舎人親王の子の中から選ぶことを宣言している。

孝謙が候補として挙げた王のうち、船王・池田王、そして意中の大炊王は舎人の子である。新田部の子である塩焼王をわざわざ挙げて退けているのは、聖武皇女である不破内親王の夫であるという事情と、その結果支持が多く集まっていたことを考慮したためであろう。仲麻呂と孝謙の意中がはじめから大炊王にあったことは、言うまでもない。大炊王は、舎人親王の第七子で母は当麻老の女の山背。この時二十五歳で、まだ蔭叙は受けていなかった。淳仁天皇即位前紀には、

……先是、大納言藤原仲麻呂、妻大炊王、以亡男真従婦粟田諸姉、居於私第。

とある。仲麻呂の長子の寡婦の婿として仲麻呂邸に迎えられていたということは、仲麻呂の婿の扱いを受けていたことになる。

この頃、天平宝字元年三月には、藤原部を久須波良部、君子部を吉美侯部に改めよとの勅を出させたり、(112) 同年五月に、鎌足・不比等の諱名を避けよとの勅を出させたりして、(113) 仲麻呂は天皇家と藤原氏を同格に扱う処置を取っていた。

天平宝字元年五月二十日、仲麻呂は養老律令を施行した。

去養老年中、朕外祖故太政大臣、奉勅、刊脩律令。宜告所司早使施行。

と孝謙に勅させているように、不比等の顕彰を目的としたものであることは、言うまでもない。

また、養老職員令の外に紫微内相という職を設け、それに任じられた。(114)「内相」の「相」は明らかに「将相」（大臣）の「相」であり、官位・禄賜・職分・雑者は皆、大臣に准じると定められたことからも、仲麻呂が大臣に相当する地位に昇ったことを示している。岸俊男氏は、『類聚三代格』所収昌泰三年十二月九日太政官符に引用されている「天平勝宝九年四月十四日内臣宣」を以て、仲麻呂は祖先以来藤原氏に関係の深い内臣に着目し、それを伝統的に継承すると共に、「令掌内外諸兵事」とあるように、本来ならば直接天皇が掌握するはずの軍事権を手中にするため、内廷近侍の重臣という意味で、令外に紫微内相の地位を創設した、と解された。(115) 光明皇太后や淳仁天皇と結び、「枢機之政、独出掌握」「独擅権威、猜防日甚」と称された仲麻呂の立場は、実際、鎌足や房前が拝された内臣や内大臣に相応しいものと言えよう。緊迫する政治情勢を敏感に察知した仲麻呂が、先手を打ったものである。

六月九日には「勅五条」を制し、[116]平城京を戒厳令下に置いたが、この頃から、仲麻呂の許には盛んに密告が行なわれた。「橘奈良麻呂の変」のはじまりである。

まず六月十六日以前のある日、巨勢堺麻呂の密告があった。[117]大伴古麻呂が小野東人に、仲麻呂殺害を企てている人（奈良麻呂）がいることを告げ、計画への参加を呼びかけたところ、東人は承諾した。答本忠節がこのことを豊成に告げたが、豊成は、自分が言って聞かせるから仲麻呂を殺すのはやめるように、と言うのみであった。堺麻呂は、それを聞いて慌てて密告したのである。

豊成は謀反の密告を受けても、奏聞したり、仲麻呂に告げたりすることなく、事を穏便に済ませようとした。彼の保守的な姿勢が窺える例であるが、同時にまた、仲麻呂との間にすでに疎隔が生じていることを示すものでもある。豊成がこのことを奏聞しなかったことは、事が謀叛以上に当ったならば馳駅奏聞せよという養老獄令・告密条の規定に抵触することとなり、後に左降される原因となる。

その頃、反仲麻呂派は、具体的な謀反の計画を作成し、三度にわたって会盟を行なっていた。そのような情勢のなか、密告を行なう者が続々と現われた。まず六月二十八日、黄文王の同母弟にあたる山背王（共に長屋王の遺児）が、奈良麻呂の謀反を密告した。[118]山背王は、この「功績」が孝謙天皇に嘉せられ、特に姓を藤原と賜わり、弟貞と名のった。こうして晴れて皇親籍を脱した弟貞こと山背王は、この後の政局を無事乗り切り、従三位参議礼部卿として天平宝字七年に死去している。[119]ただし、それは恵美押勝の乱が勃発する一年前のことであり、いま少し彼が長命であったならば、運命はどうなっていたかわからない。

続く二十九日は、奈良麻呂派の最終的な謀議が行なわれた日である。京内においては、第一に仲麻呂の田村第を囲んでこれを殺すこと、第二に田村第内の田村宮を囲んで大炊皇太子を廃すること、第三に光明皇太后の居所を占拠して駅鈴と天皇御璽を奪取すること、第四に右大臣豊成に天下の号令を行なわせること、第五に孝謙天皇を廃して四王の中から新天皇を選ぶこと、地方においては、大伴古麻呂が陸奥への赴任の途中、不破関に留まり、関を閉塞すること、そしてそれらの伏線として、賀茂角足が高麗福信ら仲麻呂派の要人を京外に招いて飲酒させ、決起の際に釘付けにしておく、また田村宮の図を造って反乱軍の進入を扶けようとした、としている。

彼らの行動計画は、古代国家の権力発動のシステムや、当時の権力中枢の在り所を、共に的確にとらえている。国家権力を発動する源は、詮じつめれば駅鈴と御璽、つまり交通と文書に集約されるわけであるし、彼らの標的が、仲麻呂・大炊王・光明子・孝謙の四者であったことは、当時の権力の中枢部分がどこにあったかを、正しく認識している。特に、光明皇太后も標的になっているということは、この権力体の実質的な「中核」がこの「天皇家の長」にあったことを、彼らが鋭敏に把握していたことを示すものである。

ただ、兵力に加えて、彼らは政治的指導者についても、人材不足の様相を呈していた。一年前の奈良麻呂の陰謀の際には、「右大臣・大納言」と並び称して、豊成・仲麻呂を敵と認識していたのに、今回は豊成に号令させようとしているのである。先に挙げた答本忠節の密告に対して豊成が寛容な態度を見せたという情報でも頼りにしているのであろうが、それは豊成の保守的な政治姿勢を示しているに過ぎず、彼ら反仲麻呂勢力に共鳴しているわけではないのである。

月が替わった七月二日、計画の実行日がこの日であるとはまだ知らない王権側は、事態の鎮静化を求める戒告を、異例の詔の形で宣り聞かせた。(120) まず孝謙天皇が、奈良麻呂らによる謀反の風評を聞いてもなお、そんなことはあるまいと信じて処罰しなかったこと、多くの人が密告してきたけれども「慈の政」によって反省を促したい、という詔を発した。

この詔に続く光明皇太后の異例の詔では、安宿王・黄文王・山背王・奈良麻呂らを「吾が近き姪」と称してミウチ意識に訴え、故聖武天皇が、自分の死後には「太后に能く仕へ奉り助け奉れ」と、しばしば諸臣に語っていたと、「内の兵」としての大伴・佐伯氏、「吾が族」としての大伴氏に対して、特に忠誠を要求している。王権側の意思は、この光明子の詔の方に言い表わされていたと考えるべきであろう。この二つの詔は、武力衝突による両勢力の剥き出しの対決を回避させ、事を穏便に収めようとする光明皇太后（と孝謙天皇）の意思が、仲麻呂の思惑を越えて、発露されたものと言うことができる。このままでは、奈良麻呂たちは不問に付され、この事件は穏便に闇から闇へと葬られていた可能性が強い。

しかしながら、現実の政治を担当する仲麻呂の立場に立つと、そうはいかなかった。同じ二日の夕刻、具体的な謀反の計画を示した密告が、上道斐太都によってはじめて知らされたのである。斐太都が仲麻呂のスパイとして奈良麻呂たちに入り込んでいたとする想定[121]が正しいならば、事態の沈静化に危機感を抱いた仲麻呂が、斐太都に密告を行なうように指示した可能性もある。ともあれ、具体的な反乱計画の内容を知った仲麻呂はこれを深夜に上奏し、諸門を厳戒すると共に、東人の追捕を行ない、先に廃太子した道祖王の宅を囲んで、ようやく弾圧に着手した。[122]

翌三日、左衛士府に拘禁しておいた東人の尋問が行なわれた。尋問を行なったのは、右大臣豊成以下の八人であったが、尋問に対して東人は、犯行を否認したのである。この日はこのまま沙汰止みとなっているが、ここにも事を荒立てたくないという豊成の政治姿勢が現われている。あるいは巨勢堺麻呂の密告に述べられていた仲麻呂暗殺計画の全容が暴露され、自分に累が及ぶのを避けようとしたものかもしれない。

一方、この日、塩焼王・安宿王・黄文王・橘奈良麻呂・大伴古麻呂の五人に対して、光明皇太后の恩詔が下された。[123]宣したのは、こともあろうに仲麻呂であった。五人について謀反の密告があったけれども、五人は自分の近親であって高い処遇を与えているので、恨まれる覚えはない、したがってその罪は赦す、というのである。

ともあれ、この時点までは、首謀者たちも罪に問われることなく、光明皇太后や豊成の望んだとおり、事件は穏便に収拾されるかと思われた。

ところが四日、事態は一変した。前日には白を切り通した東人が、この日は六月に行なった謀議の具体的内容を語り始めたのである。この背景には、前日の尋問には加わっていた豊成が外されたことがあるという岸俊男氏の見通し[124]は、おそらく正鵠を射たものであろう。むしろ、「毎事実也。無異斐太都語」という東人の「自白」の言葉[125]には、仲麻呂の意を汲んだ中納言藤原永手の作為が感じられる。このまま事件がうやむやになってしまい、首謀者たちが反体制派として生き残ることに、仲麻呂は強い危機感を抱いたのであろう。

この「自白」を承けた仲麻呂は、一挙に大弾圧を敢行する。首謀者たちは一挙に拘禁され、尋問を受けることとなったのである。この後、皆を獄に下し、拷掠・窮問を行なったところ、名を多夫礼と改められた黄文王、麻度比と改められた道祖王、大伴古麻呂、多治比犢養、小野東人、姓を乃呂志と改められた賀茂角足らは、杖の下に死んだ。また、安宿王と妻子は佐渡に配流され、信濃守佐伯大成・土佐守大伴古慈斐は任国に配流された。与党の人々は、あるいは獄中に死に、他は配流された。

また、陸奥国には仲麻呂四男の朝獦が新任の陸奥守として下向し、前陸奥守佐伯全成を勘問した。天平十七年以来の奈良麻呂の陰謀を自白した全成は、勘問が終わると自経した。なお、首謀者の中で、奈良麻呂のみが処罰を明記されていないが、やはり拷問の結果、死に至ったと考えるべきであろう。

そしていよいよ、追及の手が豊成に及ぶこととなった。九日、永手を豊成邸に遣わし、変に関わっていたとして三男乙縄の身柄を引き渡すことが命じられた[126]。十二日、乙縄が日向員外掾に左降されると共に、豊成の責任を追及する勅が下された[127]。

勅曰。右大臣豊成者。事君不忠。為臣不義。私附賊党。潜忌内相。知搆大乱。無敢奏上。及事発覚。亦不肯究。若怠延日。殆滅天宗。嗚乎宰輔之任。豈合如此。宜停右大臣任。左降大宰員外帥。

これによると、賊党に附いて仲麻呂を忌み、答本忠節の密告を受けても奏上することなく、事変が発覚しても厳しく窮問することをしなかった、として、大宰員外帥に左降された。ただし、病と称して難波に引き籠っている。

そして二十七日、奈良麻呂たちによって名前が挙げられていながらも、ただ一人処分が確定していなかった塩焼王に対する処置が決定した。[128] 塩焼王は名前が挙がっただけで謀議の場には参列しておらず、道祖王に縁坐して遠流に処せられるべきであるけれども、新田部親王の家門を絶やすわけにはいかないので、今回の罪は免じる、というものである。道祖王も謀議に参加していたわけではないにもかかわらず、この兄弟の間にこのような処分の差が生じたのは、仲麻呂がいかに廃太子道祖王の存在を恐れていたかを示すものである（同時に、聖武の遺詔によって立太子した道祖王の地位を、強引に奪ってしまったことに対する後ろめたさでもあろう）。また、後年の二人の関係を勘案すると、仲麻呂は塩焼王に対して、すでに何らか期待するところがあったのであろう。

「奈良麻呂の変」の本質は、あくまでも、王権と結んだ仲麻呂が、独裁的な権力を確立していく過程における、反対派氏族との宮廷政治闘争の一類型として、これをとらえるべきであろう。首謀者たちの発想は、他氏（藤原氏）に皇嗣決定を独占されてしまうと、自己の属する氏族は滅びてしまう、したがって自分たちの望む王を皇嗣とすれば、他氏に先んじることができ、万世までの繁栄の基盤となるであろう、と言って、大伴・佐伯氏を誘った奈良麻呂の言葉に、如実に現われているのである。

独裁政権を確立した仲麻呂は、租税の軽減、文武の奨励、興福寺維摩会の興隆、東国防人の停止、公廨稲・論定稲の規定、問民苦使の派遣など、積極的な内政を実施した。これらの政策の真の意図が律令国家体制の維持にはなく、あくまでも自己の権力の確立にあったという指摘[129]は、的を射ているものと言えよう。

この中で、鎌足が創始したと伝えられ、不比等が再興したものの再び中絶していた維摩会を閏八月に復興したこと[130]は、先祖の顕彰と共に、鎌足・不比等の功業を継ぐものが自分であるという示威を目指したものであろう。

また、十二月に功田の等第を定めているが、[131] ここでは古人大兄王子の謀反が中功一人、斉明朝の遣唐使が下功一人、壬申の乱が上功一人・中功九人、大宝律令の撰定が下功四人、養老律令の撰定が下功五人、橘奈良麻呂の変が上功一人と、概して評価が低いのに比べて、乙巳の変における佐伯古麻呂が上功、「大織藤原内大臣乙巳年功田一百町」に対しては「大功世々不絶」と、最大限の評価を下している。

一方、天平宝字二年秋には五十八歳に達した光明皇太后が病悩したが、(132) 八月一日、孝謙天皇は皇位を大炊王に譲り、ここに淳仁天皇（淡路廃帝）が即位した。(133) 譲位宣命の後半で、母皇太后に孝養を尽くしたい旨を述べていることが、この譲位の特異性を物語っている。高齢と病悩によって天皇大権を行使し得なくなった光明皇太后に代わって、自己の意思に忠実な天皇を即位させ、それに大権を委譲したいという仲麻呂（そして皇太后）の思惑に対して、天皇大権を手に入れることのないまま位を譲らねばならなくなった孝謙の思いが、このような言葉となって噴出したのであろう。

淳仁に天皇大権が委譲されたことは、押勝の乱に際して鈴印が淳仁の在所である中宮院（内裏）に保持されていたことから、明らかである。太上天皇となった孝謙は、淳仁天皇に対して親権を行使し得る立場にはなく、孝謙が太上天皇としての政治権力を発揮しようとした場合に、淳仁や仲麻呂との間に引き起こされるであろう鋭い対立は、もともと内包されていたことであった。

二十五日、官号が唐風に改易され、仲麻呂は大保（右大臣）に任じられて、(134) ついに乾政官（太政官）をも制覇した。同日、恵美の姓、押勝の名、尚舅の字を淳仁から賜わったが、同時に鋳銭・挙稲と家印の使用を許されたことは、その准皇親化の一環であろう。恵美の姓を賜わった際の勅は、以下のとおりである。

勅曰、褒善懲悪、聖主格言。賞績酬労、明主彝則。其藤原大保者、晨昏不怠、恪勤守職。事君忠赤、施務無私。愚拙則降其親、賢良則挙其怨。殄逆徒於未戦、黎元獲安。固危基於未然、聖暦終長。国家無乱、略由若人。平章其労、良可嘉賞。其伊尹有莘之媵臣。一佐成湯、遂荷阿衡之号。呂尚渭浜之遺老。且弼文王、終得営丘之封。況自乃祖近江大津宮内大臣已来、世有明徳、翼輔皇室、君歴十帝、年殆一百、朝廷無事、海内清平者哉。因此論之、准古無匹、汎恵之美、莫美於斯。自今以後、宜姓中加恵美二字。禁暴勝強、止戈静乱。故名曰押勝。朕舅之中、汝卿良尚。故字称尚舅。更給功封三千戸、功田一百町。永為伝世之賜、以表不常之勳。別聴鋳銭・挙稲及用恵美家印。

ここでも鎌足以来の皇室の翼輔を賞揚し、眼前の藤原氏官人の栄誉の源泉としているのである。

翌天平宝字三年、押勝（仲麻呂）は新羅征討計画の遂行に忙殺されていた。[135] 天平宝字四年正月に従一位に叙され、諸臣としてはじめて太政大臣（大師）に任じられた。[136] その際に読み上げられた孝謙太上天皇の宣命については、先に述べたとおりである。翌日には孝謙と淳仁が揃って押勝の田村第に行幸を行なっている。[137] この時点では、三者の関係はそれほど険悪なものではなかったのであろう。

しかし、それもつかの間、その権力は決定的な打撃を蒙った。疫病流行の中、三月以来、光明皇太后の不予が明らかとなり、[138] 六月に死去してしまったのである。[139]

天平応真仁正皇太后崩。姓藤原氏。近江朝大織冠内大臣鎌足之孫、平城朝贈正一位太政大臣不比等之女也。母曰贈正一位県犬養橘宿禰三千代。皇太后幼而聡慧、早播声誉。勝宝感神聖武皇帝儲弐之日、納以為妃。時年十六。接引衆御、皆尽其歓、雅閑礼訓、敦崇仏道。神亀元年、聖武皇帝即位、授正一位、為大夫人。生高野天皇及皇太子。其皇太子者、誕而三月立為皇太子。神亀五年、夭而薨焉。時年二。天平元年、尊大夫人為皇后。湯沐之外、更加別封一千戸、及高野天皇東宮封一千戸。太后仁慈、志在救物。創建東大寺及天下国分寺者、本太后之所勧也。又設悲田・施薬両院、以療養天下飢病之徒也。勝宝元年、高野天皇受禅、改皇后宮職曰紫微中台。妙選勲賢、並列台司。宝字二年、上尊号曰天平応真仁皇太后。改中台曰坤宮官。崩時春秋六十。

というのが、その崩伝である。

約二十年間にもわたり、押勝の権力を支えてきた「天皇家の長」にして「藤原氏の長」の死は、その独裁権力の基盤をも、一挙に突き崩してしまった。

八月に不比等を淡海公に封じ、橘三千代に正一位を送って大夫人とし、武智麻呂と房前に太政大臣を贈ったという(140)のも、押勝の危機感の表われであろう。その際の勅は、先に挙げた。

また、『藤氏家伝』の撰述も、この頃のこととされる。(141)これもまた、現実の政局に対する不安が、押勝に自己の政治基盤の正統性を過去の父祖の活躍と王権からの恩寵、そして未来への約契を描かせる方向に進ませたのであろう。十二月に、宮子と光明子の墓を山陵と称し、忌日を国忌の例に入れさせたの(142)も、その一環である。

光明皇太后が死去して以来、身辺の軍事態勢を強化し、自己防衛の手段として軍事権の掌握を意図し始めていた押勝であったが、(143)その権力を脅かしたのは、皇太后の病悩と軌を一にして天皇大権を発揮し始めた孝謙太上天皇であった。

両者の衝突と分裂は、皮肉なことに天平宝字五年十月以来行幸していた、近江国の北京・保良宮において始まった。宿曜秘法を修して孝謙の看病に侍していた内供奉禅師の道鏡が、孝謙に「寵幸」されたという噂が広まったのである。道鏡の薨伝(144)には、

宝字五年、従幸保良、時侍看病、稍被寵幸。廃帝（淳仁）、常以為言、与天皇（孝謙）不相中得。天皇、乃還平城別宮而居焉。

とある。諸史料が言う「寵幸」「寵愛」は、必ずしも後世の説話の伝えるようなものとは思えないが、二人の関係に対して、鋭い嗅覚の押勝が危機感を覚えたであろうことは、押勝の略伝(145)に、

時道鏡、常侍禁掖、甚被寵愛。押勝患之、懐不自安。

と見えることからも、十分に窺えるところである。

おそらくその意を承けたであろう淳仁が孝謙を諫め、両者の間に間隙が生じることになった。その結果、天平宝字六年五月、突然に両者は平城に還御し、淳仁は中宮院、孝謙は法華寺に入ったのである。(146)

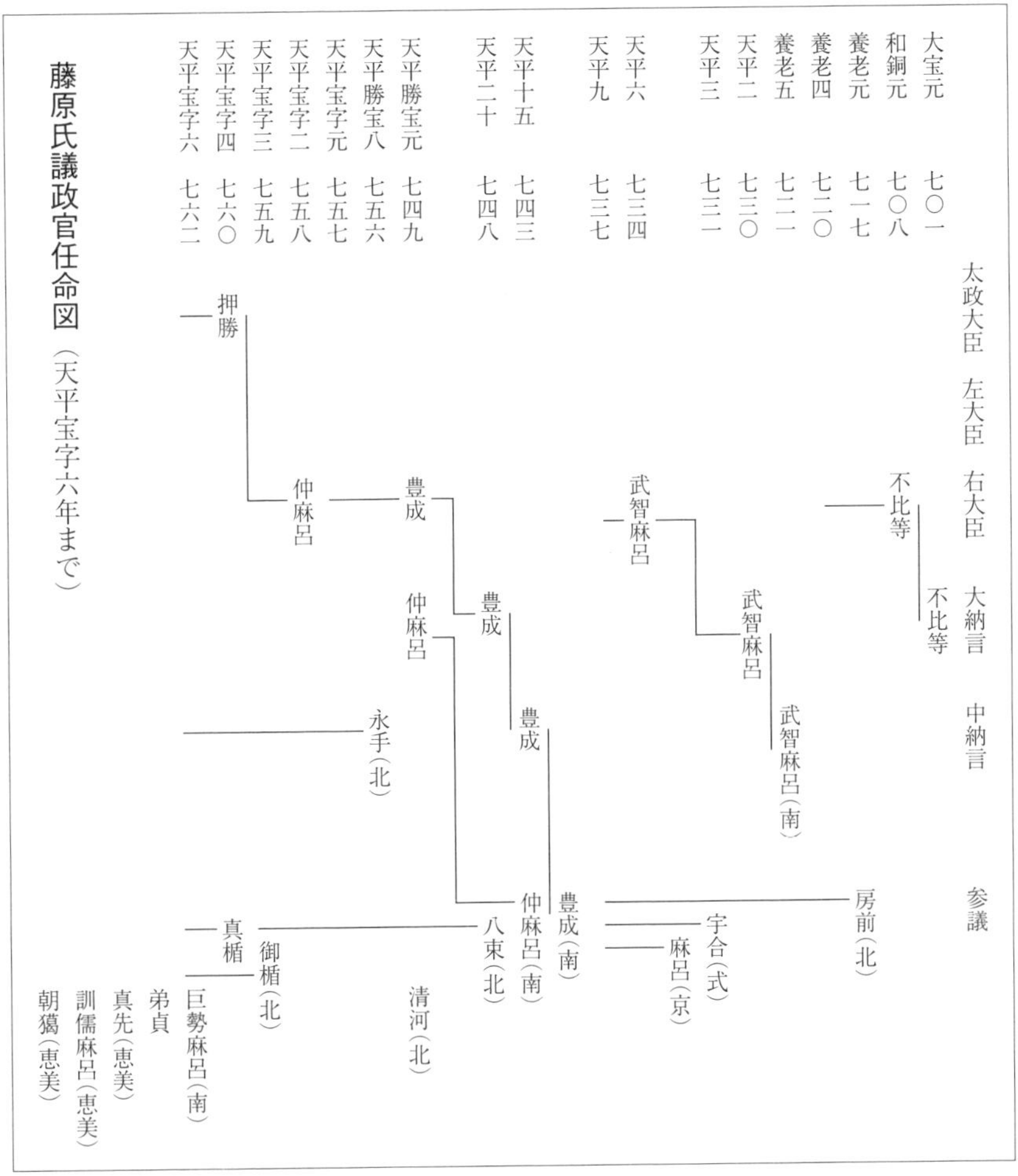

そして六月三日、決定的な分裂を迎えた。(147) 淳仁の諌言が、鄙賤の者が仇敵に対してなす言動のようなものであったと言うのである。このような理由で、天皇と太上天皇による共同執政という、律令制成立以来の伝統を終焉させてしまった点、孝謙の個性もさることながら、別系の皇統に属する天皇と太上天皇という、律令制定者も予期しなかった事態がもたらした悲劇と称するべきであろう。

　またここでは、常祀などの小事は淳仁天皇が、賞罰などの国家の大事は孝謙太上天皇が、それぞれ分担す

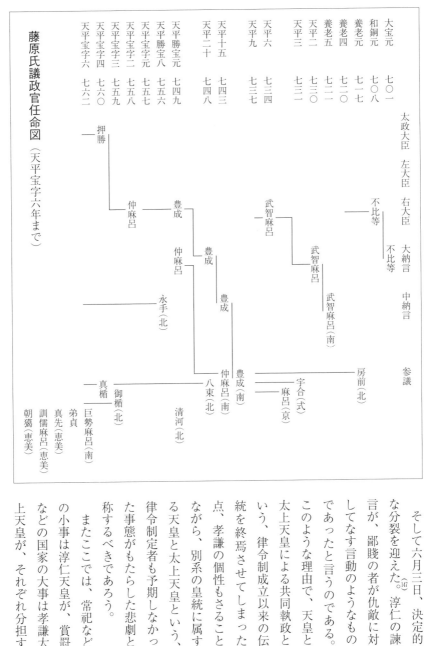

るという、天皇大権の分担を命じている。しかしながら、実際のところは、鈴印が押勝の乱の勃発に至るまで、一貫して淳仁の許に保持されていたことからもわかるように、淳仁が「国家大事」から疎外されたとは考えられず、むしろ淳仁と押勝側が政治的優位を保っていたと見るべきであろう。[148]

しかしながら、光明皇太后の在世中は微妙なバランスを保っていた孝謙と押勝との関係が、ここに至って破綻したことは確実であろう。今後の政局は、剥き出しの権力を獲得し始めた押勝と、太上天皇としての恣意の発現を隠そうとしなくなった孝謙との、陰湿な綱引きによって左右され、淳仁と道鏡がそれに踊らされるということになったのである。

六月二十三日に、妻であり尚蔵兼尚侍として後宮政策に大きく関わった藤原袁比良古（房前の女）を、[149]九月三十日に、側近である御史大夫兼文部（式部）卿神祇伯の石川年足を喪った押勝であったが、[150]それゆえに専権を強化する動きには、ますます拍車がかかった。

まず八月十一日、長男の藤原恵美訓儒麻呂（久須麻呂）と、腹心の中臣清麻呂・上道正道・佐味伊与麻呂に命じて、淳仁の在所である中宮院に侍して勅旨の伝宣にあたらせるという措置を執った。[151]孝謙の動きを牽制しながら、淳仁の意思を直接に乾政官に伝達させようとしたのであろう。

次いで十二月一日、乾政官首脳部に大規模な異動を行なった。[152]中納言には氷上塩焼・白壁王といった皇親を、参議には元皇親の藤原弟貞（元山背王）や、訓儒麻呂・朝獦といった自己の子息、それに中臣清麻呂・石川豊成といった腹心を、それぞれ任じ、その権力を補強したのである。御史大夫の文室浄三（元智努王）に加えて三人の皇親（および元皇親）を自己の周囲に集めたのは、恵美家と天皇家との一体化を目指したものであろうし、真先に加えて合計三人の子息を参議としたことは、その権力強化が、政治の世界における伝統や、藤原氏内部におけるバランスを超越した次元で行なわなければならなくなったことを示している。押勝の略伝に、[153]

其余顕要之官莫不姻戚。独擅権威。猜防日甚。

と称されているのは、この頃から後のことであった。

しかし、氏族内部のバランスや序列をまったく無視した人事には、当然のことながら反発が起こる。押勝自身は、自己の恵美家を藤原氏からは分離した准皇親氏族と認識していたであろうが、藤原氏の他の家の人々はそのようには見ていなかったであろう。恵美家の者ばかりが参議に任じられれば、自分たちへの割り当て分が減ると考えて憎悪の念を抱いたであろうことは、想像に難くない。

そして、具体的な行動を起こそうとしたのが、藤原良継であった。良継は、天平宝字七年当時、四十八歳で、式家宇合の次男。兄は広嗣であるから、良継が式家の総帥ということになる。従五位上上野守から、正月の任官で造宮大輔を兼ね、ようやく中央に復帰したばかりであった。この任官は大権分離後の最初の定期異動であって、押勝に除外されていると自覚していながら昇任した者は、孝謙による抜擢と思いこみ、なんらかの意図のもとに結集された一員であると信じた、という推測もある。(154)

良継は、正月に造東大寺司長官に復帰した佐伯今毛人、同じく侍従に加えて文部大輔も兼ねた石上宅嗣、前年に信部（中務）大輔として中央に復帰した大伴家持と謀り、押勝を害しようとした。(155) この計画は、道鏡の同族である弓削男広という者が、押勝に密告した。勘問を受けた良継は、一人大不敬の罪を受けて姓と官位を剥奪されたが（他の三人も天平宝字八年正月に左遷されている）、後に押勝を討ち、ついには内大臣に至って専権を手中にしている。

註

（1）『続日本紀』天平五年正月庚戌条。

（2）木本好信『藤原四子』（前掲）。

（3）『続日本紀』天平六年正月己卯条。
（4）野村忠夫「武智麻呂と房前―不比等の後継者の問題―」（前掲）。
（5）『続日本紀』天平三年十一月丁卯条、十一月癸酉条。
（6）『続日本紀』天平四年八月丁亥条、八月壬辰条。
（7）『続日本紀』天平九年正月丙申条。
（8）『続日本紀』天平七年九月壬午条。
（9）『続日本紀』天平七年十一月乙丑条。
（10）『続日本紀』天平八年十一月丙戌条、十一月壬辰条。
（11）奈良国立文化財研究所編『平城京長屋王邸宅と木簡』（吉川弘文館、一九九一年）の「発掘担当者」の中に、名前が載っている。
（12）『続日本紀』天平九年二月戊午条。
（13）『続日本紀』天平九年四月戊午条。
（14）『続日本紀』天平九年四月癸亥条。
（15）『続日本紀』天平九年四月辛酉条。
（16）『続日本紀』天平九年十月丁未条。
（17）『続日本紀』天平九年七月乙酉条。
（18）『続日本紀』天平九年七月乙未条。
（19）『続日本紀』天平九年七月丁酉条。
（20）直木孝次郎「藤原武智麻呂の墓と栄山寺」（『日本古代の氏族と国家』所収、吉川弘文館、二〇〇五年、初出一九九九年）。
（21）『続日本紀』天平九年八月丙午条。

(22)『続日本紀』天平九年十二月辛亥条。
(23)『続日本紀』天平十一年正月丙午条。
(24)『続日本紀』天平十二年二月甲子条、十月壬午条。
(25)『続日本紀』天平六年正月己卯条。
(26)『続日本紀』天平宝字八年九月壬子条。
(27)『続日本紀』天平十一年正月丙午条。
(28)『続日本紀』天平十二年正月庚子条。
(29)『続日本紀』天平十二年十月丙子条。
(30)『続日本紀』天平十二年十一月甲辰条。
(31)『続日本紀』天平十三年閏三月乙卯条。
(32)『続日本紀』天平九年九月己亥条。
(33)「上階官人歴名」(「正倉院文書」続々集二十四帙五裏)。
(34)『続日本紀』天平十二年正月庚子条。
(35)『続日本紀』天平元年八月癸亥条。
(36)『続日本紀』天平九年九月己亥条。
(37)『続日本紀』天平十二年正月庚子条。
(38)『続日本紀』天平十二年十一月甲辰条。
(39)『続日本紀』天平神護二年三月戊午条。
(40)『公卿補任』天平勝宝元年、『尊卑分脈』。
(41)『続日本紀』天平十二年十一月甲辰条。

(42)『続日本紀』天平九年九月己亥条。
(43)『続日本紀』天平十年四月庚申条。
(44)『続日本紀』天平十年十二月丁卯条。
(45)『続日本紀』天平十二年八月癸未条、十一月戊子条。
(46)『続日本紀』宝亀八年九月丙寅条。
(47)高島正人「奈良時代中後期の式・京両家」(『奈良時代諸司族の研究—議政官補任氏族』所収、吉川弘文館、一九八三年)。
(48)『続日本紀』天平十二年十一月戊子条。
(49)『続日本紀』天平宝字五年正月戊子条。
(50)『続日本紀』天平宝字三年六月庚戌条。
(51)『続日本紀』天平宝字七年正月壬子条。
(52)『続日本紀』天平勝宝三年正月己酉条。
(53)『続日本紀』延暦九年二月乙酉条。
(54)『続日本紀』天平九年九月己亥条。
(55)『続日本紀』天平九年十二月辛亥条。
(56)『続日本紀』天平九年十二月丙寅条。
(57)『続日本紀』天平十年正月壬午条。
(58)『続日本紀』天平宝字元年七月庚戌条。
(59)『続日本紀』天平宝字六年六月庚戌条。
(60)『続日本紀』天平十年十二月丁卯条。
(61)『続日本紀』天平十二年八月癸未条。

(62)『続日本紀』天平十二年九月丁亥条。
(63)『続日本紀』天平十二年十一月丙戌条。
(64)『続日本紀』天平十二年十一月戊子条。
(65)『続日本紀』天平十二年十月己卯条。
(66)『続日本紀』天平十二年十月壬午条。
(67)『続日本紀』天平十二年十二月丁卯条。
(68)『続日本紀』天平十三年正月癸未朔条。
(69)『続日本紀』天平十三年正月丁酉条。
(70)吉川敏子「律令貴族と功封」(『律令貴族成立史の研究』所収、塙書房、二〇〇六年、初出一九九四年)。
(71)『続日本紀』天平十三年閏三月乙卯条。
(72)木本好信『藤原仲麻呂』(ミネルヴァ書房、二〇一一年)。
(73)『続日本紀』天平十三年七月辛亥条。
(74)『続日本紀』天平十五年五月癸卯条。
(75)川崎庸之「大伴家持」(『川崎庸之歴史著作選集1　記紀万葉の世界』所収、東京大学出版会、一九八二年、初出一九四二年)。
(76)『続日本紀』天平十五年十二月辛卯条。
(77)『続日本紀』天平十六年閏正月乙亥条。
(78)『続日本紀』天平十六年閏正月丁丑条。
(79)横田健一「安積親王の死とその前後」(『白鳳天平の世界』所収、創元社、一九七三年、初出一九五九年)。
(80)『続日本紀』天平十七年五月戊辰条。

(81)『続日本紀』天平十七年九月戊午条。
(82)『続日本紀』天平十七年九月癸酉条。
(83)『続日本紀』天平宝字元年七月庚戌条。
(84)『続日本紀』天平十七年十一月乙卯条。
(85)『続日本紀』天平十八年三月丁巳条。
(86)『続日本紀』天平十八年四月癸卯条。
(87)木本好信『藤原仲麻呂』(前掲)。
(88)『続日本紀』天平二十年三月壬辰条。
(89)『続日本紀』天平二十年四月庚申条。
(90)『続日本紀』天平勝宝元年四月甲午朔条。
(91)『続日本紀』天平勝宝元年閏五月癸丑条、閏五月丙辰条。
(92)『続日本紀』天平勝宝元年四月丁未条。
(93)『続日本紀』天平勝宝元年七月甲午条。
(94)『続日本紀』天平勝宝元年八月辛未条。
(95)『続日本紀』天平勝宝元年九月戊戌条。
(96)『続日本紀』天平宝字八年九月壬子条。
(97)倉本一宏『奈良朝の政変劇』(前掲)。
(98)『続日本紀』天平宝字元年七月庚戌条。
(99)『続日本紀』天平勝宝二年二年正月己亥条。
(100)『続日本紀』天平勝宝二年二年正月乙巳条。

(101)『続日本紀』天平勝宝三年十一月丙戌条。
(102)『続日本紀』天平勝宝四年四月乙酉条。
(103)『万葉集』巻第十九—四二六九・四二七〇。
(104)『万葉集』巻第十九—四二六八。
(105)『続日本紀』天平宝字元年六月甲辰条。
(106)『続日本紀』天平勝宝八歳二月丙戌条。
(107)『続日本紀』天平宝字元年七月庚戌条。
(108)『続日本紀』天平勝宝八歳五月乙卯条。
(109)『続日本紀』天平宝字元年正月乙卯条。
(110)『続日本紀』天平宝字元年三月丁丑条。
(111)『続日本紀』天平宝字元年四月辛巳条。
(112)『続日本紀』天平宝字元年三月乙亥条。
(113)『続日本紀』天平宝字二年六月乙丑条。
(114)『続日本紀』天平宝字元年五月丁卯条。
(115)岸俊男『藤原仲麻呂』（吉川弘文館、一九六九年）。
(116)『続日本紀』天平宝字元年六月乙酉条。
(117)『続日本紀』天平宝字元年七月戊申条。
(118)『続日本紀』天平宝字元年六月甲辰条。
(119)『続日本紀』天平宝字七年十月丙戌条。
(120)『続日本紀』天平宝字元年七月戊申条。

(121) 平野邦雄『和気清麻呂』(吉川弘文館、一九六四年)。
(122) 『続日本紀』天平宝字元年七月戊午条。
(123) 『続日本紀』天平宝字元年七月己酉条。
(124) 岸俊男『藤原仲麻呂』(前掲)。
(125) 『続日本紀』天平宝字元年七月己酉条。
(126) 『続日本紀』天平宝字元年七月乙卯条。
(127) 『続日本紀』天平宝字元年七月乙卯条。
(128) 『続日本紀』天平宝字元年七月癸酉条。
(129) 笹山晴生「奈良朝政治の推移」(『奈良の都』所収、吉川弘文館、一九九二年、初出一九六二年)。
(130) 『続日本紀』天平宝字元年閏八月壬戌条。
(131) 『続日本紀』天平宝字元年十二月壬子条。
(132) 『続日本紀』天平宝字二年七月甲戌条。
(133) 『続日本紀』天平宝字二年八月庚子朔条。
(134) 『続日本紀』天平宝字二年八月甲子条。
(135) 倉本一宏『戦争の日本古代史』(講談社、二〇一七年)。
(136) 『続日本紀』天平宝字四年正月丙寅条。
(137) 『続日本紀』天平宝字四年正月丁卯条。
(138) 『続日本紀』天平宝字四年三月甲戌条。
(139) 『続日本紀』天平宝字四年六月乙丑条。
(140) 『続日本紀』天平宝字四年八月甲子条。

(141) 佐藤信「『家伝』と藤原仲麻呂」(前掲)。
(142) 『続日本紀』天平宝字四年十二月戊辰条。
(143) 岸俊男『藤原仲麻呂』(前掲)。
(144) 『続日本紀』宝亀三年四月丁巳条。
(145) 『続日本紀』天平宝字八年九月壬子条。
(146) 『続日本紀』天平宝字六年五月辛丑条。
(147) 『続日本紀』天平宝字六年六月庚戌条。
(148) 木本好信『藤原仲麻呂』(前掲)。
(149) 『続日本紀』天平宝字六年六月庚午条。
(150) 『続日本紀』天平宝字六年九月乙巳条。
(151) 『続日本紀』天平宝字六年八月丁巳条。
(152) 『続日本紀』十二月乙巳朔条。
(153) 『続日本紀』天平宝字八年九月壬子条。
(154) 中川收『奈良朝政争史 天平文化の光と影』(教育社、一九七九年)。
(155) 『続日本紀』宝亀八年九月丙寅条。

第三節　奈良朝末期の政変劇と藤原氏

天平宝字八年(七六四)正月、無事に帰国した反押勝(仲麻呂)派の吉備真備が造東大寺司長官に任じられた。押勝の経済的勢力拠点であった越前国の東大寺領荘園の経営を通して、押勝の支配下にあった造東大寺司が(1)、徐々に押勝から切り離されていったのである。

なお、この時の任官では、男の藤原恵美薩雄を右虎賁率、藤原恵美執棹を美濃守、藤原恵美辛加知を越前守に任じ、また押勝派の仲石伴を左勇士率、大原宿奈麻呂を左虎賁翼に任じている。すでに参議に三人の男と女婿の藤原御楯、伊勢守に石川名足を配していたが（近江守は押勝が兼ねていたか）、ここに議政官、衛府、関国は、押勝によって制覇されたのである。このようなりふり構わぬ専権の構築が、官人社会内部において彼らを孤立させないわけはない。いかなる専制的な権力も、支配者層全体を自己の権力内に組み込むことは不可能であり、大多数を占める中間派との協調に意を用いなければならないはずである。押勝に対する孝謙の攻勢が一定のラインを越えたならば、大多数の中間派はそちらになだれ込むであろうことは、もはや明らかであった。

六月、女婿で授刀督兼伊賀近江按察使の藤原御楯が死去した。次々と近親や側近を失う押勝であったが、御楯の死の影響は、これまでになく大きなものであった。野村忠夫氏が指摘されたように、「御楯按察使圏」は崩壊し、中央武力の「中核体」はその帰趨を失ったのである。[2] 後任として授刀衛の長官に任じられたのは、その薨伝[3]によると、御楯の同母兄で押勝にその能を警戒され、病と称して家に籠っていた真楯（八束）であった。そして、少志の道鏡の弟・弓削浄人はもちろんのこと、大尉粟田道麻呂、少尉坂上刈田麻呂、将曹牡鹿島足、授刀紀船守など、結局、授刀衛は、三箇月後に押勝追討にまわることになったのである。

九月二日、押勝は都督四畿内三関近江丹波播磨等国兵事使という職に就いた。これは、畿内・三関国・軍事上の要衝の軍兵を総督する職で、押勝略伝[4]によると、押勝が孝謙に諷して就いたもので、兵士を掌握して自衛するために、諸国の試兵の法に准拠して、管内の兵士を国毎に二十人、五日交替で都督衙に集めて武芸を簡閲するというものであった。ところがそれに続けて、

奏聞畢後、私益其数、用太政官印而行下之。大外記高丘比良麻呂、懼禍及己、密奏其事。

と見える。兵士の数を改竄して、太政官印を用いて諸国に下達し、大軍を都に集結させようとしたのである。文書の作成にあたった高丘比良麻呂は、累の及ぶのを恐れて、そのことを密奏した。

ここで問題になるのは、大軍を集結させ得たとして、押勝は次にいったいどのような行動を予定していたのであろうかという点である。それを解く鍵となるのが、船親王の罪状を述べた詔[5]である。

又詔曰、船親王波九月五日尓仲麻呂止二人謀家良久、書作弖朝庭乃咎計弖将進等謀家利。又仲麻呂何家物計夫流尓書中尓仲麻呂等通家流謀乃文有。……

（また詔して曰はく、「船親王は九月五日に仲麻呂と二人謀りけらく、書作りて朝庭の咎計へて進らむと謀りけり。また仲麻呂が家の物計ふるに書の中に仲麻呂と通はしける謀の文有り。……」）

淳仁天皇とその兄の船・池田親王が、押勝に連なるラインとして、「朝庭の咎」（道鏡を重用する孝謙の政治姿勢のことか）を並べ立てた文書を進上しようとしていたというのである。当然のことながら、押勝が集結させた武力が、その背景として想定されていたはずである。草壁皇統を標榜する孝謙にとっては、舎人系皇親の結集こそは、もっとも憎むべき敵対勢力と認識されたであろう。

次に、舎人親王長子の御原王の男である和気王（淳仁天皇、船・池田親王の甥にあたる）も、押勝が兵備を整えていることを、孝謙に密奏した。密告によって累が叔父たちに及ぶことは承知の上での、皇親としての保身である。決定的な密告は、陰陽師大津大浦によるものであった。押勝に依頼された占いの内容が「逆謀に渉る」ことを知り、「禍の己に及」ぶことを恐れて、密告に及んだのである。[6]ここに至り、孝謙側は、押勝の計画を知ることになったのである。

先手を取ったのは、孝謙上皇側であった。十一日、孝謙は少納言山村王を遣わして、中宮院の淳仁の在所にあった鈴印を回収しようとしたのである。[7]皇権のシンボルをまず奪取しようとした孝謙の思いは、彼女が即位以来十六年間、ほとんど天皇大権を手中にすることがなかっただけに、容易に察することができる。

その後の孝謙側の授刀衛と押勝側の鎮国衛（中衛府）との鈴印争奪戦に始まる、いわゆる「恵美押勝の乱」そのものの経緯については詳しくは触れない。角田文衛氏による乱の経緯と地名比定に関する興味深い推定を参照されたい。(8)

この戦乱は、臣下が王権に対して組織的な軍事力を直接行使した、奈良時代における唯一の事例であるという点において、国家史的な視点からさらに深い考察がなされるべきであるが、今はこの戦乱におけるもっとも重要な戦略的局面を指摘するにとどめたい。

それは、押勝（十一日以降は、恵美仲麻呂とされた）が十一日夜に近江に脱出した際に、淳仁天皇を同行させることができなかったということである。淳仁は、孝謙側の授刀衛兵にでも軟禁されていたのか、それとも仲麻呂に見捨てられたのか、知る由もないが、突然の開戦に動揺した仲麻呂が、淳仁の身柄を確保し得ないまま、近江に走ってしまったと考えるのが妥当であろう。これでは、いくら太政官印や鈴印、それに鎮国衛の兵（の一部）を擁していたとしても、臣下の皇権に対する謀反としか見做され得ない。

文書行政の象徴である鈴印の確保に執着するあまり、彼の専権の象徴であるはずの生身の天皇を等閑視してしまったことになる。本格的な戦闘が始まる以前に、すでに勝敗は決していたとしか言いようがない。いくら藤原氏の一部が准皇親化して、他の諸臣とは異なる専権を手に入れたとしても、それは所詮は臣下の範囲内のことであって、皇権に取って代われるような性質の権力ではなかった。これは藤原氏全体にとって、以後の歴史における負の教訓として、長く記憶に刻まれることとなったであろう。

ともあれ、「玉」を抛擲したまま自己の軍事拠点に走った仲麻呂は、吉備真備の巧みな作戦指導の結果、十八日、近江国高島郡三尾郷勝野鬼江の頭において、妻子従党三十四人と共に、斬殺されてしまったのである。(9)

その間の過程において、非常に興味深い措置が執られた。『続日本紀』天平宝字八年九月壬子条は、次のような事実を語っている（十五日のことか）。

伊多智等、馳到越前国、斬守辛加知。押勝不知、而偽立塩焼為今帝、真先・朝獦等、皆為三品。余各有差。

第一に、帯同していた氷上塩焼を天皇に「偽立」したということ、第二に、自分の男である真先・朝獦を親王品位である三品に叙したというのである。これは共に、日本古代史において、画期的な出来事であったと言えよう。おおよそ日本古代史において、臣下が自己の擁する皇親を、（皇嗣ではなく）天皇そのものに立てるということは、この時以外にはなかったはずである。仲麻呂は、その最後期において、日本国家史上画期的な行動を取ったことになる。討賊将軍の凱旋を承けた詔では、[10]

復皇位乎掠天、先仁捨岐良比賜天之道祖我兄塩焼乎皇位仁方定止云天、官印乎押天天下乃諸国仁書乎散天告知之米、復云久、今乃勅乎承用与、先仁詐天勅止称天在事乎承用流己止不得止云天、諸人乃心乎惑乱三関仁使乎遣天窃仁関乎閉一二乃国仁軍丁乎乞兵発之武。

（復皇位を掠ひて、先に捨てきらひ賜ひてし道祖が兄塩焼を「皇位には定めつ」と云ひて官印を押して天下の諸国に書を散ちて告げ知らしめ、復云はく、「今の勅を承け用ゐよ、先に詐りて勅と称ひて在る事を承け用ゐること得ざれ」と云ひて、諸人の心を惑乱はし、三つの関に使を遣りて窃に関を閉ぢ、一つ二つの国に軍丁を乞ひ兵発さしむ。）

と見える。その効力はともかく、「今帝」は現実に天皇大権を行使し、それに「惑乱」された「諸人」も存在したのである。

塩焼と仲麻呂との間には、元々それほど深いつながりが存在したとは思えないが、淳仁を帯同し得ないまま近江に走るに際して、仲麻呂が取りあえず手許にあった元皇親の塩焼を連行したと見るべきであろうか。また、塩焼にしてみれば、平城京に留まる舎人系皇親を除けば、自分がもっとも皇位に近い存在であるとの自覚から、仲麻呂と組んで乾坤一擲の大勝負に打って出たといったところか。なお、薗田香融氏は、東子か額を介した仲麻呂と塩焼との姻戚関係を想定されている。[11]

また、真先・朝獦を三品に叙したことは、仲麻呂が自らの子息を親王として扱ったことになる。ただしこれは、薗田氏の言われるように、「注目すべき王朝の簒奪を意味する」ものではなく、塩焼王が仲麻呂の女婿だったと想定すれば、仲麻呂が真先・朝獦を塩焼王の兄弟として扱ったことになる。以前に淳仁と自己の子息を擬制的な兄弟関係になぞらえた発想と、軌を一にするものと考えるべきであり、仲麻呂の准皇親化政策が、ここに極まったものと言えよう。ただし、親王品位を帯するとなると、皇族ということになり、その意義は過小に評価されるべきではない。

しかしながら、彼らに残された時間は、ほとんどなかった。創出したばかりの新たな皇統の行く末を案ずるいとまもなく、三日後には全員湖上の露と消えてしまったのである。

この乱は臣下が王権に対して武力で対抗したという、画期的な意義を持つものであった。しかし、その結末は、いかに独裁的な権力を掌中に収めた専権貴族といっても、その野望は、王権の意思の前には、容易に崩れ去るものであることを示してしまった。また、いみじくも笹山晴生氏が述べられたように、貴族層は蹶起して押勝の専制を倒したが、その後に現われたのは、またしても道鏡と結合した称徳女帝の専制政治であった[12]。

ここで恵美押勝の乱が起こった天平宝字八年九月時点における藤原四家の官人の動向をまとめて述べることとしたい。なお、『尊卑分脈』にしか名の見えない人物は、ここでは取り上げないこととする。

まず南家である。武智麻呂長子の豊成は大宰員外帥に左降されていたが、乱の最中に右大臣に復帰した。その妻は藤原麻呂女の百能、路虫麻呂女、藤原房前女が知られるが、虫麻呂女が、武良自（良因）、継縄、乙縄を、房前女が縄麻呂を産んでいる。

武良自は神亀元年（七二四）頃の生まれで、天平宝字六年に従五位下に叙爵し、伯耆守・丹後守を歴任したが、史料から姿を消す。早世したのであろう。

継縄は神亀四年の生まれ。天平宝字七年に異母弟縄麻呂に十四年遅れて叙爵し、乱の後、越前守に任じられた。後に右大臣にまで上る。

乙縄は神亀五年か天平元年（七二九）の生まれ。奈良麻呂の変で日向掾に左降されたが、押勝の乱の論功で従五位下に叙爵された。

縄麻呂は天平元年の生まれ。早く天平勝宝元年（七四九）に従五位下に叙爵されており、豊成家の嫡男という扱いを受けていた。その後の昇叙は遅れたが、押勝の乱に際して従四位下に進み、乱後に参議に任じられた。

二男の仲麻呂は、先に述べたように正一位大師として独裁権力を振るっていたが、押勝の乱によって誅された。その室には房前女の袁比良女の他、大伴犬養女があった。

仲麻呂長子の真従は、天平勝宝元年に従五位下に叙爵され、中務少輔に任じられたが、その後は史料に見えない。その妻であった粟田諸姉が大炊王と結婚したことは先に述べた。

真先は本名執弓。天平宝字元年に従五位下に叙爵され、仲麻呂政権下で参議にまで上った。押勝の乱で三品に叙されたが、勝野鬼江で斬首された。

朝獦は天平宝字元年に叙爵され、参議に上った。押勝の乱で三品に叙されたが、勝野鬼江で斬首された。

訓儒麻呂は天平宝字二年に従五位下に叙爵され、参議に上った。押勝の乱の勃発時、鈴印を奪い返したが、孝謙が派遣した坂上苅田麻呂に射殺された。

小湯麻呂は天平宝字三年に従五位下に叙爵されたが、従五位上の時に勝野鬼江で斬首された。

六男とされている刷雄は天平勝宝四年に叙爵され、遣唐留学生として渡唐した。押勝の乱に際して、若きより禅行を修していたとして死を免れ、隠岐国に流された。

薩雄は天平宝字三年に従五位下に叙爵され、右虎賁率（右兵衛督）に任じられたが、勝野鬼江で斬首された。

辛加知は天平宝字五年に従五位下に叙爵され、越前守に任じられたが、孝謙が派遣した追討軍によって斬殺された。

執棹は天平宝字七年に従五位下に叙爵され、美濃守に任じられたが、追討軍によって斬殺されたものと思われる。

武智麻呂三男の乙麻呂は仲麻呂政権下で武部卿（兵部卿）に任じられたが、天平宝字四年に死去している。あと四年生きていれば、斬首されたかもしれない。

その男の是公は乙麻呂の長子で、神亀四年の生まれ。本名は黒麻呂。天平宝字五年に従五位下に叙爵され、左勇士佐（左衛士佐）に任じられた。後に右大臣に上り、女の吉子を桓武夫人に入れている。

武智麻呂四男の巨勢麻呂の男には、この天平宝字八年までに叙爵を受けたものはいない。奈良時代に叙爵を受けた四名を挙げる。なお、参議にまで上った巨勢麻呂も、仲麻呂と行動を共にして、勝野鬼江で斬首された。

黒麻呂は宝亀五年（七七四）、長河は宝亀八年、弓主は宝亀十年、真作は延暦三年（七八四）に、それぞれ叙爵を受けている。

総じて南家の官人は、嫡男豊成の子息が仲麻呂政権下の抑圧を受けて昇進が遅れ、異数の昇進を遂げた仲麻呂家（恵美家）の官人も押勝の乱でほぼ全滅状態となり、その復活は奈良時代末期を待たなければならなくなった。しかしそれでも、もはや藤原氏の嫡流と称されるものではなかったと総括することができよう。

北家に目を転じよう。房前一男の鳥養の遺児としては小黒麻呂が押勝の乱後、従五位下に叙爵され、伊勢守に任じられている。後に大納言に上った。

房前二男の永手は天平宝字七年に武部卿に任じられたが、押勝とは行動を共にしなかったようで、乱勃発の日に大納言に任じられた。後に右大臣に上っている。

永手の長子である家依は、天平十五年の生まれ。母は鳥養の女である。この年にはまだ二十二歳で、叙爵は受けていない。後に参議まで上った。

二男の雄依は、良継女から生まれた。これも叙爵は受けていない。後に種継暗殺事件に連坐して、隠岐に流された。

房前三男の真楯は、天平宝字八年には正三位中納言にまで上っていた。真楯を妬んだ仲麻呂が滅び、真楯も道が開けるかと思われたが、大納言兼式部卿で死去している。

真楯長子の真永は『尊卑分脈』にしか見えない。二男の長継は宝亀三年に叙爵されたが、内兵庫正で終わっている。

三男の内麻呂は、天平勝宝八歳の生まれ。母は阿倍綱麻呂の女。右大臣にまで上った。内麻呂の子に冬嗣がおり、後の摂関家につながっていくことになる。

房前四男の清河は、参議のまま遣唐大使として渡唐した後、天平勝宝六年に帰国しようとしたが船は漂流し、在唐のまま死去した。

房前五男の魚名は、地方官を歴任していたが、押勝の乱の後、宮内卿に任じられ、以後は枢機の地位を占めることになった。内臣・忠臣・内大臣と歴任し、左大臣にまで上ったが、事に坐して左遷された。その室は宇合の女であった。

その長子の鷲取は、天平十六年頃の生まれとされる。叙爵されるのは宝亀二年のことであった。

二男の鷹取は、天平末年の生まれとされる。これも宝亀二年に叙爵されている。

三男の末茂は、天平勝宝年間の生まれである。宝亀八年に叙爵される。

四男の真鷲は、天応元年（七八一）に叙爵される。

房前六男の御楯は、仲麻呂の女である児従と結婚し、授刀督兼伊賀近江按察使としてその専権を支えたが、押勝の乱の三箇月前に死去した。子女は知られていない。

房前七男の楓麻呂は、天平宝字八年には従五位下大判事であったが、乱後の行賞で従四位下に昇叙された。後に参議にまで上っている。

楓麻呂長子の園人は、天平勝宝七歳の生まれ。宝亀十年に従五位下に叙爵されている。後に右大臣に上っている。

- 不比等
  - 武智麻呂
    - **豊成**（従一位、右大臣、六十一歳）
      - 武良自（良因）（丹後守）
      - **継縄**（従五位下、越前守、三十八歳）
      - **乙縄**（従五位下、三十七歳）
      - **縄麻呂**（従四位下、礼部大輔、三十六歳）
    - 仲麻呂（正一位、大師、五十九歳）
      - 真従（中務少輔）
      - 真先（正四位上、参議）
      - 朝獦（従四位下、参議）
      - 訓儒麻呂（従四位下、参議）
      - 小湯麻呂（従五位上）
      - 刷雄（従五位下）
      - 薩雄（従五位下、右虎賁率）
      - 辛加知（従五位下、越前守）
      - 執棹（従五位下、美濃守）
    - ○
    - 乙麻呂（武部卿）
      - **是公**（黒麻呂、従五位下、左勇士佐、三十八歳）
    - **巨勢麻呂**（従三位、参議）
      - **黒麻呂**
      - **長河**
      - **弓主**
      - **真作**
  - 房前
    - 鳥養（死去）
      - **小黒麻呂**（従五位下、伊勢守、三十二歳）
    - **永手**（正三位、大納言、五十一歳）
      - **家依**（二十二歳）
      - **雄依**

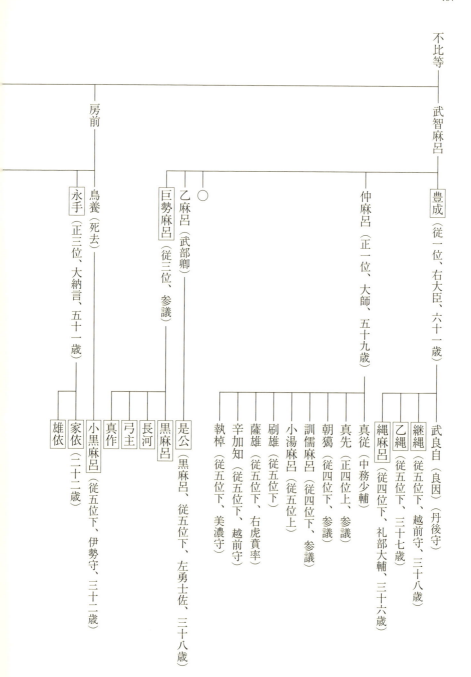

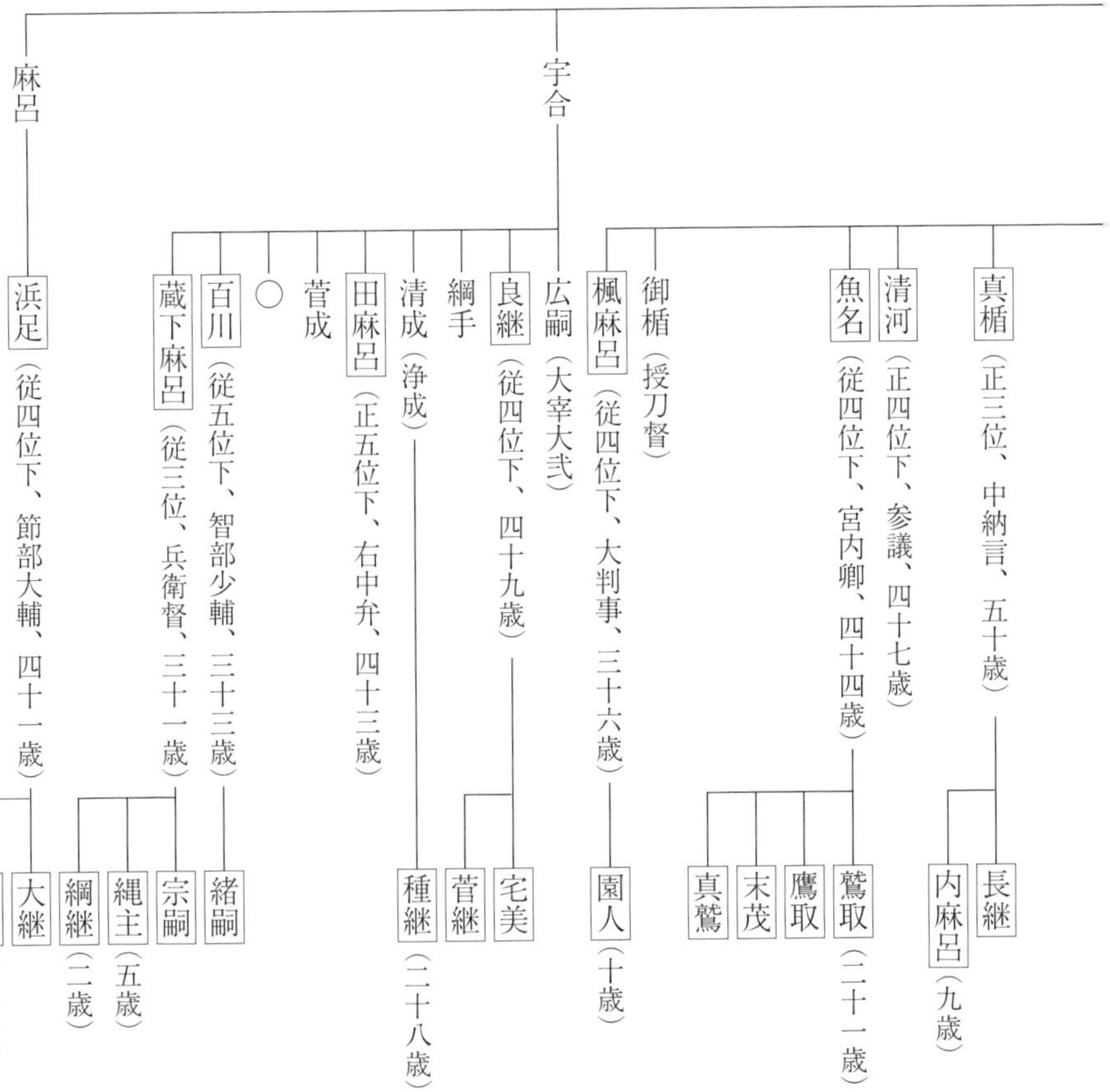

（官位、年齢は天平宝字八年九月時点のもの、死去者は極官のみ）

北家は永手と真楯が枢要の地位を占めていたが、次の世代は叙爵前であり、いまだ藤原氏の嫡流を南家から奪ったというほどの存在ではなかったことがわかる。

式家では、宇合二男の良継は従五位上に留めおかれ、仲麻呂暗殺計画の咎で官位を剥奪されたが、押勝の乱の当日に従四位下に昇叙された。内臣を経て内大臣に上り、専権を振るうのは、後のことである。

良継には阿倍古美奈、石川郎女という妻がいたが、藤原氏を継いだ男子は一人のみである（女子は桓武皇后の乙牟漏など）。一男の宅美は天平十三年頃の生まれで、宝亀二年に叙爵され、越前守で終わっている。

宇合三男の綱手は、広嗣の乱に参加して斬殺されたが、菅継を残している。菅継は宝亀四年に叙爵され、種継暗殺後は式家の総帥の立場に立った。右京大夫で終わっている。

宇合四男の清成は、広嗣の乱に連坐したものと見え、その後の活動が見えないが、一子種継を残している。種継は天平九年の生まれで、天平神護二年（七六六）に従五位下に叙爵された。その後の活躍は周知のとおり。

宇合五男の田麻呂は天平宝字五年に従五位下に叙爵され、押勝の乱平定後に右中弁、外衛中将に任じられた。後に右大臣に上っている。田麻呂の子女は史料に見えない。

宇合八男の百川は天平宝字三年に従五位下に叙爵され、智部少輔（宮内少輔）に任じられたが、百川が権力を得るのは、光仁天皇即位後のことである。百川の室には良継女の諸姉がおり、桓武夫人の旅子などを産んでいる。百川の長子は緒嗣で、宝亀五年の生まれ。

宇合九男の蔵下麻呂は、天平宝字七年に叙爵され、押勝の乱に際しては討賊将軍としてこれと戦い、勝野鬼江で仲麻呂以下を斬首に処した。その功績で一挙に従三位に上り、兵衛督に任じられた。後に参議にまで上っている。蔵下麻呂の室としては、乙訓女王と粟田馬養女がおり、『尊卑分脈』は七名の男を並べているが、確認できるのは宗嗣、縄主、綱継である。

縄主は天平宝字四年の生まれ、母は粟田馬養女。延暦二年（七八三）に叙爵された。綱継は天平宝字七年の生まれ、母は乙訓女王。延暦二十二年に四十一歳で叙爵した。

式家は広嗣の乱の影響もあって、この頃になっても全般的に低調で、第三世代の奈良時代における叙爵者もわずか五名に過ぎなかった。これは南家の二十名、北家の十名と比較すると、数のうえでも少なく、しかもほとんどは従五位のままで終わっている。(13)良継、田麻呂、百川、そして種継が専権を振るうのは、後の時代のことであった。

京家となると、さらに人数は少なく、第三世代の男子で確実に存在が確認できるのは浜足（浜成）のみである。浜足は叙爵後、十三年も従五位下で留めおかれ、節部大輔（大蔵大輔）に任じられていたが、押勝の乱の行賞で、従五位上、正五位下、従四位下に昇叙された。宝亀三年に参議に任じられたが、天応元年に大宰員外帥に左降されている。『歌経標式』『唯識問答』などを残す文化人でもあった。浜足の室には多治比県守の女がいる。

浜足の男で確認できるのは大継と継彦である。大継は天平末年の生まれであろう。氷上川継の謀反に連坐したとみられる。継彦は天平勝宝元年の生まれ、叙爵されるのは宝亀十一年のことである。「星暦」「絃管」に長じていたというから、麻呂、浜足譲りの文化的素養があったのであろう。

以上、藤原氏全体を眺めてきたが、南家は仲麻呂政権下の抑圧と押勝の乱による打撃を受け、北家は永手と真楯が枢要の地位にあるものの、次の世代は叙爵前であり、式家は広嗣の乱の影響もありこの頃になっても低調で、京家は実質的に浜足しかいない状況であった。いま少し時代が降らなければ、次の権臣が出てこないという状態に置かれていたことが伺える。

さて、仲麻呂が斬殺された二日後の天平宝字八年九月二十日、孝謙太上天皇は道鏡に大臣禅師の位を授けた。すでに乱の最中、右大臣藤原豊成、大納言藤原永手、中納言白壁王・藤原真楯、参議山村王・和気王・吉備真備・藤原縄麻呂・粟田道麻呂・弓削御浄浄人による新政権を発足させていたが、ここに至って新政権の中心がどこにあるのかがはっきりしたことになる。

故是以天、帝乃出家之天伊末須世仁方、出家之天在大臣毛在倍之止念天楽末須位仁方阿良禰止毛、此道鏡禅師乎大臣禅師止位方授末都流事乎諸聞食止宣。

（故、是を以て、帝の出家しています世には、出家して在る大臣も在るべしと念ひて、楽ひます位にはあらねども、此の道鏡禅師を大臣禅師と位は授けまつる事を諸聞きたまへと宣る。）

という論理が、[14]今後の政治の流れを予感させるものであった。大臣禅師という地位が、道鏡の願っている位ではないという言葉に、皆は何を思ったであろうか。

皇権を発揮し始めた孝謙は、次に淳仁天皇の処置に着手し、十月九日には、和気王らの率いる兵に内裏を囲ませた。身支度も整わず、護衛の者も四散してしまった淳仁に対して、聖武の遺詔（と称するもの）が宣せられた。天下を孝謙に授けた以上、王を奴としようとも、奴を王と言うとも、思い通りにせよ、たとえ汝（孝謙）の後に皇位に就いても、汝に無礼であるような者を皇位に置いておいてはいけない、というのである。[15]

しかし、自分が退位しても孝謙に天皇大権を委譲しなかった聖武が、この通りに孝謙に命じたとは、とても思えない。この時点における孝謙の論理を吐露しているに過ぎないのである。

在位中の天皇が、「親王の位を賜」わり、封国を与えられてそこに流される、という事態は、空前絶後のことであった。これ以降の混乱を極めた政局の序曲であろう。しかし、孝謙は自分で自分の首を絞めたことになる。行き着くところは、道鏡との二人三脚による、止めようのない混乱しか、もはや残されていないのであった。

孝謙は五日後、天命を得ずに皇位に上っても結局滅びてしまった淳仁の例に鑑みて、皇太子を定めぬ由を宣言するという詔を発した。[16]これは事実上、孝謙の重祚宣言であると見られており、以後は称徳（高野）天皇としてはじめて天皇大権を単独で獲得し、いよいよその専恣を発現していくことになる。

天平神護元年と改元された翌年（七六五）二月、淡路に幽閉されている廃帝（淳仁）をめぐる不穏な動きに対する勅が発せられている。淡路廃帝が逃亡を企てており、また廃帝に心を寄せる官人が商人と偽って淡路に赴いているというのである。称徳は淡路守佐伯助に対して、「朕が心に簡ひて」監視せよと命じているが、(17)直木孝次郎氏は、これは「朕の不安を消すために、非常の手段を取れ」という意味を寓していると解された。(18)

十月十三日、違例の三関固守が行なわれたうえで、紀伊国への行幸の列が発した。(19)草壁皇子の檀山陵を拝するというパフォーマンスを経て、十八日、玉津島に到った。(20)大炊親王となった淡路廃帝が死去したのは、この時のことであった。(21)その死が自殺によるものか、いわゆる憤死というものなのか、はたまた直木氏の説かれるように、称徳の意を承けた佐伯助によって暗殺されたものなのかは、(22)知る由もないが、淡路の対岸である紀伊への武威を張っての行幸が、廃帝に精神的圧迫を加え、その死に強い影響を与えたことは、間違いあるまい。(23)

その後、称徳は、道鏡の出身地である河内国弓削行宮に到り、(24)閏十月に、道鏡を太政大臣禅師に任じた。(25)専制的相貌を露わにした称徳の下、政局は一層の混迷を始めた。天武系の皇親がまったく存在しない状況のまま、政変劇のみが繰り返されることになったのである。そしてその際、藤原氏官人たちは、この僧俗が合体した異常な政権に、どのように対処していったのであろうか。

この天平神護元年の議政官構成は、太政大臣禅師の道鏡を除けば、右大臣に藤原豊成（南家、ただし十一月に死去）、大納言に藤原永手（北家）、中納言に白壁王（後の光仁天皇）・藤原真楯（北家）、参議に吉備吉備・藤原清河（北家、ただし在唐）・山村王・和気王（ただし八月に謀反を起こし殺害）・中臣朝臣清麻呂・石川豊成・藤原縄麻呂（南家）・粟田道麻呂（ただし八月に謀反に連坐し左降）・弓削清人といった顔ぶれであった。南家が世代交代を迎え、北家が永手・真楯によって権力を掌握しようという情勢であった。なお、十一月に死去した豊成の薨伝は、

平城朝正一位贈太政大臣武智麿之長子也。養老七年、以内舎人兼兵部大丞。神亀元年、授従五位下、任兵部少輔。

頻歴顕要、天平十四年、至従三位中務卿兼中衛大将。廿年、自中納言転大納言。感宝元年、拝右大臣。時其弟大納言仲満、執政専権、勢傾大臣。大臣、天資弘厚、時望攸帰。仲満、毎欲中傷、未得其隙。大臣第三子乙縄、平生与橘奈良麻呂相善。由是、奈良麻呂等事覚之日、仲満誣以党逆、左遷日向掾、促令之官。而左降大臣為大宰員外帥。大臣、到難波別業、称病不去。居八歳、仲満謀反伏誅、即日復本官。薨時年六十二。

というものである。(26)「天資弘厚にして、時望の帰する攸なり」と、武智麻呂の資質を受け継いだ人物であったようである。

天平神護二年に入ると、永手が正月八日に右大臣に任じられ、(27)十月二十日に左大臣に上るなど、(28)異数の昇進を遂げていた。称徳・道鏡政権としても、豊成の死去を承け、永手を太政官におけるパートナーとして定めたのであろう。なお、右大臣に任じられた際には、先に挙げた「しのびごとの書」がその根拠とされるなど、歴代の藤原氏の仕奉と同様に、藤原氏の官人がこの異常な王権にも仕奉することが求められたことになる。

この正月八日、同時に白壁王と真楯が大納言、吉備真備と石上宅嗣が参議に任じられているが、真楯は三月十二日に死去してしまい、替わりに真備が大納言に上っている。真楯の薨伝は、

平城朝贈正一位太政大臣房前之第三子也。真楯、度量弘深、有公輔之才。起家春宮大進、稍遷至正五位上式部大輔兼左衛士督。在官公廉、慮不及私。感神聖武皇帝、寵遇特渥。詔、特令参奏宣吐納。明敏有誉於時。従兄仲満、心害其能。真楯知之、称病家居、頗翫書籍。天平末、出為大和守。勝宝初、授従四位上、拝参議、累遷信部卿兼大宰帥。于時、渤海使楊承慶、朝礼云畢、欲帰本蕃。真楯設宴餞焉。承慶甚称歎之。宝字四年、授従三位、更賜名真楯。本名八束。八年、至正三位勲二等兼授刀大将。神護二年、拝大納言兼式部卿。薨時、年五十二。賜以大臣之葬。使民部卿正四位下兼勅旨大輔侍従勲三等藤原朝臣縄麿・右少弁従五位上大伴宿禰伯麿弔之。

というものである。(29)清廉にして明敏な人格を聖武に寵されたものの、仲麻呂に妬まれ、自邸に籠って書籍を賞翫して

いた前半生と、復帰して授刀大将として仲麻呂を滅ぼし、大納言に至ったものの、直後に死去してしまったという人物像が語られている。

七月には式家の田麻呂と南家の継縄が、それぞれ参議に任じられている。[30]北家の永手、南家の縄麻呂と合わせ、これで三家から四人の議政官を出していることになる。

この年十月、六月に隅寺の毘沙門像から「出現」させていた舎利を仏からの明示として、称徳は道鏡を天皇に準じる法王という地位に上らせた。[31]出家し受戒した天皇である称徳と共同で仏法を興隆し継承していく地位として構想された地位であり、称徳主導の専制体制のもとで、称徳が構想した仏教と天皇との共同統治体制であったという。[32]同時に円興禅師を法臣、基真禅師（舎利を偽造した者）を法参議大律師に任じるなど、仏教王権への道は着々と進んでいた。永手を左大臣、真備を右大臣に上らせたのは、この日のことであった。

なお、春日大社は、鎌倉初期の社家の記録『古社記』によると、神護景雲二年（七六八）に御蓋山麓の現社地に創祀されたと伝えられる。称徳の意を承けた永手によって、藤原氏の氏神と祖神である武甕槌命（鹿島の神）・経津主命（香取の神）・天児屋根命（枚岡の神）・比売神（枚岡の神）を合祭し、恒常的建造物の神殿が南面して建てられたとされる。御蓋山麓には、元々磐座や祭祀遺跡が点在していたが、東国に祀られた王権神を藤原氏が氏神とし、春日社に勧請したものであろう。[33]

ただし、天平勝宝八歳「東大寺山堺四至図」の「神地」には社殿は描かれておらず、常設の神殿の初見史料は、天長十年（八三三）の「伊都内親王御施入願文」である。それはさておき、この時期に藤原氏の氏社を創祀するに至った称徳の思いとは、いかなるものだったのであろうか。

神護景雲三年正月、大臣以下は道鏡を賀拝し、次いで称徳は法王宮で宴を賜った。五位以上に禄を与えたのは、道鏡であった。[34]この正月行事によって、称徳尼天皇と道鏡法皇との共同統治体制が完成したとされる。[35]

その年の五月頃のことであろう。大宰主神の習宜阿曾麻呂が、宇佐八幡神の命として、道鏡を皇位に即ければ、天下が太平となるという神託をもたらした。(36) いわゆる宇佐八幡神託事件の発端である。皇位継承に関して、皇祖神を祀る伊勢大神宮からの承認を得ることは難しく、仏法を守護する神である宇佐八幡宮の大神からの認定が期待されたという。(37)

この事件は、皇族以外の人物が皇位を窺った、あるいは天皇が皇族以外の人物に皇位を嗣がせようとした事件として、特異なものではある。しかしながら、この事件の先蹤として、恵美押勝の准皇親化政策があることも、看過すべきではなかろう。岸俊男氏が指摘されたように、押勝の到達した天皇観をいま一歩推し進めて、自ら実現しようとしたのが、道鏡であったと考えることができるからである。(38)

神託事件は九月に決着し、道鏡を皇位に就けようという動きは、失敗に終わった。十月には、称徳は皇位を狙う動きを戒める宣命を発した。(39)

朕我教給布御命尓不順之天王等波己我得万之字支帝乃尊支宝位乎望求米、人乎伊射奈比悪久穢心乎以天逆尓在謀乎起、臣等方己我比伎婢企是尓託彼尓依豆頑々尓无礼支心乎念テ横乃謀乎構。如是在牟人等乎波、朕必天翔給天見行之、退給比捨給比岐良比給牟物曾。天地乃福毛不蒙自。是状知天明仁浄岐心乎以テ奉侍牟人乎波慈給比愍給天治給牟物曾。復天乃福毛蒙利、永世尓門不絶奉侍利昌牟。許己知天謹万利浄心乎以テ奉侍止将命止奈毛召都流止勅比於保世給布御命乎、衆諸聞食止宣。

（「朕が教へ給ふ御命に順はずして王等は己が得ましじき帝の尊き宝位を望み求め、人をいざなひ、悪しく穢き心を以て逆に在る謀を起て、臣等は己がひきひき是に託き彼に依りつつ頑に无礼き心を念ひて横の謀を構ふ。如是在らむ人等をば、朕必ず天翔り給ひて見行はし、退け給ひ捨て給ひきらひ給はむ物そ。天地の福も蒙らじ。是の状知りて明らかに浄き心を以て奉侍らむ人をば慈び給ひ愍み給ひて治め給はむ物そ。復天の福も蒙り、永き世に門絶えず奉侍り昌へむ。ここ知りて謹まり浄き心を以て奉侍れと命りたまはむとなも召しつる」と勅りたまひおほせ給ふ御命を、衆諸聞きたまへと宣る。）

という元正の「遺詔」が引かれたのは、この時のことである。天平以来の数々の政変劇を眺めた後に再び読み直してみると、感慨深いものがあるが、それは、この宣命を聞いた奈良朝の官人層、とりわけ父祖以来、王権を支えてきた藤原氏官人とて同じだったはずである。

翌神護景雲四年（宝亀元年、七七〇）二月の由義宮（西京、元の弓削行宮）行幸の際に不予に陥った称徳は、四月に帰京しても政事は執れずに誰とも謁見できず、左大臣永手と右大臣真備による厳戒態勢の中、八月四日、ついに西宮の寝殿で死去した。[40]五十三歳。

皇嗣が決定していない状況の中、『続日本紀』によると、即日、左大臣藤原永手（北家）、右大臣吉備真備、参議藤原宿奈麻呂（式家）・藤原縄麻呂（南家）・石上宅嗣、近衛大将藤原蔵下麻呂（式家）は、策を禁中に定めて、白壁王を立てて皇太子とした。称徳の遺詔という宣命は、

左大臣従一位藤原朝臣永手受遺宣曰、今詔久、事卒然尓有依天、諸臣等議天、白壁王波諸王能中仁年歯毛長奈利。又先帝能功毛在故仁、太子止定テ、奏流麻仁麻尓宣給布止勅久宣。

（左大臣従一位藤原朝臣永手、遺宣を受けて曰はく、「今詔りたまはく、事卒然に有るに依りて、諸臣等議りて、白壁王は諸王の中に年歯も長なり。また、先帝の功も在る故に、太子と定めて、奏せるままにまに宣り給ふと勅りたまはく」と宣る。）

という、あまりにも簡潔なものであった。[41]年長であるということと、天智の功績を以て、皇太子とするというのである。

すでに天武系の皇親がいなくなってしまっていたこと、白壁王が聖武皇女の井上内親王と結婚し、他戸王を儲けていたことを考えると、妥当な選択とも言えようが、むしろ六十二歳に至るまで、数々の政変劇においても誰にも担がれず、臣籍に降下することもなく皇親のまま生存できていたことにこそ、白壁王の特異性を読み取るべきであろう。

なお、その即位前紀では、王権からの危険視を恐れながら、

自勝宝以来、皇極无弐、人疑彼此、罪廃者多。天皇、深顧横禍時、或縦酒晦迹。以故、免害者数矣。

という雌伏の時を送っていたとある。[42]

この皇嗣決定会議には、議政官でも加わっていない者がおり、議政官以外の者も加わっていることに注目したい。当時の議政官構成は、左大臣藤原永手（北家）、右大臣吉備真備、大納言白壁王・弓削清人・大中臣清麻呂、中納言藤原宿奈麻呂（式家）、参議石川豊成・文室大市・藤原魚名（北家）・藤原清河（北家、在唐、すでに死去か）・石上宅嗣・藤原縄麻呂（南家）・藤原田麻呂（式家）・多治比土作・藤原継縄（南家）という顔ぶれであった。

よく知られているように、この白壁王の立太子は、藤原百川をはじめ、永手や良継が、文室浄三や大市という天武系元皇親を推した吉備真備の意見を退け、宣命を偽作して、成し遂げたものであった。『日本紀略』宝亀元年八月癸巳条所引の「百川伝」には、

……天皇（称徳）平生未立皇太子。至此、右大臣真備等論曰、御史大夫従二位文室浄三真人、是長親王之子也。立為皇太子。百川与左大臣（永手）・内大臣（良継）論云、浄三真人子有十三人。如後世何。真備等都不聴之。冊浄三真人為皇太子。浄三確辞。仍更冊其弟参議従三位文室大市真人為皇太子。亦所辞也。百川与永手・良継定策、偽作宣命語。宣命使立庭令宣制。右大臣真備、巻舌無如何。白川即命諸仗冊白壁王為皇太子。

とある。この「百川伝」の史料的価値には種々の問題があるが、桓武天皇によって削除される前の原撰本の『続日本紀』には、この記事が記載されていたという推測もある。[43] 真備が天武系元皇親を推したこと、それが百川たち藤原氏によって排されたことは、認めてもよいものと思う。そして、真備が天武系にこだわった理由としては、それが真に称徳自身の意中を体したものであったからだと考えたい。晩年の百余日の間、称徳は群臣に謁見することなく、典蔵吉備由利のみが、臥内に出入りして伝奏してきたことが見えるが、[44] 真備は娘の由利を通じて、あくまで天武系にこだわる称徳の意向を知っていたのであろう。

しかしながら、聖武の血を引く他戸王への中継ぎとして、老齢の白壁王を立てることは、臣下に降った者を後見するよりも、支配者層のいずれにも納得しやすい選択肢であったに違いない。他戸王が支配者層の総意として後見されている限り、藤原氏の策謀は筋書き通りに成功したかに見えていたはずである。皇太子白壁王は、さっそく道鏡を造下野国薬師寺別当として都から追放したうえで、十月一日に即位して光仁天皇となった。(46) 即位宣命では、

又皇坐而天下治賜君者、賢臣能人乎得而志天下乎波、平安治物尓在良志止奈母聞看行須。故是以、大命坐勅久、朕雖拙弱、親王始而王臣等乃相穴奈比奉相扶奉牟事尓依而志此之負賜授賜食国天下之政者、平安仕奉止奈母所念行須。

（また、皇と坐して天下治め賜ふ君は、賢しき臣の能き人を得てし天下をば平けく安けく治むる物に在るらしとなも聞し看行す。故、是を以て、大命に坐せ勅りたまはく、朕は拙く弱くあれども、親王を始めて王・臣等の相あななひ奉り相扶け奉らむ事に依りてし此の負せ賜ひ授け賜ふ食国天下の政は、平けく安けく仕へ奉るべしとなも念し行す。）

と宣し、叙位を行なった。

藤原氏では、永手（北家）を正一位、魚名（北家）と良継（式家）を正三位、田麻呂（式家）と雄田麻呂（百川、式家）を正四位下、継縄（南家）・楓麻呂（北家）・家依（北家）を従四位上、雄依（北家）を正五位下、小黒麻呂（北家）を従五位上といったところであるが、これらは光仁擁立の論功行賞であったと見られる。(47) その一方では、白壁王擁立に反対した吉備真備が致仕を請い、(48) 奈良朝の政界から姿を消している。

木本好信氏は、良継・蔵下麻呂・田麻呂・百川といった式家四兄弟が、新天皇光仁の治政の核となったとされたうえで、この四兄弟の息男はいずれも若年であったことから、当時三十四歳の種継が、式家の次代を担うべき者として期待されていたと推定されている。(49)

こうして即位した光仁であったが、六十二歳という高齢を考えれば、その本質的な位置付けとしては、この年十歳

の他戸王への適当な時期における禅譲が予定されていたはずである。光仁が一時でも即位しなければ、他戸王は単なる三世王に過ぎなくなるわけであり、光仁は他戸王を親王に格上げするための、いわば「中継ぎの男帝」というわけである。

その措置は、意外に早く執られた。十一月、光仁の父である志紀親王（天智第七皇子、母は越道君伊羅都売）に「御春日宮天皇」号を追贈し、光仁の兄弟姉妹と子女を親王とし、井上内親王を皇后と定めるという詔が宣せられ、[50]翌宝亀二年正月、他戸親王が皇太子に定められたのである。[51]その宣命では、

随法尓皇后御子他戸親王立為皇太子。

（法の随に皇后の御子他戸親王を立てて皇太子としたまふ。）

と、山部親王（後の桓武天皇）らの兄親王をさしおいて立太子した事情を、井上皇后の所生であるからと、ことさらに述べている。

こうして宮廷がようやく安定を見せたかと思われた二月二十二日、左大臣藤原永手が死去した。[52]その薨伝に、

宝亀元年、高野天皇（称徳）不悆時、道鏡、因以藉恩私、勢振内外。自廃帝（淳仁）黜、宗室有重望者、多羅非辜。日嗣之位、遂且絶矣。道鏡、自以寵愛隆渥、日夜僥倖非望。洎于宮車晏駕、定策遂安社稷者、大臣（永手）之力居多焉。

とあるように、称徳死去後の皇嗣決定や、道鏡の野望を阻止したことが、特記すべき功績として語られている。その後に続く二つの宣命については、先に述べたところである。

左大臣永手の死去、右大臣吉備真備の致仕という情勢を承けて、三月十三日、太政官首脳部に異動があった。大納言の大中臣朝臣清麻呂が右大臣、中納言の藤原良継が内臣、中納言の文室大市と参議の藤原魚名が大納言、参議の石川豊成・藤原縄麻呂が中納言に、それぞれ昇任した。藤原百川（雄田麻呂）は大宰帥に任じられた。

永手亡き後、権力基盤の固まっていない光仁が、自己の擁立に功績のあった良継を信任して政治の枢機に預からせたのも当然であったが、ただしその際、正三位と位階の低い良継を、他の二位官人を差し措いて大臣に任じるわけにもいかず、[53]内臣という地位を房前の任命から半世紀ぶりに復活させたのであろう。[54]その薨伝には、内臣に任じられて以来、「専政得志、升降自由」と称された専権を振るったと記されている。また女の乙牟漏を皇太子山部親王（後の桓武天皇）の妃（後に皇后）とするなど、天皇家とのミウチ的結合の構築にも成功している。

また、魚名が中納言を経ずに一挙に大納言に上ったことも特筆される。すでにその専権の片鱗が伺えよう。なお、魚名の室は宇合の女で、すでに鷹取・鷲取を儲けていた。

この後、十一月には百川が参議に上り、[55]良継の領導による「藤原式家主導体制」が構築されたとされる。[56]そのような折、皇后井上内親王が、巫蠱に連座して廃されるという事件が起こった。裳咋足島なる人物が、何年も前の謀反を自首して位階を上げられ、二人の女性（巫蠱にあたったとされた女官か）が遠流に処されたというのであるが、[57]井上内親王の廃后の詳細に関しては、何も語ってはいない。

角田文衞氏は、百川を中心として、百川の室である藤原諸姉やその姉妹の人数など女官の協力による陰謀であると推定された。[58]いかにもその薨伝に、「天皇甚信任之、委以腹心。内外機務莫不関知」と称された百川に相応しい策動である。

なお、この事件の直後の任官で、北家の藤原楓麻呂と京家の藤原浜足が、共に参議に任じられている。[59]京家から議政官が出たのは、天平九年以来、三十五年ぶりのことであった。

次いで五月、他戸皇太子が、その地位を追われた。「井上内親王の魘魅大逆の事」が何度も発覚しているので、「謀反大逆の人の子」を皇太子にしておくわけにはいかない、という理由である。[60]皇太子の地位を追われた親王が、一挙に庶人にまで落とされるというのは、きわめて違例のことである。井上内親王が、死後に皇后の称を復されたり、皇太后を贈られたりしているのに対し、他戸王に対する処置は、本人の過失によって皇太子の地位を追われたわけでもないにもかかわらず、死後にも峻厳を極めている。

いったい、この年六十四歳という老齢の天皇の後継者に定められていた皇太子や、その母の皇后が、天皇を厭魅するということが、あり得るのであろうか。数年間に及ぶ何度もの厭魅ということになると、他戸の立太子直後、あるいは光仁の即位直後からということになるが、それはあまりにも現実離れしている。やはり他戸を皇太子の地位から追い落とし、山部親王を擁立しようとした、百川や良継といった藤原式家による陰謀という推論が、的を射ているのであろう。『公卿補任』には、

……天皇〈光仁〉甚信任之、委以腹心。内外機務莫不関知。大臣〈百川〉素属心於桓武天皇。龍潜之日共結交情。及宝亀天皇践祚之日、私計為皇太子。于時庶人他部在儲弐位。公数出奇計、遂廃他部、桓武天皇為太子。致身尽力、服事儲宮。君有着薬、興沐祷請。即以平復。……

と見える。[61] なお、良継女の乙牟漏〈後に皇后、安殿親王〈平城〉・神野親王〈嵯峨〉の母〉、百川女の旅子〈母は良継女の諸姉、後に夫人、大伴親王〈淳和〉の母〉は、山部の妃になっているが、このうち乙牟漏はすでに宝亀三、四年頃に妃となっていることが知られる。

井上内親王と他戸とは、後に大和国宇智郡の没官された宅に幽閉され、[62] その二年後、母子は同日に死去した。[63] この死が尋常のものではなかったことは、容易に察せられる。式家の手の者によって毒殺されたという推量は、[64] それほど的を失しているとは思えない。

翌宝亀四年正月、山部親王が皇太子に立てられたが、この八箇月の皇太子の空白は、支配者層全体への山部立太子の正当性の説得が、予想以上に困難であったことを物語っている。立太子宣命[65]にある「故此之状悟天、百官人等仕奉礼（このようになった事情をよく理解して、百官人たちは皇太子にお仕えするように）」という異例の語は、光仁の苦悩を

物語っているようである。

この時期の内臣良継の太政官領導を示す史料として、木本氏は「九条家旧蔵延喜式裏文書」に注目された。(66) この官文書には宝亀四年二月から三月の太政官符の案文十四通が見られるが、そのうちで宣者がわかるものが十一通あり、それは良継が宣したものが七通、太政官首班の大中臣清麻呂が宣したものが四通であるという。大臣を差し措いて専権を振るう良継の姿を髣髴させる事例である。

五月には式家の蔵下麻呂と南家の是公が参議に任じられ、式家主導体制が強化された。(67) これで議政官十四名のうち、藤原氏は十一名、中で式家は四名を数えることとなった。

ところが、参議に任じられたばかりの蔵下麻呂が、宝亀六年七月に四十二歳で死去してしまった。(68) 木本氏によれば、これが式家主導体制の衰退の契機であった。後任の参議は大伴駿河麻呂と紀広庭であり、いまだ従五位上に過ぎない種継は近衛少将に任じられたのみであった。(69)

宝亀八年正月には従二位に上っていた良継が内大臣に任じられ、名実共に太政官首班となったが、(70) それも束の間、七月に良継は病に倒れ、(71) 九月には死去してしまった。(72) 六十二歳。議政官の補充として参議に任じられたのは北家の家依であり、(73) 良継を継ぐべき式家の百川は参議に過ぎず、同日に式部卿の兼任が命じられたのみで、式家の権力は明らかに衰退していった。

代わって太政官を領導したのは、北家の魚名であった。魚名は宝亀九年三月三日に内臣に任じられ、同月三十日には「忠臣」に転じられた。この時、左大臣は欠員、右大臣には八十四歳の大中臣清麻呂がおり、魚名はただ一人の大納言であった。すでに二位に達していた彼の位階と、大臣の空席を考えると、魚名をすんなりと大臣に上らせてもよさそうなものであるが、そうすると従来の序列による限り、清麻呂を左大臣、魚名を右大臣としなければならず、清麻呂が首班であることに変わりはない。

藤原氏の魚名にどうしても政治の実権を掌握させたかった光仁は、魚名を律令制外の変則的・ミウチ的官職である内臣、そしてこれまでに前例のない忠臣なる地位に就けて、清麻呂を牽制しながら魚名に専権を振るわせたのであろう。こうして政権担当の実績を積んだ魚名は、翌宝亀十年正月には内大臣、そして清麻呂が致仕した宝亀十二年六月には左大臣に上っている。(74)

なお、宝亀十年、七月に百川が死去した。(75) 四十八歳。

天皇甚信任之、委以腹心。内外機務、莫不関知。今上（桓武）之居東宮也、特属心焉。

と称された有能な権臣の死によって、式家の権力はますます低下した。代わりに九月に参議に任じられたのは、南家の弟縄（乙縄）であった。(76) 十二月には中納言で南家の縄麻呂が死去したが、(77) 式家からは議政官の補充はなく、参議に任じられたのは北家の小黒麻呂であった。(78) 百川の「相楽墓」は、京都府木津川市相楽に、それと称するものが存在する。実は一八九四年（明治二十七）に認定され、一八九五年の平安奠都千百年奉祝祭の際に正式に比定されたものであるが、『延喜式』の記載とそれほど離れた地でもない。

宝亀十一年になると、二月に式家の田麻呂と南家の継縄が中納言に任じられた。(79) これを式家主導体制の下では示すことができなかった天皇権力を、南北家の反目によって生じた政治的混乱に乗じて確立しようとしたものという理解もあるが、(80) いかがであろうか。実質的には、光仁は一年余り後には譲位しているのであるから、それほどの政治的熱意を見せ始めるとは思えないのであるが。三月には陸奥で伊治呰麻呂の反乱が起こったりして、(81) それどころではなかったであろうし。なお、この反乱に対しては、三月に継縄、(82) 九月に小黒麻呂が(83) 征東大使に拝されている。

そして光仁が退位する日が来た。翌天応元年（七八一）四月、山部親王が即位して桓武天皇となり、(84) 翌日、同母弟の早良親王が皇太子とされた。(85) 譲位宣命の中で、光仁が、

如此時尓当都々人々不好謀乎懐弖天下乎毛乱己我氏門乎毛滅人等麻禰久在。若如此有牟人乎婆己我教訓直弖各各己我祖乃門不滅弥

高尓仕奉将継止思慎天清直伎心乎持弖仕奉倍之止奈毛所念須。

（如此の時に当りつつ、人々好からぬ謀を懐ひて天下をも乱り、己が氏門をも滅す人等まねく在り。若し如此有らむ人をば己が教訓へ直して各各己が祖の門滅さず、弥高に仕へ奉り継がむと思ひ慎みて、清く直き心を持ちて仕へ奉るべしとなも念しめす。）

と戒めているのは、これまで数々の政変劇を見てきた光仁の偽らざる心情であろう。その苦悩の生涯の最期に際しての、支配者層への遺戒なのであろう。

百済系の血を引く高野新笠から生まれた山部と早良が天皇と皇太子に即くという王権は、きわめて危ういものであった。しかも、両者を支えるべき式家の権力が弱体化していたことは、誰の目にも明らかであった。桓武即位の直後、六月に参議藤原乙縄（南家）が死去、[86] 参議兼大宰帥藤原浜成（京家）が員外帥に降され、[87] 右大臣大中臣清麻呂が致仕、[88] 大納言石上宅嗣が死去と、[89] 議政官が相次いで姿を消した。

これに対する補充は、藤原魚名（北家）を左大臣、藤原田麻呂（式家）を大納言、藤原是公（南家）を中納言、大中臣子老と紀船守を参議に任じるというものであった。[90]

しかし、桓武の権力基盤は弱体化の一途をたどった。十二月には異母弟の薭田親王が三十一歳の若さで不審な死を遂げ、[91] 次いで光仁太上天皇が死去した。[92] これで桓武は、王権を一人で支えなければならなくなったのである。

そのような折も折、翌天応二年（延暦元年、七八二）閏正月十一日、あの塩焼王と不破内親王の子である氷上川継の謀反が発覚した。[93] 閏正月上旬の頃、川継の資人である大和乙人という者が、兵器を持って宮中に闌入し、捕獲されて推問されたところ、次のように白状した。十日の夜、兵を集めて平城宮の北門から侵入し、朝廷を傾けよう（桓武を害しよう、という意か）という川継の陰謀に、一味の宇治王を引き入れるという工作を行なうために闌入したのである、と。[94] 朝廷では、十一日に至り、川継を追い召したところ、川継は裏門から逃走し、十四日に捕捉されたのである。川継は伊豆国三島（かつて塩焼王が配流された地）に、不破内親王と川継の姉妹は淡路国に、それぞれ流された。

この陰謀が実際にあったかどうかは、随分とあやしいものであるが、[95]この事件が大量の連座者を出している点、にもかかわらず、これらの人々が、延暦九年の死去まで大宰府に留め置かれた浜成を除けば、いずれも短期間で赦免されている点は、特筆すべきことである。これらの事実は、この人々を一定期間、京から追放しておくことに処分の眼目があったかのようである。首謀者とされた川継でさえ、延暦二十四年、桓武不予による恩赦によって赦免され、[96]その後は官人としての歩みを続けている。

この事件に連坐して、すでに大宰員外帥に左降されていた京家の浜成が参議と侍従の官を解却された。[97]浜成の女が川継の妻となっていたというのが理由であった。

これらの不可解な事件は、何らか桓武の側に、大量の官人を京外に追放して天皇権力を確立する必要があったのか、[98]それとも京家の浜成を追い落とすという式家の陰謀だったのか、[99]様々な可能性が考えられる。仮に式家の主導した陰謀であったとすると、それは種継の政局への登場ということになる。

三月に議政官の補充として、種継が参議に任じられていることも、[100]その蓋然性を高めている。

そして六月、左大臣兼大宰帥藤原魚名が、事に坐して左大臣を罷免され、急き立てて任地に赴かされた。[101]なお、魚名は病と称して摂津に留まっている。[102]かつての豊成と同じ手を使ったのであるが、魚名に復活の日が訪れることはなかった。

この魚名の罷免も不可解である。式家による北家追い落としの策動だったのか、川継の「謀反」と一連のものと解すべきなのか、それとも皇位継承や長岡京遷都をめぐる意見対立が存在したのか、あるいはこれも桓武の権力確立の一環であったのか、実態は杳として知れない。

皇位継承についても、かつての桓武自身の立太子や即位に関わるものなのか、[103]それともすでに式家の藤原乙牟漏から宝亀五年に生まれていた小殿親王（後の平城天皇）の立太子を視野に入れたものなのか、様々に考えられる。

中川収氏は、種継が、即位後まだ立てていなかった皇后の策定問題にからめて魚名を中傷して、魚名一家の失脚を謀ったと解された。[104]確かに木本氏が指摘されたように、乙牟漏の立后の直後に魚名が実質的に罪を赦されて入京しているという関連性からは、この事件と立后との関係が窺えそうである。

木本氏は一歩進んで、九歳に成長してきた小殿の将来の立太子を目的としたものと推測された。そしてその背景として、魚名の男である鷲取の女（『尊卑分脈』では藤子）が桓武に入内しているという事実を挙げられた。[105]なお、藤子は延暦七年に万多親王を産んでいる。[106]種継が魚名を警戒するのももっともで、十分に蓋然性のある意見であろう。

魚名は乙牟漏立后直後の延暦二年五月に、老病によって京に還ることが許されたが、[107]実際に病は篤かったようで、七月に死去している。[108]六十三歳。

さて、左降した魚名の後任として、桓武は延暦元年六月の内に、藤原田麻呂を右大臣、藤原是公を大納言に昇任させている。[109]田麻呂は式家、是公は南家である。ここにきて、式家が復権してきたかのようにも見えるが、田麻呂はすでに六十一歳、翌延暦二年三月に死去してしまい、[110]式家の議政官は参議種継だけになってしまう。

ここで魚名が左降された延暦元年六月時点における藤原四家の官人の動向をまとめて述べることとしたい。すでに藤原氏も不比等から数えて五世代目を迎えていた。

南家では、豊成の長子武良自（良因）の男である長道が神護景雲元年に従五位下に叙爵され、[111]宝亀五年に主税頭に任じられたが、[112]その後は史料に見えない。長山は宝亀七年に叙爵され、[113]図書頭、次いで三河守に任じられたが、[114]これもその後の消息は知られない。

継縄はこの時、中納言で五十六歳、延暦二年に大納言、延暦九年に右大臣に上り、延暦十五年に死去した。継縄の長子真葛は宝亀七年に叙爵され、[115]大学頭や散位頭、備前介を次々と歴任し、[116]延暦三年に右大舎人頭に任じられたが、[117]

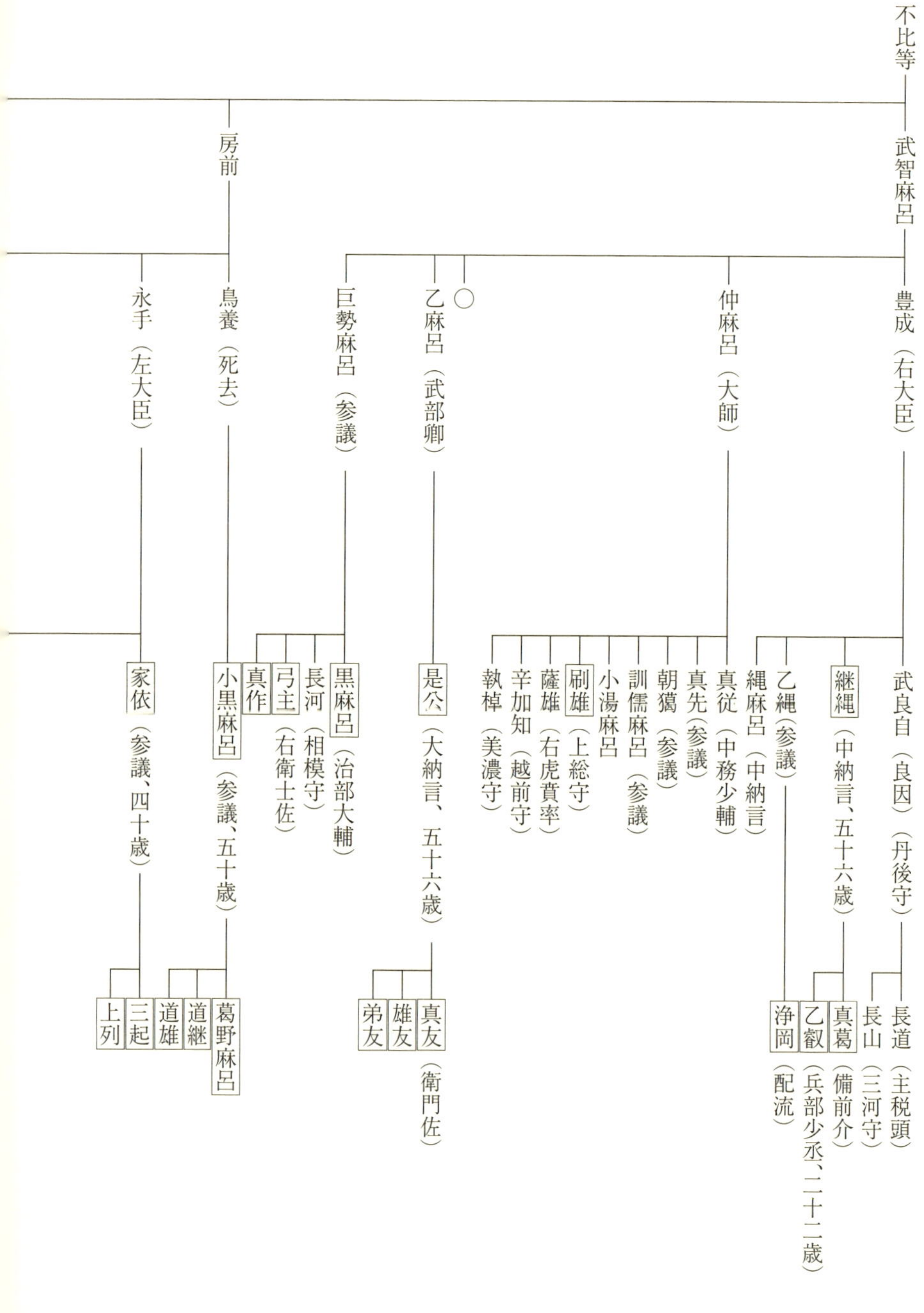
不比等
武智麻呂
房前
豊成（右大臣）
仲麻呂（大師）
○
乙麻呂（武部卿）
巨勢麻呂（参議）
鳥養（死去）
永手（左大臣）
武良自（良因）（丹後守）
継縄（中納言、五十六歳）
乙縄（参議）
縄麻呂（中納言）
真従（中務少輔）
真先（参議）
朝獦（参議）
訓儒麻呂（参議）
小湯麻呂
刷雄（上総守）
薩雄（右虎賁率）
辛加知（越前守）
執棹（美濃守）
是公（大納言、五十六歳）
黒麻呂（治部大輔）
長河（相模守）
弓主（右衛士佐）
真作
小黒麻呂（参議、五十歳）
家依（参議、四十歳）
長道（主税頭）
長山（三河守）
真葛（備前介）
乙叡（兵部少丞、二十二歳）
浄岡（配流）
真友（衛門佐）
雄友
弟友
葛野麻呂
道継
道雄
三起
上列

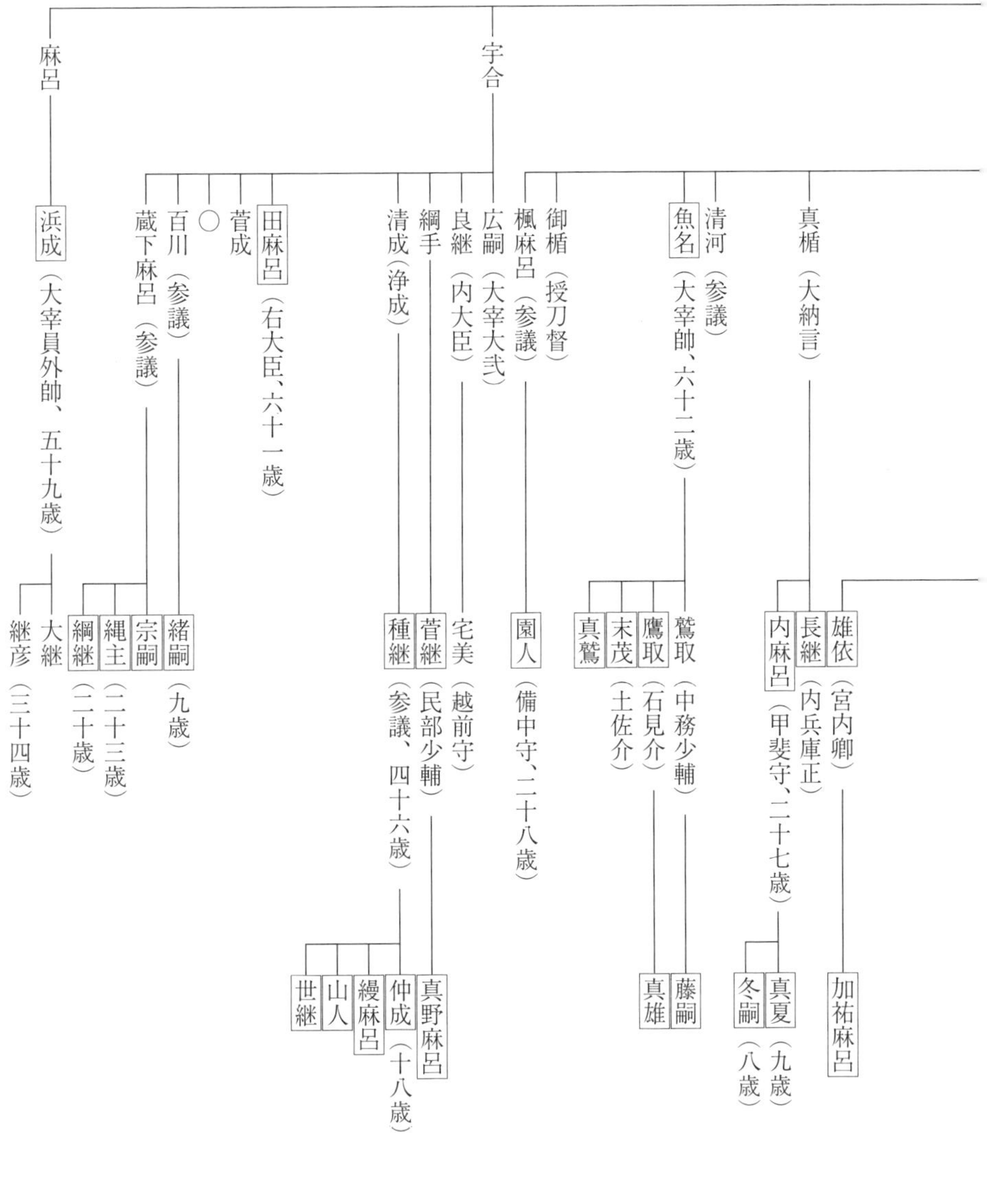

（官職、年齢は延暦元年六月時点のもの、死去者は極官のみ）

その後は史料に見えない。乙叡は天平宝字五年の生まれ、母は百済王明信。延暦元年六月に兵部少丞に任じられている。[118]叙爵を受けるのは延暦三年のことで、[119]以後、中納言にまで昇進したが、大同二年（八〇七）に伊予親王に連坐して解官され、翌大同三年、「憂を以て」四十八歳で死去した。[120]

乙縄の男の浄岡は天応元年に叙爵されたが、[121]川継の謀反に連坐して配流された。後に赦されて筑後守に至っている。

仲麻呂の子息のうち、死を免じられて流罪に処されていた者は、宝亀三年に恵美姓を除いて藤原姓に復された。[122]刷雄は図書頭や大判事、治部大輔、上総守などを歴任している。

乙麻呂の男では、是公が大納言の座にあり、翌延暦二年には右大臣に任じられて太政官首班となった。是公の男としては、一男の真友は宝亀十一年に叙爵され、[124]少納言を経て衛門佐に任じられている。[125]後に参議にまで上っている。二男の雄友は翌延暦二年、三男の弟友は延暦三年に叙爵されている。[126]その後、雄友は宮内卿、弟友は阿波守に任じられた。

巨勢麻呂の男では、黒麻呂は宝亀五年に叙爵を受け、[127]上総介や上総守、治部大輔を歴任した。[128]後にも遠江守、周防守、因幡守などを歴任している。

長河は宝亀八年に叙爵されたものの、[129]宝亀十一年に相模守に任じられた後は史料に見えない。弓主は宝亀十年に叙爵され、[130]延暦元年に右衛士佐に任じられてからは史料に見えない。[131]真作が叙爵されるのは延暦三年のことである。

以上、南家では、継縄と是公が議政官に座を占めるものの、次の世代となると、まだまだ若年であり、議政官を出すのは先のことであることがわかる。

北家では、魚名がこの延暦元年に左降され、小黒麻呂と家依が議政官に座を占めていた。小黒麻呂はこの年、参議であったが、後に大納言まで上っている。小黒麻呂の男は、葛野麻呂、道継、道雄が知られる。葛野麻呂は延暦四年に叙爵され、中納言に上った。道継は延暦十年に叙爵され、右京大夫が極官である。道雄は延暦十五年に叙爵され、参議に上っている。

永手一男の家依は延暦元年には参議を勤めているが、延暦四年に死去してしまった。なお、『日本霊異記』下―三六には、家依が父永手のために、西大寺七層八角塔に関する悪い夢を見たという説話が収められている。家依の確実な男としては、三起と上列が知られるが、この時点ではいまだ叙爵を受けておらず、子孫は零落したようである。

永手二男の雄依は神護景雲元年に叙爵を受け、(132)その後も昇叙された。右衛士督、左京大夫、宮内卿などを歴任したが、(133)種継暗殺事件に連坐して隠岐に流された。(134)

真楯の二男である長継は宝亀三年に叙爵され、(135)内兵庫正に任じられたが、(136)その後は史料から姿を消す。

真楯三男の内麻呂は、安倍帯麻呂女を母として天平勝宝八歳に生まれた。天応元年に叙爵され、(137)延暦元年当時は甲斐守であった。後に右大臣にまで上り、内麻呂二男の冬嗣が摂関家の祖となった。

魚名の男では、長子の鷲取は宝亀二年に叙爵され、(138)伊勢介、伊勢守、中務大輔を歴任したが、(139)以後は史料に見えない。なお、鷲取二男の藤嗣の子孫が後世、学者を輩出し、山蔭・在衡・忠輔などを輩出した。

魚名二男の鷹取も宝亀二年に叙爵され、(140)急速に昇叙を受けた。左中弁や造宮卿などを歴任したが、(141)魚名に連坐して石見介に左遷された。(142)翌延暦二年に赦されて入京し、延暦三年四月に左京大夫に任じられたが、(143)五月に魚名に続いて死去した。(144)

魚名三男の末茂は、宝亀八年に叙爵され、(145)延暦元年には中衛少将の任にあったが、これも魚名に連坐して土佐介に左遷された。(146)翌延暦二年に赦されて入京し、伊予守に任じられたが、(147)再び事に坐して日向介に左降された。(148)これも赦されて内匠頭、美作守に任じられたが、(149)その後は史料から姿を消す。なお、光孝天皇の生母である沢子は、末茂の子孫である。

魚名四男の真鷲は、天応元年に叙爵されたが、(150)魚名に連坐して共に大宰府に赴くことを命じられた。(151)翌年に赦されたようで、大学頭や大宰少弐に任じられている。[152]

楓麻呂長子の園人は、宝亀十年に叙爵され、[153]延暦元年には備中守であった。その後は昇進を重ね、右大臣にまで上っている。

以上、北家では、小黒麻呂と家依が議政官に座を占めていたものの、その弟である内麻呂や園人が顕貴の地位に上るのはさらに後のことで、次の世代はいまだ叙爵後間もない時期であった。永手や魚名が去った後には、北家も式家の勢威に圧されて、しばらくは振るわなかったのである。

式家では、良継の男である宅美は、宝亀二年に叙爵され、[154]右兵衛督、丹波守、越前守を歴任したが、[155]その後は史料に見えなくなる。

宇合三男の綱手の男である菅継は、宝亀四年に叙爵され、[156]兵部少輔、民部少輔などを歴任した。[157]右京大夫で終わっている。

宇合四男の清成の男である種継についてはしばしば登場しているが、この延暦元年に参議に任じられたばかり。「天皇甚委任之、中外之事皆取決焉」と称された専権を手に入れたが、その後の運命については、後に述べる。種継の男には仲成・縵麻呂・山人・世継らがいるが、彼等の将来についても周知のとおりである。

宇合五男の田麻呂には、子女は確認されない。

宇合八男の百川の男としては、緒嗣がいるが、百川四十三歳の時の子で、延暦元年にはいまだ九歳である。後に歴代に寵幸されて左大臣に上っている。

宇合九男の蔵下麻呂の男で奈良時代に叙爵を受けた者には、宗嗣と縄主がいる。宗嗣は宝亀十一年、縄主は延暦二年に、それぞれ叙爵されている。[158]なお、縄主の妻が藤原薬子である。

以上、式家は、良継や田麻呂、百川といった権臣が世を去った後は、元々官人の数が少なかった（広嗣の乱のせいであるが）ために、低迷の時期を迎えていた。種継が専権を発揮するようになるまで、いましばらくの時間が必要だったのである。

京家では、浜成が左降され、その男の大継と継彦も氷上川継の謀反事件に連坐したようである。大継は延暦八年に赦され、大判事、左京大夫、伊勢守などを歴任した。(159) 継彦も延暦八年に赦され、主計頭、山城守などを歴任した。(160)

このように、京家の勢力は質量共にきわめて弱体であった。せっかく議政官に上った浜成も左降され、男たちもそれに連坐したことによる。ただし、まったく消え去ってしまったかというと、そうでもなく、子孫は細々と生き残り、貞観十一年（八六九）に冬緒が参議に任じられ、元慶元年（八七七）に中納言、元慶六年に大納言にまで昇進することになる。

以上、藤原氏全体を眺めてきた。南家は第四世代の継縄と是公が議政官に座を占めるものの、次の第五世代はいまだ若年であり、北家は小黒麻呂と家依が議政官に座を占めていたものの、その弟の内麻呂や園人もいまだ顕貴の地位には届かず、第五世代はいまだ叙爵後間もない時期であった。式家も何人もの権臣が世を去った後は、低迷の時期を迎えていた。京家はほとんど振るわず、要するに、藤原氏全体にとっても、しばらくはその権力にも翳りを見せていたということになる。

さて、延暦二年四月、まず桓武第一皇子の小殿親王の名（乳母氏である安倍小殿朝臣に因むもの）を安殿親王（高貴を表わす「あて」の意味）に改めたうえで、(161) その生母である桓武夫人藤原乙牟漏（良継女）を皇后に立て、同日、その祝宴に際して、種継が従三位に昇叙された。(162)

乙牟漏の立后は、桓武の同母弟、ということは百済系の生母を持つ早良皇太子への兄弟継承を目指す勢力と、藤原式家の生母を持つ桓武の嫡系皇子への嫡子継承を目指す勢力との間の抗争が、目前に迫ってきていることを明らかにする措置であった。

そして藤原氏官人の中でただ一人、種継が叙位に預かったということは、彼が太政官の上席にある南家の是公と継縄（共に五十七歳）を差し措いて、藤原氏の実質的な中心として桓武の権臣となったことを宣言するものであった。それは七月に是公を右大臣、継縄を大納言に昇格させても、変わることはなかったはずである。[163]

明けて延暦三年正月、北家の小黒麻呂と式家の種継が、並んで中納言に昇任した。[164]種継は任官時期からも年齢からも最末席の参議から一挙に五人を越任したもので、これで公的な地位も手にしたことになる。

種継の推進した事業は、暗黙裡に進行していた安殿親王への皇太子の交代を除けば、長岡遷都であった。五月、種継をはじめとする相地使が派遣された。[165]

勅、遣中納言正三位藤原朝臣小黒麻呂・従三位藤原朝臣種継、左大弁従三位佐伯宿禰今毛人、参議近衛中将正四位上紀朝臣船守、参議神祇伯従四位上大中臣朝臣子老、右衛士督正四位上坂上大忌寸苅田麻呂、衛門督従四位上佐伯宿禰久良麻呂、陰陽助外従五位下船連田口等於山背国、相乙訓郡長岡村之地。為遷都也。

という使節の中心が種継であったことは、言うまでもない。その薨伝に、「初首建議、遷都長岡」とあることから、[166]長岡遷都を建議したのが種継であったことがわかる。

六月になると、種継を長官とする造長岡宮使が任命された。[167]こちらには小黒麻呂は入っていない。「於是、経始都城、営作宮殿」という文言が、新都の造営開始を宣言したものである。

造営は順調に進んだようで、十月には長岡遷都のための御装束司并前後次第司が任じられ、[168]十一月には遷都詔が宣せられないまま、長岡遷都が行なわれている。[169]十二月には長岡宮造営に功績のあった者に叙位が行なわれ、種継は正三位に叙されている。[170]

もちろん、宮内のすべての建物が完成していたわけではあるまいし、平城宮や後期難波宮からの移築も多かったのであろう。そもそも、すべてが完成した、または完成させようとした都城というのは、日本史上、一度も出現していないのである。

しかし、桓武がここまで遷都を急いだ背景は、また別個に考えなければならない。甲子革令、反桓武勢力の排除、仏教勢力との隔絶、複都制の廃止、水運の便、秦氏などの渡来氏族の存在、などである。(171)他戸王への中継ぎとしての性格が強かった光仁に比べて、まったくの新皇統を創出した桓武としてみれば、皇統の祖として新都に移ろうと考えたのは、あり得る話であろう。

延暦四年に入っても、長岡京は完成を見なかった。種継の薨伝に、

宮室草創、百官未就、匠手・役夫、日夜兼作。

とあるように、(172)日夜兼行の突貫工事が続いていたのであろう。七月には、造宮の役夫として「諸国の百姓三十一万四千人を和雇す」という措置がとられている。(173)八月二十八日、桓武は斎王朝原内親王の群行を見送るため、平城宮に行幸したが、(174)種継は当然、留守として長岡宮に残り、造営を監督していた。

そして九月二十三日の亥剋（午後九時から十一時）、造宮現場で工事を督促していた種継が、二人の賊に射られて死去した。現存『続日本紀』よりも詳細な記事を載せている『日本紀略』には、「両箭貫身薨」とある。(175)また、『続日本紀』には、「照炬催検、燭下被傷、明日薨於第」とあるので、(176)即死ではなく、矢傷が原因となって翌日に死去したようである。四十九歳。

『日本紀略』（つまり元の『続日本紀』）には事件の計画が語られていて、八月二十八日に死去した大伴家持を首謀者として（事実かどうかは不明）、種継を暗殺し、朝庭（桓武）を殺害し、早良皇太子を即位させようというものであったという。(177)「藤原朝臣（種継）在波不安。此人乎掃退止牟」謀ったというのも、反対派にとってはその通りだったのであろう。

なお、『日本霊異記』下―三十八は、種継が暗殺された場所を、「長岡宮島町」としている。長岡京木簡にみえる島

院に関連する地名で、「長岡宮内の西宮南方の向日丘陵南西端の段丘崖下の旧木畑川が流れていた場所」とのことである。[178] 私も現地を訪ねてみたが、住宅密集地となっていて、まったく往時を髣髴することができなかった。

問題は、早良皇太子がこの陰謀に関係していたことである。しかも大伴継人と佐伯高成の自白によれば、この計画を早良に啓上し、その許可を得ていたという。安殿親王を立太子させたい桓武にとっては、まさに願ってもない陰謀であり(桓武の願うような「自白」が行なわれた可能性が高いが)、早良を乙訓寺に幽閉した。[179]

早良は抗議のために絶食したが(西本昌弘氏によると、朝廷から飲食を断たれて衰弱死したという[180])、淡路に配流され、移送中に死去した。それでも屍は淡路に送られた。[181] これが後に桓武自身や十一月に立太子した安殿皇太子にどのような災厄をもたらすことになるのか、この時点では誰にも想像できなかったことであろう。

実はこの時代までには怨霊という発想は日本には定着しておらず、数々の政変で葬られた人々が怨霊になったということはない(『日本霊異記』中―一の長屋王は後世の創作である)。[182] 反種継派の浅はかな陰謀、もしくは桓武の短絡的な措置によって、やがて日本には怨霊という概念が生まれ、平安貴族や民衆を苦しめることになる。

ともあれ、これで式家の権力は失墜した。ただし、このまま没落したのではなかった。種継のおかげで結果的に立太子することができた安殿皇太子は、やがて即位して平城天皇になると、種継の遺児である仲成と薬子を重用することになった。それがどのような結果をもたらしたかは、周知のとおりである。[183]

種継暗殺後も、長岡京の造営は続いた。そして九年後の延暦十三年、桓武はさらに新たな都の造営を開始する。しかし、その都では、また新たな権臣が誕生し、陰謀と怨霊が跋扈する、新たな政変劇が繰り広げられることとなるのである。

註

（1）岸俊男「越前国東大寺領庄園をめぐる政治的動向」（『日本古代政治史研究』所収、塙書房、一九六六年、初出一九五二年）。
（2）野村忠夫「仲麻呂政権の一考察―律令官人の動向を中心に―」（『律令政治と官人制』所収、吉川弘文館、一九九三年、初出は一九五八年）
（3）『続日本紀』天平神護二年三月丁卯条。
（4）『続日本紀』天平宝字八年九月壬子条。
（5）『続日本紀』天平宝字八年十月壬申条。
（6）『続日本紀』宝亀六年五月己酉条。
（7）『続日本紀』天平宝字八年九月乙巳条。
（8）角田文衞「恵美押勝の乱」（『角田文衞著作集 第三巻 律令国家の展開』所収、法蔵館、一九八五年、初出一九六一年）。
（9）『続日本紀』天平宝字八年九月壬子条。
（10）『続日本紀』天平宝字八年九月甲寅条。
（11）薗田香融「恵美家子女伝考」（『日本古代の貴族と地方豪族』所収、塙書房、一九九一年、初出一九六六年）。
（12）笹山晴生「奈良朝政治の推移」（前掲）。
（13）高島正人「奈良時代中後期の式・京両家」（前掲）。
（14）『続日本紀』天平宝字八年九月甲寅条。
（15）『続日本紀』天平宝字八年十月壬申条。
（16）『続日本紀』天平宝字八年十月丁丑条。
（17）『続日本紀』天平神護元年二月乙亥条。

(18) 直木孝次郎「淡路廃帝淳仁の死について」(『飛鳥奈良時代の考察』所収、高科書店、一九九六年、初出一九八七年)。
(19) 『続日本紀』天平神護元年十月辛未条。
(20) 『続日本紀』天平神護元年十月丙子条。
(21) 『続日本紀』天平神護元年十月庚辰条。
(22) 直木孝次郎「淡路廃帝淳仁の死について」(前掲)。
(23) 笹山晴生「奈良朝政治の推移」(前掲)。
(24) 『続日本紀』天平神護元年十月丁亥条。
(25) 『続日本紀』天平神護元年閏十月庚寅条。
(26) 『続日本紀』天平神護元年十一月甲申条。
(27) 『続日本紀』天平神護二年正月甲子条。
(28) 『続日本紀』天平神護二年十月壬寅条。
(29) 『続日本紀』天平神護二年三月丁卯条。
(30) 『続日本紀』天平神護二年七月乙亥条。
(31) 『続日本紀』天平神護二年十月壬寅条。
(32) 勝浦令子『孝謙・称徳天皇』(ミネルヴァ書房、二〇一四年)。
(33) 三宅和朗「古代春日社の祭りと信仰」(『古代の王権祭祀と自然』所収、吉川弘文館、二〇〇八年、初出二〇〇一年)。
(34) 『続日本紀』神護景雲三年正月壬申条、正月丙子条。
(35) 勝浦令子『孝謙・称徳天皇』(前掲)。
(36) 『続日本紀』神護景雲三年九月己丑条。
(37) 勝浦令子『孝謙・称徳天皇』(前掲)。

(38) 岸俊男『藤原仲麻呂』（前掲）。
(39) 『続日本紀』神護景雲三年十月乙未朔条。
(40) 『続日本紀』宝亀元年八月癸巳条。
(41) 『続日本紀』宝亀元年八月癸巳条。
(42) 『続日本紀』光仁天皇即位前紀。
(43) 吉川敏子「『日本紀略』藤原百川伝の成立」（『律令貴族成立史の研究』所収、塙書房、二〇〇六年）。
(44) 『続日本紀』宝亀元年八月丙午条。
(45) 『続日本紀』宝亀元年八月庚戌条。
(46) 『続日本紀』宝亀元年十月己丑朔条。
(47) 木本好信『藤原種継』（ミネルヴァ書房、二〇一五年）。
(48) 『続日本紀』宝亀元年十月丙申条。
(49) 木本好信『藤原種継』（前掲）。
(50) 『続日本紀』宝亀元年十一月甲子条。
(51) 『続日本紀』宝亀二年正月辛子条。
(52) 『続日本紀』宝亀二年二月己酉条。
(53) 八世紀を通じて、左大臣の任命時の位階は一例を除いて正二位、右大臣は三例を除いて従二位であり、その意味では官位相当観念が貫徹していた（倉本一宏「律令国家の政権中枢」〈『日本古代国家成立期の政権構造』所収、吉川弘文館、一九九七年〉）。
(54) 倉本一宏「内大臣沿革考」（前掲）。
(55) 『続日本紀』宝亀二年十一月乙巳条。

(56) 木本好信『藤原種継』(前掲)。
(57)『続日本紀』宝亀三年三月癸未条。
(58) 角田文衛「宝亀三年の廃后廃太子事件」(『角田文衛著作集 第三巻 律令国家の展開』所収、法藏館、一九八五年、初出一九六五年)
(59)『続日本紀』宝亀三年四月庚午条。
(60)『続日本紀』宝亀三年五月丁未条。
(61)『公卿補任』宝亀二年・藤原百川尻付。
(62)『続日本紀』宝亀四年十月辛酉条。
(63)『続日本紀』宝亀六年四月己丑条。
(64) 角田文衛「宝亀三年の廃后廃太子事件」(前掲)。
(65)『続日本紀』宝亀四年正月戊寅条。庚寅の誤りか。
(66) 木本好信『藤原種継』(前掲)。
(67)『続日本紀』宝亀五年五月癸卯条。
(68)『続日本紀』宝亀六年七月壬辰朔条。
(69)『続日本紀』宝亀六年九月戊午条。
(70)『続日本紀』宝亀八年正月丙辰条。
(71)『続日本紀』宝亀八年七月乙丑条。
(72)『続日本紀』宝亀八年九月丙寅条。
(73)『続日本紀』宝亀八年十月辛卯条。
(74) 倉本一宏「内大臣沿革考」(前掲)。

(75)『続日本紀』宝亀十年七月丙子条。
(76)『続日本紀』宝亀十年九月己卯条。
(77)『続日本紀』宝亀十年十二月己酉条。
(78)『続日本紀』宝亀十年十二月丙寅条。
(79)『続日本紀』宝亀十一年二月丙申朔条。
(80)木本好信『藤原種継』(前掲)。
(81)『続日本紀』宝亀十一年三月丁亥条。
(82)『続日本紀』宝亀十一年三月癸巳条。
(83)『続日本紀』宝亀十一年九月甲申条。
(84)『続日本紀』天応元年四月辛卯条。
(85)『続日本紀』天応元年四月壬辰条。
(86)『続日本紀』天応元年六月癸巳条。
(87)『続日本紀』天応元年六月癸卯条。
(88)『続日本紀』天応元年六月庚戌条。
(89)『続日本紀』天応元年六月辛亥条。
(90)『続日本紀』天応元年六月甲寅条。是公のみ九月戊午条。
(91)『続日本紀』天応元年十二月辛丑条。
(92)『続日本紀』天応元年十二月丁未条。
(93)『続日本紀』延暦元年閏正月甲子条。甲午の誤りか。
(94)『続日本紀』延暦元年閏正月丁酉条。

(95) 阿部猛「天応二年の氷上川継事件」(『平安前期政治史の研究』所収、大原新生社、一九七四年、初出一九五八年)。
(96) 『日本後紀』延暦二十四年三月壬辰条。
(97) 『続日本紀』延暦元年閏正月辛丑条。
(98) 林陸朗「奈良朝後期宮廷の暗雲——県犬養家の姉妹を中心として」(『上代政治社会の研究』所収、吉川弘文館、一九六九年、初出一九六一年)。
(99) 阿部猛「天応二年の氷上川継事件」(前掲)。
(100) 『続日本紀』延暦元年三月戊申条。
(101) 『続日本紀』延暦元年六月乙丑条。
(102) 『続日本紀』延暦元年六月己卯条。
(103) 西本昌弘『桓武天皇』(山川出版社、二〇一三年)。
(104) 中川収「左大臣藤原魚名の左降事件」(『國學院雜誌』第八〇巻第一一号掲載、一九七九年)。
(105) 木本好信『藤原種継』(前掲)。
(106) 『日本紀略』天長七年四月甲子条。
(107) 『続日本紀』延暦二年五月丁亥条。
(108) 『続日本紀』延暦二年七月庚子条。
(109) 『続日本紀』延暦元年六月壬申条。
(110) 『続日本紀』延暦二年三月丙申条。
(111) 『続日本紀』神護景雲元年春正月己未条。
(112) 『続日本紀』宝亀五年九月庚子条。
(113) 『続日本紀』宝亀七年正月丙申条。

(114)『続日本紀』宝亀九年二月庚子条、宝亀十年二月甲午条。
(115)『続日本紀』宝亀五年正月丁未条。
(116)『続日本紀』宝亀八年正月戊寅条、宝亀八年十月辛卯条、宝亀十年二月甲午条。
(117)『続日本紀』延暦三年四月丁未条。
(118)『公卿補任』延暦十三年。
(119)『続日本紀』延暦三年五月己丑条。
(120)『日本後紀』大同三年六月甲寅条。
(121)『日本後紀』天応元年十一月己巳条。
(122)『続日本紀』宝亀三年四月辛巳条。
(123)『唐大和上東征伝』、『続日本紀』宝亀九年正月丙辰条、宝亀十年十二月己酉条、宝亀十年十二月壬午条。
(124)『続日本紀』宝亀十一年正月癸酉条。
(125)『続日本紀』宝亀十一年三月壬午条、延暦元年閏正月甲子条。
(126)『続日本紀』延暦二年正月癸巳条、延暦三年閏九月乙卯条。
(127)『続日本紀』宝亀五年正月丁未条。
(128)『続日本紀』宝亀五年三月甲辰条、宝亀八年正月戊寅条、宝亀十一年四月甲寅条。
(129)『続日本紀』宝亀八年正月丁巳条。
(130)『続日本紀』宝亀十年正月甲子条。
(131)『続日本紀』延暦元年閏正月庚子条。
(132)『続日本紀』神護景雲元年正月己巳条。
(133)『続日本紀』神護景雲元年三月己巳条、宝亀七年三月癸巳条、宝亀十一年二月甲辰条。

(134)『日本紀略』延暦四年九月乙卯条、延暦四年九月丙辰条。
(135)『続日本紀』宝亀三年正月甲申条。
(136)『続日本紀』宝亀六年四月丁亥条。
(137)『続日本紀』天応元年十月戊申条。
(138)『続日本紀』宝亀二年正月辛巳条。
(139)『続日本紀』宝亀三年四月庚午条、宝亀五年三月甲辰条、宝亀九年二月庚子条。
(140)『続日本紀』宝亀二年閏三月甲午条。
(141)『続日本紀』宝亀九年十二月庚子条、天応元年五月乙丑条。
(142)『続日本紀』延暦元年六月乙丑条。
(143)『続日本紀』延暦三年四月壬寅条。
(144)『続日本紀』延暦三年五月庚辰条。
(145)『続日本紀』宝亀八年三月戊辰条。
(146)『続日本紀』延暦元年六月乙丑条。
(147)『続日本紀』延暦三年七月壬午条。
(148)『続日本紀』延暦三年九月庚辰条。
(149)『続日本紀』延暦七年三月己未条、延暦九年三月丙午条。
(150)『続日本紀』天応元年十一月己巳条。
(151)『続日本紀』延暦元年六月乙丑条。
(152)『続日本紀』延暦四年七月壬戌条、延暦十年七月丁亥条。
(153)『続日本紀』宝亀十年正月癸丑条。

(154)『続日本紀』宝亀二年十一月丁未条。
(155)『続日本紀』宝亀五年三月甲辰条、宝亀七年三月癸巳条。
(156)『続日本紀』宝亀四年正月癸未条。
(157)『続日本紀』宝亀八年正月戊寅条、天応元年五月癸未条。
(158)『続日本紀』宝亀十一年正月癸酉条、延暦二年四月甲戌条。
(159)『続日本紀』延暦八年三月戊午条、延暦十三年「東大寺使解」、『日本後紀』大同元年二月丁酉条。
(160)『続日本紀』延暦八年五月己巳条、『日本後紀』弘仁元年九月丁未条。
(161)『続日本紀』延暦二年四月庚申条。
(162)『続日本紀』延暦二年四月甲子条。
(163)『続日本紀』延暦二年七月甲午条。
(164)『続日本紀』延暦三年正月戊子条。
(165)『続日本紀』延暦三年五月丙戌条。
(166)『続日本紀』延暦四年九月丙辰条。
(167)『続日本紀』延暦三年六月己酉条。
(168)『続日本紀』延暦三年十月壬申条。
(169)『続日本紀』延暦三年十一月戊申条。
(170)『続日本紀』延暦三年十二月己巳条。
(171)佐藤信「長岡京から平安京へ」（笹山晴生編『古代を考える 平安の都』所収、吉川弘文館、一九九一年）。
(172)『続日本紀』延暦四年九月丙辰条。
(173)『続日本紀』延暦四年七月癸丑条。

(174) 『続日本紀』延暦四年八月丙戌条。
(175) 『日本紀略』延暦四年九月乙卯条。
(176) 『続日本紀』延暦四年九月丙辰条。
(177) 『日本紀略』延暦四年九月庚申条。
(178) 國下多美樹「藤原氏と長岡京」(『史聚』第四七号掲載、二〇一四年)。
(179) 『日本紀略』延暦四年九月庚申条。
(180) 西本昌弘「早良親王薨去の周辺」(『日本歴史』第六二九号掲載、二〇〇〇年)。
(181) 『日本紀略』延暦四年九月庚申条。
(182) 『続日本紀』延暦四年十一月丁巳条。
(183) 倉本一宏『平安朝 皇位継承の闇』(角川学芸出版、二〇一五年)。

おわりに　日本史と藤原氏

都が平安京に移ってからの藤原氏については、紙幅の関係で、本書では触れないこととする（日本「古代」氏族研究叢書だし）。本書とは別に、鎌倉時代初頭までの藤原氏を扱った『藤原氏』という本を中公新書で刊行する予定であるので、そちらをご覧いただきたい。

と言ってしまうと身も蓋もないので、ここで八世紀から十二世紀までの家別議政官任命人数を表にしてみた。八世紀については変動があった年毎、九世紀以降は十年毎の集計である。

これを見ると、我々が漠然とイメージしているように、式家や京家、特に式家が、はじめから劣勢であったというわけでもないことが読み取れよう。京家にしても、九世紀後半に至っても議政官を出しているわけだし、式家も広嗣の乱、種継暗殺事件、薬子（平城上皇）の変がなければ、平安時代以降も議政官を出し続けていたはずである。

北家の優勢にしても、平安時代に入ってすぐに確立したわけではなく、南家の議政官もそれなりに出し続けていた。完全に北家の政権となるのは十世紀も後半、つまり摂関政治の時代になってからということになる。

今後は、議政官を出さなくなってからの北家以外の家の生き残りの様相を、都から各地方に至るまで、そして中世まで視野に入れて考えていかなければならない。

また、北家とはいっても、官人の数は世代を経る度に膨大な数に膨れあがっていったはずであり、議政官の数にはそれほど変動はなかったのであるから、それにありつけなかった北家の人々も、それぞれに生き残りをはからなければならなかった。

藤原氏家別議政官任命人数表

		藤原氏	南家	北家	式家	京家	他
大宝元	七〇一	一					
養老元	七一七	二		一			
養老五	七二一	二	一	一			
天平三	七三一	四	一	一	一	一	
天平九	七三七	一	一				
天平十五	七四三	二	二				
天平二十	七四八	三	二	一			
天平勝宝元	七四九	四	二	二			
天平勝宝八	七五六	五	二	三			
天平宝字元	七五七	四	一	三			
天平宝字三	七五九	五		四			一
天平宝字六	七六二	一〇	一	四			五
天平宝字八	七六四	四	一	三			
天平神護元	七六五	四	一	三			
天平神護二	七六六	五	二	二	一		
神護景雲二	七六八	六	二	三	一		
宝亀元	七七〇	七	二	三	二		
宝亀二	七七一	六	一	三	二		
宝亀三	七七二	九	二	三	三	一	
宝亀五	七七四	一一	三	三	四	一	
宝亀六	七七五	一〇	三	三	三	一	
宝亀七	七七六	九	三	二	三	一	
宝亀八	七七七	九	三	三	二	一	
宝亀九	七七八	八	三	二	二	一	
宝亀十	七七九	八	三	三	一	一	
天応元	七八一	七	二	三	一	一	

		藤原氏	南家	北家	式家	京家	他
延暦元	七八二	六	二	二	二		
延暦二	七八三	五	二	二	一		
延暦四	七八五	三	二	一			
延暦八	七八九	二	一	一			
延暦九	七九〇	三	二	一			
延暦十三	七九四	五	四	一			
延暦十五	七九六	四	三	一			
延暦十六	七九七	三	二	一			
延暦十七	七九八	四	二	一	一		
延暦二十一	八〇二	五	二	一	二		
弘仁二	八一一	六		四	二		
弘仁十二	八二一	四	二	一	一		
天長八	八三一	四	一	一	二		
承和八	八四一	四		二	二		
仁寿元	八五一	五		五			
貞観三	八六一	四		四			
貞観十三	八七一	七		六		一	
元慶五	八八一	五	一	三		一	
寛平三	八九一	五	一	四			
延喜元	九〇一	六		六			
延喜十一	九一一	八	二	五	一		
延喜二十一	九二一	九	二	七			
承平元	九三一	一一	二	九			
天慶四	九四一	九	一	七	一		
天暦五	九五一	七	一	六			
応和元	九六一	八		八			

		藤原氏	南家	北家	式家	京家	他
天禄二	九七一	八		八			
天元四	九八一	一〇		一〇			
正暦二	九九一	一六		一六			
長保三	一〇〇一	一三		一三			
寛弘八	一〇一一	一八		一八			
治安元	一〇二一	二〇		二〇			
長元四	一〇三一	一七		一七			
長久二	一〇四一	一九		一九			
永承六	一〇五一	一六		一六			
康平四	一〇六一	一九		一九			
延久三	一〇七一	一四		一四			
永保元	一〇八一	一五		一五			
寛治五	一〇九一	一五		一五			
康和三	一一〇一	一一		一一			
天永二	一一一一	一三		一三			
保安二	一一二一	一三		一三			
天承元	一一三一	一六		一六			
永治元	一一四一	二三		二三			
仁平元	一一五一	二四		二四			
応保元	一一六一	二五		二五			
承安元	一一七一	一九		一九			
養和元	一一八一	二三		二三			
建久二	一一九一	二五		二五			
建仁元	一二〇一	二五		二五			
建暦元	一二一一	三二		三二			
承久三	一二二一	三一		三一			

その際、学者やその他種々の職能を身につけたり、地方に下って武士となったりと、藤原氏が様々な方策を考え出している姿を浮き彫りにしていきたい。本書が上下二巻でもあれば、それも可能なのであるが、残念ながら諦めるしかなく、他の場所でお示しするしかない。

ほとんどすべての日本人の身体にその血が入っているであろう藤原氏の生き残りの姿は、日本の歴史の変遷を、実体面から語ってくれることであろう。

さて、かつて著書の「あとがき」に原文のみを引用したものの、何のことだかさっぱりわからないという批判を浴びた『白氏文集』の詩について、お詫びがてら訓読文と現代語訳を掲げて再びお示しし、この本を終えるとしよう。新釈漢文大系によるものである。(1)

それは『白氏文集』の中に載せられている、「紫藤の詩」と題された白居易の詩である(巻第一・諷論一)。

藤花紫蒙茸　藤葉青扶疎　誰謂好顔色　而為害有余
下如蛇屈盤　上若縄縈紆　可憐中間樹　束縛成枯株
柔蔓不自勝　嫋嫋挂空虚　豈知纒樹木　千夫力不如
先柔後為害　有似諛佞徒　附著君権勢　君迷不肯誅
又如妖婦人　綢繆蠱其夫　奇邪壊人室　夫惑不能除
寄言邦與家　所慎在其初　毫末不早弁　滋蔓信難図
願以藤為戒　銘之于座隅

藤花は紫にして蒙茸《もうじよう》、藤葉は青くして扶疎《ふそ》たり。

誰か謂ふ好顔色と、而も害を為すこと余り有り。
下っては蛇の屈盤《くつばん》するが如く、上っては縄の縈紆《えいう》するが若《ごと》し。
憐れむべし中間の樹、束縛せられて枯株《こしゅ》と成る。
柔蔓《じゅうまん》、自ら勝《た》へず、嫋嫋《じょうじょう》として空虚に挂《か》かる。
豈《あ》に知らんや樹木に纏《まと》へば、千夫の力も如《し》かざるを。
先には柔らかにして後には害を為すこと、諛佞《ゆねい》の徒に似たる有り。
君の権勢に附著《ふちゃく》するも、君迷うて肯へて誅《ちゅう》せず。
又、妖婦人の綢繆《ちゅうびゅう》して其の夫《ふ》を蠱《まど》はすが如し。
奇邪、人の室を壊るも、夫は惑うて除く能はず。
言を寄す、邦と家とに、慎む所は其の初めに在り。
毫末《ごうまつ》、早く弁ぜずんば、滋蔓《じまん》、信《まこと》に図り難し。
願はくは藤を以て誡《いまし》めと為し、之を座隅《ざぐう》に銘せんことを。

（今や藤の花房は紫色にいっぱい咲き乱れ、藤の緑葉も青々と茂って四方に広がっているが、いったい誰がこの紫藤を好ましい色だなどと手放しで褒めそやすのか。実は、余り有るほど深刻な害毒を周囲に流しているのだぞ。見れば、下方の根元のあたりは蛇がとぐろを巻いているようにぎっしりと根がわだかまり、上方の梢の先まで縄がぐるぐる巻きついているように蔓がからみついており、なんとも痛ましいことに、上から下まですっかり藤の蔓や根に巻きつかれた大木は、藤のためにがんじがらめにされて自由を奪われ、いつの間にか完全に枯れ木になり果てている。

思えば、藤の弱弱しい蔓は、とても自分の力だけでは生きてゆけないので、なよなよとした姿態で高い大木を頼りに天空からぶら下がって生きているのだが、一旦その藤が樹木にからみついたが最後、たとえ千人の大男の力でもこれを引き離すことができないことは、残念ながら前もって知るよしもないのだ。

このように紫藤が最初は弱弱しそうなのに後になると大きな害毒を流すようになる実態は、あたかも言葉巧みに媚びへつらう徒輩に似たところがあり、君主の権勢にべったりとくっついていても、君主は彼等にまどわされて、一向にこれを排除する気にならない。

また紫藤は、なまめかしくしなを作る婦女が、べたべたとからみ合ってその夫をたぶらかすのに似ており、その並並ならぬ巧詐・身勝手ぶりで相手の家庭を破壊しても、夫は目が暗んでその悪女をあきらめることができない。

そこで私は、国家と家庭とに言葉を寄せたい。―用心しなければならないことは、何事もその最初の段階に在るのだ。毛筋の先ほどに微細なうちに早く本質を見抜いて処理しなければ、はびこってからでは疑いなく手に負えなくなってしまうのだ。どうか、この紫藤の始終を教訓として、この言葉を座右の銘にしてほしい。）


この詩には、「藤というものは自ら単独では生きられず、他の樹に絡みつき、その樹を枯らしてしまう。君の権勢を恃む諛佞の徒、あるいは妖婦人のごときものである。早く除去するに越したことはない」とある。鎌足の臨終に際して、天智はこの功臣の家に「藤原」の姓を賜わった。白居易が生まれたのはその百年以上も後のことであるが、天智は鎌足の子孫たちが天皇家、および日本古代国家とどのような関わりを持つことになるか、すでに見通していたのであろうか。しかし、白居易が警鐘を鳴らした藤とは異なり、藤原氏と天皇家は、共に後の時代を生き残って、はるか後世まで存続したのである。

註

（1）岡村繁『新釈漢文大系 白氏文集 一』（明治書院、一九八七年）。

〈著者略歴〉

倉本　一宏（くらもと・かずひろ）

1958年　三重県津市生まれ

1983年　東京大学文学部国史学専修課程卒業

1989年　東京大学大学院人文科学研究科国史学専門課程博士課程単位修得退学

1997年　博士（文学、東京大学）

現在　国際日本文化研究センター教授

著書　『一条天皇』吉川弘文館、2003年

『壬申の乱』吉川弘文館、2007年

『藤原道長「御堂関白記」を読む』講談社、2013年

『平安朝 皇位継承の闇』角川学芸出版、2014年

『蘇我氏 古代豪族の興亡』中央公論新社、2015年

『戦争の日本古代史』講談社、2017年

『『御堂関白記』の研究』思文閣出版、2018年

『内戦の日本古代史 邪馬台国から武士の誕生まで』講談社、2018年

『公家源氏 王権を支えた名族』中央公論新社、2019年

『皇子たちの悲劇 皇位継承の日本古代史』KADOKAWA、2020年

『平安京の下級官人』講談社、2022年

『平氏　公家の盛衰、武家の興亡』中央公論新社、2022年

平成29年11月10日 初版発行

令和4年12月25日 普及版発行　《検印省略》

日本古代氏族研究叢書⑥

藤原氏《ふじわらし》の研究《けんきゅう》【普及版《ふきゅうばん》】

著　者　倉本一宏

発行者　宮田哲男

発行所　株式会社　雄山閣

〒102-0071　東京都千代田区富士見2-6-9

TEL 03-3262-3231　FAX 03-3262-6938

振 替 00130-5-1685

http://www.yuzankaku.co.jp

印刷・製本　株式会社 ティーケー出版印刷

ISBN978-4-639-02879-6　C3021

N.D.C.210　230p　22cm